Une vie à l'essai

Abdelatif Benazzi
avec la collaboration de Richard Escot

Une vie à l'essai

Flammarion

ISBN : 2-08-068703-4

Préface

Le sport a le pouvoir de changer le monde, parce qu'il a le pouvoir d'inspirer les êtres. Autour de nous rares sont les actions capables d'unir les peuples. Le sport parle à la jeunesse dans un langage qu'elle comprend. Il fait naître l'espoir là où, auparavant, n'existait que le désespoir. Il est plus fort que la politique et que les gouvernements pour briser les barrières raciales, vaincre la discrimination et les préjugés.

Et c'est avec beaucoup de respect, Abdel, que je vous écris ces lignes.

Vous savez que la Coupe du monde de rugby a laissé, en Afrique du Sud, des souvenirs inoubliables. Un de ces moments particuliers restera pour moi et pour mon peuple la dramatique demi-finale de Durban durant laquelle les Springboks ont affronté la France, dans des conditions impossibles, sous le déluge, le 17 juin 1995.

Après avoir arrêté un joueur français appelé Abdel Benazzi, à quelques centimètres de la ligne d'essai, du moins nous croyons tous qu'ils l'ont fait, les Springboks ont remporté un match épique, intense et palpitant qui leur a ouvert ensuite les portes de la finale et du titre mondial, une semaine plus tard, après avoir battu les All Blacks.

Ce jour-là, à Durban, croyez-le, j'ai ressenti dans ma chair la déception des joueurs français quand je les ai vus quitter le terrain du Kings Park, abattus. Personne, au cours de cette demi-finale, ne méritait de perdre après avoir tant donné et joué avec tellement de vaillance.

Quelque temps plus tard, il m'a été rapporté vos propos, emprunts d'une grande sagesse. Ainsi, votre déception née de la défaite contre les Springboks avait été atténuée par une profonde émotion en voyant l'Afrique du Sud fêter son titre de champion du monde, et surtout par le fait qu'à travers le rugby vous aviez perçu à quel point tous les Sud-Africains, désormais, se sentaient unis.

Nous vous remercions, Abdel, pour votre remarquable esprit sportif et les sentiments que vous éprouvez pour notre nation.

Yours faithfully,

Nelson Mandela

Quelques clés

Abdelatif Benazzi est né à Oujda, au nord-est du Maroc, le 20 août 1968, d'une mère algérienne et d'un père marocain.

D'abord prénommé Hafid, il a deux ans quand son grand-père décide qu'il s'appellera désormais Abdelatif, c'est-à-dire littéralement « serviteur du Tolérant ».

Comme tous les enfants, il joue vaguement au football, pratique aussi le karaté et l'athlétisme. À seize ans, il découvre le rugby et, l'année suivante, débute sa carrière internationale en équipe juniors. Passé rapidement dans la catégorie d'âge supérieur, il devient international marocain à part entière et champion de son pays sous les couleurs d'Oujda.

En 1985, il regarde le Tournoi des Cinq Nations à la télévision et la première Coupe du monde deux ans plus tard, sans se douter qu'il vivra la seconde et les suivantes sous le maillot de l'équipe de France.

Tout bascule au printemps 1988, lors d'un déplacement de l'équipe nationale du Maroc en République tchèque. Approché par les dirigeants d'un petit club du Lot et contacté ensuite par Cahors, il part sans hésiter pour la France, puis mute en faveur d'Agen, l'un des plus fameux clubs de l'hexagone.

Le 10 mai 1990, il refuse de représenter le Maroc lors du

tournoi qualificatif à la Coupe du monde afin de ne pas hypothéquer ses chances de jouer sous le maillot bleu-blanc-rouge. Puis, le 26 mai de cette même année, avec le SU Agen, il dispute la finale du championnat de France contre le Racing, au Parc des Princes. À peine le temps d'évacuer la défaite et le voilà embarqué avec les Tricolores pour une tournée en Australie.

Lors du premier test contre les Wallabies, à Sydney, le 9 juin, il est expulsé au bout d'un quart d'heure pour avoir marché sur l'Australien Rod McCall. Le président de la fédération australienne, M. French, aura la bonté de lui épargner une lourde sanction : il n'écope que d'un seul match de suspension.

Au mois de novembre 1990, il porte le maillot des Barbarians français face à une sélection néo-zélandaise, à Agen, et prolonge cette joie avec deux tests face aux mythiques All Blacks, à Nantes et à Paris. Il devra patienter quatre mois avant de découvrir le Tournoi des Cinq Nations, le 16 mars 1991, à Twickenham, face à l'Angleterre.

Titulaire lors de la Coupe du monde 1991 qui se joue en France et en Grande-Bretagne, il affronte la Roumanie à Béziers, les Fidji à Grenoble et le Canada à Agen.

En 1992, il est naturalisé français. Cette même année, une fracture du pouce, ainsi que de petites blessures à répétition, l'empêchent de participer au Tournoi. Alors qu'il s'apprête à partir avec les Tricolores en Argentine durant le mois de juin, une sanction disciplinaire l'écarte une fois de plus de la scène internationale. 1992 sera sa première année noire.

Un an, quasiment jour pour jour après son dernier match international, il revient sous le maillot bleu face aux Springboks, lesquels effectuent une tournée historique en Europe après dix ans de boycott pour cause d'apartheid.

Il enchaîne les quatre rencontres du Tournoi 1993. Une défaite d'un point, 16-15, face à l'Angleterre prive l'équipe de France d'un Grand Chelem mais pas de la première place.

Trois mois plus tard, il s'envole pour l'Afrique du Sud, une tournée au cours de laquelle, blessé, il regardera ses partenaires remporter la série de tests face aux Springboks, exploit que seule l'équipe de France commandée par Lucien Mias, en 1958, était parvenue à réaliser.

Dès le début de la saison suivante, le voilà rétabli, de retour dans le pack face à l'Australie, pour deux tests. Il enchaîne le Tournoi 1994 et, cette même saison, remporte avec l'équipe de France la série de tests en Nouvelle-Zélande, performance unique dans l'histoire du rugby français.

Abdelatif fête sa trentième sélection durant le Tournoi 1995 et prend part ensuite à la deuxième Coupe du monde, dont le point d'orgue est constitué par la fameuse demi-finale de Durban, contre l'Afrique du Sud.

Après un bref séjour en Australie, blessé à la rotule, il ne prend pas part à la Coupe Latine qui se joue en Argentine à l'automne 1995 mais un peu plus tard, au milieu d'une nouvelle génération talentueuse, se retrouve une fois de plus face aux All Blacks, à Toulouse et à Paris.

Un an plus tard, le voici nommé capitaine du Quinze de France, face aux Springboks. L'équipe de France qu'il commande dans le Tournoi 1997 décroche le Grand Chelem.

Sur la recommandation du président de la République, Jacques Chirac, il intègre le Haut Conseil à l'Intégration. Il a vingt-huit ans et compte déjà cinquante sélections en équipe de France.

Le 4 janvier 1998, lors d'une rencontre de championnat de France avec Agen, il est victime d'une très grave blessure au genou gauche et craint de ne plus pouvoir rejouer. Pendant ce temps, une nouvelle équipe de France s'affirme autour de Raphaël Ibanez. À peine rétabli, il reprend un coup sur ce genou, fragilisé par de multiples entorses.

À force de travail, il va pourtant revenir au plus haut niveau. Abdelatif avait laissé l'équipe de France dans le monstrueux fiasco du Parc des Princes, contre l'Afrique du Sud, le 22 novembre 1997, traumatisé par l'humiliant 52-10 encaissé face aux Springboks et il la retrouve dix-neuf mois plus tard, à Castres, contre les modestes Roumains. Dans la foulée, il intègre le groupe France qui prépare la Coupe du monde. En tournée dans l'hémisphère Sud, il ne dispute qu'un seul des trois tests au programme, contre les Samoa. Quatre mois plus tard, le voici au rendez-vous du Mondial 1999.

Le groupe implose, les tensions se multiplient. Mis au pied du mur face aux favoris néo-zélandais en demi-finale, l'équipe de France va réaliser des exploits. Menée 24-10, elle s'impose, 43-31, crucifiant les All Blacks dans un stade de Twickenham entièrement acquis à sa cause.

Le 1er janvier 2000, Abdelatif est fait chevalier de la Légion d'honneur par Martine Aubry, dispute le Tournoi, se marie, divorce et se blesse de nouveau. En mai 2001, il signe un contrat de deux ans avec le club anglais des Saracens et se remarie, avant de mettre fin à sa carrière de joueur.

Abdelatif Benazzi aura disputé huit Tournois, entre 1991 et 2001, sous la direction de cinq entraîneurs différents, Jacques Fouroux, Daniel Dubroca, Pierre Berbizier, Jean-Claude Skrela et Bernard Laporte. Durant la période où il fut dix fois capitaine, le Quinze de France a remporté le Grand Chelem dans le Tournoi des Cinq Nations. C'était en 1997. À son palmarès, Abdelatif peut ajouter trois Coupes du monde, dont une finale disputée contre l'Australie à Cardiff, en 1999. À titre individuel, les neuf essais qu'il a inscrits sous le maillot bleu et ses soixante-huit sélections le placent au sommet de la hiérarchie du rugby français, en compagnie de Philippe Sella, de Fabien Pelous et de Serge Blanco.

S'il est un mot, un seul, qui le caractérise, c'est bien fidélité. Fidèle à ses principes, fidèle en amitié, attaché à ses racines et aux liens qui l'unissent au monde, tel est Abdelatif, et on trouvera chargée de valeurs symboliques la dernière licence de joueur de rugby, amateur, qu'il a souhaité signer en faveur de Cahors.

Richard Escot

Prologue

Le cœur ovale

J'avais fait un rêve. Celui de terminer ma carrière en Australie. Avec l'équipe de France. Appelé à disputer le Tournoi 2001, il n'y avait qu'à allonger la foulée et prolonger un songe bleu. Il m'arrivait de penser à la Coupe du monde, celle de 2003, et de m'y voir. Pas pour la gloire, ni pour soigner mon ego. Non, juste pour aider, apporter ma contribution, poser ma pierre et permettre à l'équipe de France – j'avais ce rêve –, de décrocher enfin un titre de champion du monde.

La finale devait se jouer à Sydney, là où j'avais débuté un jour de juin 1990 sous le maillot bleu. Mais le destin et les hommes en ont décidé autrement. Mon rêve est passé. Les yeux ouverts, au moins ai-je pu choisir ma sortie, en portant le fez des Saracens, entouré de ma famille, de mes amis, entouré d'amour et d'affection. Et je suis parti en marquant une dernière fois.

Je n'aime pas regarder trop longtemps ni trop souvent en arrière. Le présent et l'avenir m'intéressent davantage. Et c'est pour offrir une partie de ce que le rugby m'a apporté, à travers mon expérience de joueur, mais aussi de croyant, de fils, de frère, d'ami, de mari et demain de père, à travers ma vie d'homme, tout simplement, que j'ai souhaité écrire ce livre à quatre mains.

Plus qu'un sport, le rugby est un art de vivre. Il permet à chacun de s'exprimer, quels que soient son caractère et son gabarit. Il nous parle de solidarité, d'équité et souvent de liberté. Je ne connais pas une autre activité physique qui lui ressemble. Car les sentiments qui nous traversent sur le terrain et en dehors fusionnent avec des partenaires, des coéquipiers, ce qui nous enrichit forcément.

Les matchs perdus et les rencontres gagnées ne sont pas l'essentiel de mes souvenirs rugbystiques. J'ai surtout gardé au fond de moi le partage, l'aventure humaine, l'esprit fraternel, le sens des rencontres. J'ai l'impression d'avoir vécu plusieurs existences en une seule, d'avoir cassé quelques tabous, de m'être ouvert, d'avoir permis à d'autres de s'épanouir et, surtout, d'avoir renforcé mes convictions.

Maintenant qu'il n'y a plus d'adversaires à défier ni de tests à remporter, d'autres challenges se préparent. À la lumière de ce que le rugby m'a donné, il s'agit désormais de continuer au-delà du terrain ce qui a été commencé au cœur des mêlées. Parce que la vie, chaque jour que Dieu fait, nous met à l'essai.

Chapitre 1

Je m'appelle John Rutherford

Ma mère a refermé les volets du salon pour que la lumière du jour, trop crue, ne se pose pas sur l'écran. Les hymnes résonnent maintenant dans la maison et nous retenons nos respirations. Les reflets colorés de la télévision s'impriment sur nos rétines et dansent sur les murs. Les jambes courbatues par les efforts de l'entraînement du midi, enroulé dans une couverture, je regarde le Tournoi des Cinq Nations. Mes coéquipiers d'Oujda font corps autour de moi, mes meilleurs amis que je sens heureux de partager ce moment, ainsi que le bon repas chaud que ma mère nous a préparé.

Une heure plus tôt, transpirants, essoufflés par des courses que nous vivions avec fièvre, les épaules endolories à force de tomber, nous existions dans l'euphorie de notre rugby. Nos mêlées incertaines et nos touches à peine ébauchées nous grisaient tellement nous imaginions leur construction aboutie. Dans notre monde, sans aucun doute, nous étions les plus forts.

Mais, vautrés sur les sofas du salon, le ventre plein et la bouche bée, il fallait que nous absorbions l'incroyable : devant nos yeux surgissait le Tournoi et, comme chaque fois, le mystère agissait. Des joueurs immenses, massifs, alignés, chantaient à gorge déployée. Je ne voyais qu'eux, et principalement Dooley, deuxième ligne de l'équipe d'Angleterre ! Un monstre... Rien qu'à regarder sa tête, la crainte m'envahissait et je sentais des frissons parcourir mon corps. C'était donc cela, le vrai rugby ? En comparaison, nous n'étions que des gamins hésitants juste capables de bricoler un jeu mal défini et rudimentaire. En cette année 1985, j'avais beau avoir dix-sept ans et jouer plutôt bien à ce sport physique, je me sentais ridiculement petit. L'architecture gigantesque du Tournoi nous explosait à la tête. Cette galaxie intouchable, nous allions l'admirer encore longtemps, suants et poussiéreux, heureux et impressionnés, recroquevillés comme pour nous protéger de l'intensité d'un jeu qui nous était si éloigné, si étranger.

Tout était beaucoup trop rapide ; ces crochets fulgurants que nous n'avions pas le temps de voir, ces passes irréelles, ce jeu imprévisible, réinventé à chaque action. Nos yeux étaient incapables de suivre ce mouvement ensorcelé, habitués à notre rugby de quartier. Personne autour de nous n'avait jamais couru aussi vite. Ces gestes que nous ne connaissions pas, comment les deviner ? Nous entendions parler de cadrages-débordements au détour d'un commentaire. Qu'était-ce donc ? Pourquoi aucun joueur, au Maroc, ne parvenait à réaliser la même chose ? Mais les questions et les découvertes cessaient de m'assaillir quand apparaissaient, en gros plan, les visages durs des Anglais. Et d'abord ce Dooley, baptisé la Tour de Londres, avec son faciès de méchant. Le rugby, il y a vingt ans, faisait peur aux enfants.

*

Lorsque j'étais adolescent, ce sport pratiqué au Maroc s'est longtemps résumé, pour moi, à une partie de gagne-terrain où le physique dominait la technique. Il n'y avait là rien de bien compliqué : chaque équipe défendait son territoire en tentant d'imposer sa loi dans le temps imparti. Nous avions quatre-vingts minutes pour ressortir du terrain dignes et vainqueurs, au terme de cette épreuve ritualisée.

Mais, il me faut l'avouer, au début était le football. Nos parents avaient beau nous abreuver de recommandations, insister pour que nous nous comportions bien, nous nous retrouvions toujours dans la rue pour nous chamailler. Les voisins nous insultaient quand nous faisions trop de bruit le soir mais rien ni personne ne pouvait nous empêcher de relever le défi. Il était question de suprématie entre bandes de copains et notre terrain de jeu s'étendait d'un pâté de maisons à l'autre, de Khaldoune à Gallieni. Le plus costaud du groupe récupérait un ballon rond et composait son équipe. À ma grande détresse, personne ne voulait de moi : j'étais bien trop pataud pour faire un footballeur convenable. Je me retrouvais donc immanquablement gardien de but, autant dire puni et vexé. En revanche, dès que j'ai découvert le rugby, en 1984, je suis devenu un joueur important de l'équipe. Ce sport, au départ un peu bizarre, m'est rapidement apparu comme une façon de prolonger les bagarres de mon enfance. Il s'agissait d'une bataille codifiée et arbitrée même si, en ce qui nous concernait, jeunes et ardents Marocains, les règles ne freinaient pas notre indiscipline naturelle. Elle devait pourtant être bien canalisée puisque, petit à petit, au fur et à mesure de nos progrès, quelques personnes se mirent à effectuer régulièrement le déplacement jusqu'au bord du terrain pour nous encourager.

L'Union Sportive d'Oujda s'entraînait le samedi matin. Un horaire parfaitement adapté pour que nous puissions rentrer à temps chez moi regarder le Tournoi. J'étais d'ailleurs fier d'accueillir mes coéquipiers, mes frères de jeu. Vu de l'autre côté de la Méditerranée, le Tournoi marquait une période particulière, de janvier à avril, une saison que nous attendions avec impatience car les rencontres télévisées étaient l'occasion de prolonger autour d'un repas les relations construites sur le terrain. Ma mère n'entendait rien au rugby mais elle avait fini par s'arranger de ma passion dévorante. Toujours prévenue, elle nous gâtait. La soupe était prête, suivie du couscous garni de bons plats et de boissons. Ce festin terminé, nous annexions le salon sans trop de difficulté. Il faut dire que l'heure du coup d'envoi coïncidait avec la sieste paternelle qui nous laissait toute latitude pour prendre nos aises.

Je ne me souviens pas précisément du résultat des matchs. Seuls les visages sont restés gravés dans ma mémoire, fasciné que j'étais par les géants de ce jeu inaccessible. Comme des buvards, nous nous imbibions de ce que nous pouvions comprendre. Il suffisait qu'un joueur français tape d'une façon nouvelle dans le ballon, que ce soit en fauchant ou de la pointe, pour que dès le lendemain notre demi d'ouverture change immédiatement sa façon de buter. À ce titre, le numéro dix de l'équipe de France, Jean-Patrick Lescarboura, exerçait sur nous une véritable fascination. Un nom pareil ne s'oublie pas ! Lescarboura... Nous allions même copier nos modèles jusque dans leur patronyme. Je ne sais pas pour quelle raison mais j'aurais vraiment aimé m'appeler John Rutherford, comme d'autres choisissent Superman ou Indiana Jones. J'aimais la sonorité de ce nom : John Rutherford ! Ça sonnait vraiment rugby. Par jeu, nous cherchions même à savoir lequel d'entre nous le prononçait le mieux – Rutherford – en gommant notre accent marocain...

Je n'aurais jamais pu imaginer un seul instant entrer un jour moi aussi dans cette télévision et disputer le Tournoi. Cette planète me paraissait tellement lointaine que je n'en rêvais pas. Nous idéalisions ce sport des professionnels. Nous entendions parler de sommes si importantes que nous n'étions pas capables de nous les représenter, d'autant que notre quotidien n'avait rien de comparable. Nous devions payer nos déplacements en sortant l'argent de notre poche, et pour certaines dépenses, comme un déplacement de six cents kilomètres en bus, nous organisions des quêtes dans les souks et les marchés. Le moindre de nos voyages prenait des allures d'expédition et nous ne reculions devant rien pour tenter d'améliorer l'ordinaire du club et de l'équipe. Le plus difficile ne consistait pas à nous déplacer mais plutôt à organiser une partie à domicile. Rien n'était gagné d'avance et ce combat permanent alimentait notre passion. Nous devions d'abord trouver un terrain, puis vérifier que d'autres équipes n'allaient pas y jouer en même temps que nous et, surtout, qu'une vente aux bestiaux ou une compétition d'équitation n'étaient pas prévues la veille ou le matin même, auquel cas il nous fallait enlever dare-dare toutes les bouses déposées sur la pelouse pelée.

Qu'y avait-il donc de l'autre côté de la Méditerranée ? Ce mystère nous fascinait. Davantage qu'une frontière, cette mer nous semblait un mur impossible à franchir. Et, sans doute parce qu'il nous était interdit, l'inconnu ne cessait de nous attirer. Nous admirions ce qui se passait en Europe, nous admirions le Tournoi, ce rugby singulier et incomparable qui consacrait des joueurs tellement forts et habiles qu'aucun d'entre nous n'aurait souhaité les affronter un jour de peur d'être ridicule. Pourtant, au bout d'un certain temps, de bouche à oreille, au fil de nos déplacements, en échangeant avec d'autres Marocains mieux informés que nous, nous avons appris qu'il était possible de jouer au rugby en France. Une compétition ouverte à tous, organisée par la FIRA [1] nous ouvrait des perspectives. Il se murmurait que, tous les ans, les meilleurs juniors marocains étaient invités en France et que cet éclairage miraculeux leur offrait l'occasion de se faire connaître, voire d'être contactés par certains clubs. Mais, à cette époque, aucun d'entre nous, je veux parler des copains du samedi après-midi, ne concevait pareille chance. À Oujda, nous vivions notre rugby avec simplicité, beaucoup de fierté et de souffrance.

*

Aux yeux des Marocains, Oujda n'est pas une ville comme les autres. Enclavée, proche de la frontière algérienne, elle est quasiment autonome et autogérée, que ce soit dans les

1. Fédération internationale de rugby amateur.

domaines politiques, commerciaux ou culturels. Casablanca et Marrakech, par exemple, nous semblent aussi étrangers que Marseille ou Barcelone. Fez, la première grande ville marocaine voisine, est à trois cent cinquante kilomètres, autant dire un jour de voyage. À l'écart des métropoles marocaines, Oujda a toujours vécu repliée sur elle-même. Il nous était plus facile de nous rendre en Algérie que d'aller dans n'importe quelle autre partie du Maroc. Parce qu'Oujda s'est organisée seule pour exister, sa diaspora est importante, forte et active. Nous avons signé un pacte de fidélité avec notre terre. Chacun revient un jour pour aider et rendre ce qu'il a reçu. Personne ne peut imaginer à quel point nous avons été, de tout temps, laissés pour compte par l'administration marocaine, en particulier dans des domaines aussi importants que l'éducation, la culture, la santé et le sport. Cette ségrégation a renforcé la personnalité de l'Oujdi, homme au caractère trempé, toujours en quête de spiritualité.

Les premières qualités que je lui reconnais sont l'honnêteté, la fierté, la dignité et la noblesse d'âme. Pendant longtemps, les affaires, le commerce ou les échanges n'étaient accompagnés d'aucune marque écrite. Ces transactions se concluaient d'une simple poignée de main, suffisante pour sceller le contrat moral liant deux hommes de parole. Oujda accueille depuis toujours toutes les nationalités, toutes les ethnies, toutes les religions, qu'elles soient juives ou chrétiennes. L'harmonie règne, nimbée d'un peu de mystère. Personne ne passe par Oujda s'il n'y est obligé. Ses routes ne sont pas fréquentées et rien ne transite par cette partie dans le nord du pays. Si cela ne suffisait pas à nous isoler, notre accent nous éloigne lui aussi des autres provinces marocaines avec lesquelles nous avons du mal à communiquer.

Les traits de visage de l'Oujdi le rendent immédiatement reconnaissable : teint mat, cheveux noirs et crépus, moustache drue. Réservé, discret, il emploie des mots simples pour aller à l'essentiel. S'il n'est pas ce qu'on peut appeler un être raffiné, il a la qualité de son défaut, c'est-à-dire l'authenticité.

Introverti, peu expansif, il se garde de jugements hâtifs. Silencieux, il scrute et préfère jauger son interlocuteur avant de se livrer.

*

Dans les années vingt, les frontières ouvertes permettaient aux coopérants français de passer de l'Algérie au Maroc. Et c'est à leur initiative que le rugby s'est implanté à Oujda. Il est vrai que l'hiver, le dimanche, les distractions ne sont pas nombreuses. Soit tu pratiques un sport, soit tu traînes dans la rue, désœuvré, en faisant trois fois le tour du souk.

Avec le rugby, mon existence a considérablement changé. Même si j'ai reçu une bonne éducation familiale, je devais, auprès de mes entraîneurs, faire miennes des valeurs qui n'étaient pas toujours présentes à la maison, en tout cas pas élevées au degré exigé par le rugby. Nos parents nous apportaient assurance et protection, et nous leur devions le respect de la discipline mais, au rugby, il fallait aller plus loin. Si, au départ, j'étais un peu réfractaire à toute idée de rigueur, une fois entré dans ce cercle, j'avais le devoir de me conformer à ce qui m'était imposé. En choisissant le rugby, je ne faisais pas que jouer : je devais aussi tenir un engagement.

L'équipe d'Oujda n'était pas souvent la bienvenue quand elle se déplaçait dans le cadre du championnat du Maroc. Nos adversaires nous surnommaient « les paysans » parce que beaucoup d'entre nous vivaient à la campagne. Nous ne rentrions pas dans le moule marocain. Ainsi dévalorisés, nous affrontions nos détracteurs en faisant bloc. Nous insistions sur notre fierté, notre orgueil et notre force physique. Nous avions un mental de gagnant : résistant au mal, prêt au combat. Connaissant notre propension à batailler pour nous faire respecter, nos adversaires cherchaient à nous déstabiliser. Nous étions donc régulièrement provoqués, insultés, montrés du doigt et traités d'« Algériens » à cause de notre accent.

En déplacement, nous nous installions pour déjeuner en

haut des tribunes du stade, autour des cartons de victuailles. Nous avions une façon très grégaire de vivre. Les longs voyages cimentaient notre groupe. Nous nous sentions unis et, au fil des déplacements, notre caractère s'est affirmé. Notre équipe a trouvé petit à petit sa personnalité. Cette force collective n'était pas toujours bien acceptée par nos hôtes. Il faut dire que nous restions entre nous, avant et après le match, à nous motiver, à nous encourager, puis à reparler de la façon dont nous avions joué. Nous faisions bande à part, nous serrant autour de notre chef de meute, Ahmed Souilmi. Il dirigeait l'échauffement, insistait pour que nous nous étirions à la façon des athlètes afin de bien préparer nos muscles. Il nous permettait d'entrer immédiatement dans le match. Nous écoutions ses consignes en faisant complètement abstraction de ce qui se passait autour de nous. Il avait le don de fédérer et, pour cela, trouvait les mots justes. Que l'on soit fils de riche ou fils de pauvre, il savait nous mettre sur un même pied d'égalité autour du respect des règles et des fondements de ce jeu. Avec lui, nous étions en mission de rugby.

Ce jeu est le même partout. Je m'en suis rendu compte plus tard en voyageant autour du monde. Des valeurs identiques unissent les rugbymen de tous les pays, quels qu'ils soient, où qu'ils soient. Nous nous reconnaissons dans une éducation sportive commune qui nous force à suivre des règles de vie, à respecter le partenaire et l'adversaire. Et rien de cela ne peut exister sans cette règle première : le respect de soi-même. S'il est en accord avec cette notion de respect au sens large du terme, un joueur de rugby peut se rendre sur n'importe quel terrain, il s'intégrera toujours dans une équipe. Et ceci ne se réduit pas au seul rugby : le respect est fondamental dans chaque groupe.

*

Jeune joueur, confortablement installé dans le salon familial, regardant le Tournoi à la télévision, j'étais loin de m'imaginer qu'à l'autre bout du monde, à Twickenham ou à Édimbourg, des hommes immenses vivaient la même chose que moi. Nos valeurs étaient les leurs, et réciproquement. Je me demandais naïvement comment ils vivaient, à quoi ils pensaient, ce que représentait le rugby pour eux, ce qu'ils mangeaient. L'air qu'ils respiraient était-il le même que le mien ? J'en doutais... Pourtant, ce jeu de rugby avait pour eux les mêmes fondements que pour nous, petits Oujdis. Nous ne savions pas qu'il était possible de s'appuyer sur des valeurs universelles pour les rejoindre. Ce que j'avais appris à Oujda m'a servi ensuite en France et en Angleterre pour comprendre les ressorts d'une équipe, percevoir les leaders d'un groupe, m'intégrer dans un projet collectif. D'ailleurs, quand je suis arrivé la première fois en France, je n'étais pas tellement dépaysé. Mis à part certaines subtilités, le rugby joué à Cahors était identique à celui que j'avais connu, et j'ai pu me reposer sur cette certitude avant de penser à franchir un cap.

Chapitre 2

LES RITES DU TOURNOI

Passionnés, amateurs, nostalgiques ou simplement curieux suivent le Tournoi entre la fin de l'hiver et le début du printemps. Et pas seulement devant le petit écran. C'est aussi un moment attendu, un plaisir partagé, celui de monter de la province à Paris et, pour les plus chanceux, de traverser la Manche, sachant que depuis l'an 2000 tous les chemins mènent à Rome. En effet, cette année-là, l'Italie s'est greffée aux nations britanniques, à l'Irlande et à la France pour donner le Tournoi des Six Nations. Cette compétition, c'est un peu l'Europe buissonnière, l'Internationale de la troisième mi-temps et des souvenirs pour la vie. Pour nous, joueurs, il s'agit de l'instant où le rugby revêt son smoking.

S'il existe des différences culturelles et sportives énormes entre les six nations qui s'affrontent, il en est une qui sépare deux mondes : celui des Latins et celui des Anglo-Saxons. Dès mes débuts, j'ai saisi l'essentiel, à savoir l'importance de ce détail fondamental que sont les boutons de manchette... Nous n'en avons pas, eux si ! Après chaque rencontre, la moitié de l'équipe de France en cherchait et quelques responsables de la fédération en distribuaient dans l'urgence pour sauver les apparences, mais le traditionnel banquet d'après match, en smoking, restait pour nous un gros tracas. Dans le vestiaire ou la chambre d'hôtel, nous tentions de nous vêtir honorablement pour ce gala et chaque joueur avait la charge de veiller sur la tenue de son partenaire, vérifiant le col de sa chemise et ajustant le nœud papillon comme le ferait sa femme...

Sauf en Angleterre, où les deux équipes étaient installées chacune dans leur coin, nous attendions ce moment tellement particulier du banquet pour nous mélanger à une même table, adversaires et partenaires. Nous ne parlions pas beaucoup, car peu de Français maîtrisaient l'anglais et vice versa, mais les gestes suffisaient amplement. Les rires prenaient ensuite le pas sur nos pudeurs respectives et témoignaient de notre profond respect.

Sur le Tri Nations ou la Coupe du monde, le Tournoi possède un avantage déterminant : les rituels. Le banquet en est un que personne ne voudrait manquer, avec sa succession de discours, le tourniquet des toasts, les remises de cravates et d'insignes, sans oublier les énormes cigares que l'on sort quand monte le brouhaha, à l'arrivée des desserts. Au début, je ne comprenais pas bien pourquoi tous fumaient des barreaux de chaise. Il m'a fallu un peu de temps pour saisir le sens du symbole, quand il réunit l'opulence et le plaisir des sens, ce jumelage entre le bon temps, le repos et la sérénité. De plus, pour la moitié d'entre nous, c'est aussi le meilleur moyen de faire passer l'amertume d'une défaite. Finalement, le score oublié, gagnants et perdants se retrouvaient satisfaits : les stades étaient pleins, les fédérations s'en mettaient plein les poches et nous, joueurs sans la moindre prime, avions eu l'honneur de vivre un week-end exceptionnel devant des dizaines de milliers de spectateurs et des millions de téléspectateurs.

Il n'existe pas de moment plus magique qu'une semaine de Tournoi. Chaque joueur sélectionné attend ces instants avec impatience. Et même les tournées dans l'hémisphère Sud n'ont pas ce parfum unique. Un mois loin de chez soi, c'est long. Notre grand bonheur ne consistait donc pas à nous envoler pour l'autre bout du monde mais, plus simplement, à retrouver nos copains pendant sept jours, prendre l'avion pour Dublin, Édimbourg ou Cardiff, sentir l'empreinte anglo-saxonne et porter le smoking.

Au début des années quatre-vingt-dix, nous n'étions pas encore professionnels et plus tout à fait amateurs. En matière de smoking, la tradition voulait que celui-là soit payé par le club, mais je n'en savais rien. L'explication était simple : beaucoup de joueurs n'honoraient qu'une poignée de sélections et, dans la mesure où Agen regorgeait d'internationaux, mes dirigeants avaient attendu un peu avant de faire un geste. La première fois, j'ai donc loué un smoking par le biais de la Fédération Française de Rugby. Mais le lendemain, mon coéquipier à Agen et en équipe de France, Philippe Sella, m'a signalé que le club devait faire un effort à présent. Du coup, saisissant cette opportunité, j'ai décidé de me faire tailler un smoking sur mesure et, puisqu'il était offert, je suis allé chez Yves Saint Laurent. À l'époque, en 1991, le SU Agen a reçu une facture de huit mille francs et le trésorier s'est mis à tousser. Il tiquait même pour trois centimes, ce qui fait qu'il tiquait beaucoup.

*

Le Tournoi existe à travers une attitude, une façon de vivre ce jeu et de le pratiquer. La leçon de maintien commence avec l'arbitrage, tellement différent de ce que nous connaissons dans le championnat de France. Participer au Tournoi consiste à accepter la rigueur et la discipline. Pas question de discuter une décision prise par l'arbitre. Nous sommes invités à venir partager une culture, parfois double, comme en Irlande, mais pas seulement. Il est impératif d'y adhérer, c'est-à-dire entrer dans un autre univers que le sien. Les Latins ne se mélangent pas dans le rugby anglo-saxon, ils doivent s'y fondre pour en comprendre l'essence. Et même si, aujourd'hui avec l'Italie, nous essayons de présenter une certaine identité méditerranéenne, ce jeu de balle ovale, à l'origine éducatif, se parle en langue anglaise.

Aucune autre compétition n'a autant marqué l'histoire du rugby que le Tournoi. Un joueur français ne peut pas se considérer international à part entière s'il n'a pas disputé au moins deux Tournois complets, et donc joué sur les quatre grands stades britanniques et d'Irlande : Twickenham, Murrayfield, Millennium Stadium et Lansdowne Road. Au-delà du jeu comptent le déplacement et ce qu'il y a autour, l'inconnu, l'étonnant, le nouveau. Tout devient fort et différent. Personnellement – mais je ne suis pas le seul –, j'ai toujours été sensible aux changements d'ambiance, à l'accueil, à l'organisation et au jeu lui-même. Il faut donc traverser la Manche pour comprendre ce qu'est le Tournoi.

*

J'ai encore en mémoire le match que j'ai disputé en 1993 à Dublin. Lansdowne Road nous avait réservé un accueil exceptionnel et laissé un souvenir mémorable. Les Irlandais n'avaient que leur fierté pour défendre l'idée qu'ils se faisaient de leur nation. Sur le terrain et dans les tribunes, ils se métamorphosaient en patriotes. Dès que nous avons mis un pied sur le sol d'Irlande, nous sommes entrés dans le vif du sujet. La veille du match n'avait servi qu'à faire monter le degré de concentration. Nous étions prêts, tendus, gonflés, concentrés, et pourtant, nous avons pris l'Irlandais de plein fouet dès le premier contact. Sur ce coup-là, il n'y avait pas de bière ni de chanson, juste un individu sauvage, fougueux, aux gestes désordonnés. Il n'obéissait à aucune organisation connue, mais il y avait dans son regard une ferveur hypnotique. Pour ne pas avoir à entendre *God Save The Queen*, le match commençait sans hymne. Nous n'avions donc pas de *Marseillaise* pour nous raccrocher à quelque chose. Alors que nous étions un peu déstabilisés, les Irlandais, en revanche, semblaient puiser à l'intérieur d'eux les symboles d'unité dont ils avaient besoin pour se sublimer. Cette revendication, poignante, allait bien au-delà du rugby, du match et du score. Ils portaient une histoire.

Cette année, particulièrement, ils nous ont sauté à la gorge. Chaque regroupement, chaque phase statique était le théâtre d'une bagarre pour la possession du ballon. Heureusement, sur les plans tactique et technique, nous étions sensiblement supérieurs. Mais il nous a fallu attendre la fin du match pour prendre le dessus. Leur ardeur n'a baissé d'intensité que dans les dernières minutes de cette partie acharnée et je me demandais dans quel enfer j'étais tombé.

Mon vis-à-vis, le deuxième ligne Paddy Johns, a passé une heure et demie à me sauter dessus à pieds joints. J'étais mâché par les assauts, couvert de bleus. J'ai pris davantage de coups de coude dans ce match que dans toute la saison et je ne me suis pas laissé faire. Au coup de sifflet final de l'arbitre, je pars en direction du vestiaire, persuadé que nous allons rester fâchés toute la vie. Mais non, changement radical et complet d'attitude : Paddy Johns s'avance vers moi, me parle et je sens dans son regard un profond respect. Et pas seulement lui. En définitive, nous avions largement gagné mais tous les joueurs irlandais vinrent immédiatement nous saluer. Ils étaient transformés et leur gentillesse contrastait avec la fureur qui les habitait quelques minutes plus tôt. Au banquet, Paddy Johns ne m'a pas quitté. Je ne parlais presque pas anglais mais ça n'avait aucune importance. Nous avons sympathisé et il m'a invité à rester en Irlande, ce que je n'ai pas fait sur le coup parce qu'il fallait rentrer. Mais quelques mois plus tard, je suis revenu passer trois jours dans sa famille, du côté de Cork. Il n'y a qu'aux confins fond de l'Atlas que j'ai retrouvé une telle hospitalité...

L'année suivante, fort de cette amitié, je me faisais un plaisir de le revoir, au Parc des Princes, cette fois. Je croyais revoir un copain et, de nouveau, il m'a fracassé la tête pendant une heure et demie ! De cette façon, j'ai commencé à comprendre que le rugby était un sport de voyous, certes, mais pratiqué par des hommes de qualité...

Au fil des matchs, j'ai noué quelques relations amicales. C'est ainsi que, en 1993, j'ai vu débuter Martin Johnson, le capitaine des Anglais, qui allait devenir champion du monde dix ans plus tard. Il remplaçait Paul Ackford au pied levé, arrivé en équipe d'Angleterre en milieu de semaine, ce qui n'est jamais l'idéal pour commencer une carrière internationale. Il sautait en face de moi et j'ai livré, ce jour-là, un de mes meilleurs matchs en équipe de France. Ma performance l'avait marqué. Comme je l'avais senti intimidé, à mon tour, je suis allé vers lui au coup de sifflet final. Par la suite, nous nous sommes vus souvent, d'autant plus que j'ai joué quelques saisons à Londres, aux Saracens, dans le championnat anglais. Onze ans plus tard, nous avons bouclé la boucle en nous retrouvant assis l'un face à l'autre dans le salon d'apparat de l'Élysée, à l'occasion du dîner offert en l'honneur de la reine d'Angleterre.

*

J'entends souvent dire que la Coupe du monde détrônera le Tournoi. Je ne crois pas que ce sera le cas. La Coupe du monde reste à cent pour cent une compétition, pas un mode de vie. En ce sens, elle est différente du Tournoi. Elle défile en accéléré. Je me souviens avoir joué tous les trois jours, ce qui ne laisse pas de temps pour savourer ce qui se passe autour. J'étais pris dans un engrenage, isolé du reste du monde. Alors que pendant le Tournoi, c'est l'inverse. On débarque deux ou trois jours avant et, une fois le match terminé, on fait la fête, on sort dans la nuit pour rentrer au petit matin. On devient persona grata dans les endroits incontournables de la ville sans faire la queue. On profite de la beauté des lieux, on visite, on flâne. Chaque fois que je suis allé à Édimbourg, par exemple, je ne me suis jamais privé d'une balade en touriste. J'aime cette cité, sa beauté architecturale, son histoire. Je resterais des heures à regarder son château planté en plein centre ville au sommet d'un énorme piton rocheux.

Londres, comme Paris, ne se prête pas à ce genre de fusion. Trop grand, trop indifférent au rugby. Mais partout ailleurs, à Dublin, à Édimbourg ou à Cardiff, la veille d'un match du Tournoi, quelles que soient les équipes en présence, les supporteurs se mêlent dans les rues. Les artères piétonnes sont noires de monde et la paix règne. Entre fondus de rugby, aucun accrochage n'est à déplorer. Le Tournoi permet aux gens de se rencontrer et pas simplement de se croiser. Nous avions beau être à J-1, concentrés pour la partie du lendemain, nous aimions nous mêler à la foule et sentir cette ambiance. Déambuler la veille du match au milieu des supporteurs peut paraître étonnant, voire dangereux, mais pas en rugby. Au contraire, nous attendions ce moment avec impatience.

Pour le passionné, un match du Tournoi reste d'abord une expédition, et ce n'est pas une défaite du Quinze de France qui va le priver de fête. Le paroxysme de cet engouement consiste à voyager sans le billet d'entrée au stade, en espérant se débrouiller sur place, au pire regarder le match dans un pub. Les plus débrouillards font le siège de l'hôtel du Quinze de France dans l'espoir de trouver les sésames. C'est comme cela que j'ai pu rencontrer des gens étonnants. Après le petit déjeuner et avant la collation de onze heures, je descendais prendre un petit café dans le hall, pour regarder, observer sans communiquer. De cette façon, j'entrais doucement dans le match. Il me restait parfois des places et j'aimais faire plaisir. C'est ainsi qu'un matin de ce qui devait être l'un de mes premiers matchs du Tournoi, en 1991, j'ai vendu deux places, deux cent dix francs chacune, tarif normal, à un couple, un ancien joueur de Condom et son épouse marocaine. Il faut savoir que, à quelques heures d'un match du Tournoi à Twickenham, la transaction au marché noir pouvait s'élever à mille francs... Ce couple de supporteurs m'a remercié chaleureusement et j'avoue que je ne pouvais pas, comme c'était la coutume à l'époque dans certaines équipes étrangères, empocher des bénéfices en vendant des places le triple de leur prix sous prétexte d'arrondir l'indemnité allouée par la fédération. Comme le mari et son épouse soutenaient le club d'Agen, nous sommes restés en contact. Ils résidaient à Marrakech et dirigeaient le palace *La Mamounia* . Après ma grave blessure au genou en 1998, ils m'ont invité plusieurs fois au Maroc afin que je me repose, que je récupère et que je me change les idées. Ce sont des rencontres comme celle-ci qui font du Tournoi un événement particulier, étonnant et chaleureux.

*

Devant ma télévision, au Maroc, je n'avais aucune idée de tout ce qui pouvait se dérouler autour d'une rencontre. Nous discernions les grondements de la foule, les chants, les hymnes, le son nasillard des cornemuses, mais sans nous douter que cette compétition était bien plus grande que ce qu'on en voit ou ce qu'on en entend. La magie s'est opérée alors que j'étais adolescent, à Oujda. À force de nous imprégner d'images, nous avons commencé naturellement à nous approprier une nouvelle façon de jouer. Des prises de balle en touche plus nettes, une meilleure organisation autour d'un regroupement, des départs coordonnés derrière la mêlée. Notre entraîneur était très sensible aux combinaisons de la troisième ligne. Il faut dire qu'il jouait numéro huit... Je ne sais pas s'il notait ce qu'il voyait sur l'écran, mais nous reconnaissions certaines actions anglaises et françaises orchestrées autour des mêlées. Je revois encore Dean Richards partir balle en mains, comme lorsque mon entraîneur lançait un tour de mêlée avec les juniors que nous étions, en essayant de mettre le demi de mêlée dans l'intervalle à l'intérieur... On apprenait ainsi, en imitant les meilleurs, et en rêvant de devenir comme eux.

Chapitre 3

Le French Flair

Cinq ans plus tôt, je regardais le Tournoi devant mon écran de télévision. Et voilà qu'à mon tour, ce qui était tout à fait invraisemblable à l'époque, je me retrouvais à Twickenham pour y disputer le Grand Chelem 1991 avec l'équipe de France. J'avais vingt-trois ans et je ne sentais plus mes jambes, tétanisé par la grandeur du moment. Qu'avais-je fait pour en arriver là ? J'imaginais ma famille et mes amis installés dans le salon, à Oujda. J'avais mal, le souffle coupé, du coton dans les cuisses, mais il fallait que je me relève au plus vite. Mon esprit n'était pas au match : je pensais à tout sauf à jouer au rugby, sans doute étouffé par ma responsabilité, celle de porter un numéro magique dans le dos, le huit, comme mon entraîneur. Il m'avait tout appris de ce jeu et c'était à mon tour de combiner derrière la mêlée. En quelques jours avec l'équipe de France, j'avais ingurgité tout un tas de combinaisons et au lieu de réussir un bon départ, voilà que j'avais laissé échapper mon premier ballon, comme une savonnette... Je m'étais trop vite relevé après avoir poussé et j'avais commis un en-avant ! L'horreur... J'étais maintenant « dans » la télévision et non plus devant.

En touche, je jetais un œil inquiet sur Wade Dooley. Il était là, à côté de moi, le monstre qui m'avait tant impressionné gamin. Barbu, énorme, des cuisses comme des poteaux. De toute façon, dans ce stade, tout me paraissait surdimensionné. J'étais enseveli.

Dès les premiers regroupements, j'ai senti que nous ne pourrions pas l'emporter, même en inscrivant trois essais. Les avants Anglais avaient de gros bras. Ils nous usaient, inexorablement. Je tenais le ballon mais l'un d'eux passait la main et me l'arrachait, lentement, sans que je puisse lui opposer de résistance. En touche, nous regardions les ballons voler au-dessus de nos têtes. Nous avons pris la grêle et le Grand Chelem serait anglais.

Le fiasco de 1991 m'a valu une grosse remise en question. Après cette défaite et ma piètre performance, je me suis posé tout un tas de questions. Je marchais bien avec Agen, j'avais parfaitement évalué ce dont j'avais besoin pour devenir international, à la fois techniquement et physiquement. Je comptais déjà quatre ou cinq sélections en équipe de France, mais je venais d'affronter l'Angleterre dans le Tournoi et j'avais été inexistant. La tournée en Australie, pourtant pas très facile puisque assortie de mon expulsion, m'avait posé moins de problèmes. Twickenham, c'était autre chose. Dès que je suis entré dans le stade, que j'ai foulé la pelouse, je me suis revu enfant scotché devant ma télé, entouré de mes copains. À cette époque, rien n'était plus important que le Tournoi. De toute façon, nous ne recevions pas d'autres matchs internationaux. J'entends encore ma mère râler, nous demander pourquoi nous aimons ce sport tellement violent et j'imagine mon père se lever de la sieste pour assister à la fin de la retransmission. Inconsciemment, savoir désormais que ma famille, mes amis et mes anciens coéquipiers, installés dans le salon familial, me regardaient jouer m'avait perturbé, j'en suis convaincu.

J'avais la tête à l'envers, complètement embuée, et le match était flou autour de moi. Nous avions, chacun à notre tour, tenté quelque chose pour ne pas sombrer complètement. Heureusement que nous avions une ligne de trois-quarts exceptionnelle ! Nous avions fait illusion, vu le score étroit. Mais devant, nous savions que nous n'avions pas été à la hauteur de nos attaquants.

Durant toute la partie, j'avais suivi le mouvement, ballotté comme une coquille de noix dans une tempête en mer. Je me sentais fatigué, les jambes en coton. Flasque, mou, je me forçais à courir. J'ai compris, plus tard, que mon cerveau avait conditionné mon corps, emporté par l'émotion. Au sortir de ce match cauchemar, j'avais grandi, je n'étais plus un enfant devant sa télé. J'étais devenu un adulte. Il fallait que j'arrête de regarder Wade Dooley. Je pensais ne pas mériter de porter une nouvelle fois le maillot de l'équipe de France. Je m'étais préparé à être viré et je m'attendais à une grosse engueulade de la part de l'entraîneur, Daniel Dubroca. Au lieu de quoi, j'ai été repris... J'entendais les anciens dire qu'on ne peut se considérer vraiment joueur international qu'au bout d'une quinzaine de matchs. Je savais maintenant ce que signifiait cette phrase : Twickenham m'avait déniaisé.

*

L'équipe de France, pour ce Tournoi 1991, alignait sans doute l'une des meilleures lignes d'attaque de son histoire. Il suffit de prononcer certains noms : Serge Blanco à l'arrière, Philippe Sella et Franck Mesnel au centre, Didier Camberabero à l'ouverture, Philippe Berbizier à la mêlée. Sans oublier l'inénarrable Jean-Baptiste Lafond et un petit jeune qui débutait comme moi, Philippe Saint-André, pour occuper les ailes. Lui, « le Goret », il n'était pas stressé. Premier match comme titulaire dans le Tournoi et il inscrit l'essai du siècle... Comme début, ça aurait pu être pire ! Cet essai, je n'en faisais pas partie. Je l'ai savouré, davantage en tant que spectateur qu'acteur. Je revois la pénalité anglaise qui part à droite et tombe dans les bras de Pierre Berbizier. J'étais placé aux premières loges, c'est-à-dire dans l'axe des poteaux, sur notre ligne des dix mètres. J'ai vu l'action partir, Pierre Berbizier servir Serge Blanco qui l'appelait. Jean-Baptiste Lafond a passé ensuite à

Philippe Sella qui a pris l'intérieur et a décalé Didier Camberabero qui croisait dans son dos. Du velours. Des passes précises, fluides. Et immédiatement l'exploit technique qui enflamme Twickenham, ce lob de Didier par-dessus les défenseurs, la balle qu'il a reprise et le coup de pied adressé en direction de Philippe Saint-André. Je revois le public, dans un mélange de crainte et d'admiration, se levant au passage de Didier, au fur et à mesure que l'action s'enfonçait dans le camp anglais...

J'admirais l'action mais je ne pouvais pas accélérer. Je me traînais. Le match venait à peine de commencer et j'avais des douleurs dans les jambes. Xavier Blond m'a devancé et s'est porté au soutien du « Goret ». Je suis resté bloqué vingt mètres derrière, inutile. En retard. Heureusement qu'il ne s'est rien passé de grave ! Si Philippe Saint-André avait été plaqué, je n'aurais même pas pu l'aider...

Des actions comme celle-ci, inespérée dans un match où nous étions dominés, ma carrière internationale en équipe de France va en connaître beaucoup d'autres. Ce sont des actions qui nous ressemblent, qui nous suivent depuis toujours et se perpétuent. Un style qui nous appartient et que je n'ai pas vu ailleurs. Nos adversaires appellent ça le « French Flair ». Prendre part à de tels mouvements touche à l'extase car ce ne sont pas des combinaisons travaillées. Leur magie ? Effacer d'un seul coup un tas de tactiques décevantes. Notre réputation est construite sur cet art de l'improvisation, fragile, inconstant, mais tellement fort. Je sais que cette capacité de créer à partir de rien est vécue par certains comme une faiblesse, qu'elle irrite ceux qui voudraient que le rugby soit une science exacte, rigoureuse, calibrée. Au contraire, je crois qu'il ne faut pas avoir honte de notre différence. Cette créativité fait, à elle seule, toute la beauté du rugby français. Nous avons le défaut de nos qualités. Et alors ? Tous les deux ou trois ans, l'équipe de France marque un essai fantastique, quelque chose que le monde nous envie. Pour ma part, j'en ai gardé une demi-douzaine en mémoire : 1990 à Brisbane, 1991 à Twickenham, 1994 à Auckland, 1997 contre l'Angleterre, 1999 à Twickenham contre la Nouvelle-Zélande... et j'en ai oublié pas mal en route, des essais inscrits par Serge Blanco, Philippe Saint-André, Jean-Luc Sadourny, Titou Lamaison, Christophe Dominici... Des essais nés de relances désespérées, de contre-attaques inattendues, des essais qui changent la physionomie d'un match, qui le font basculer en notre faveur quand tout est compromis.

Les joueurs de l'équipe de France savent, au plus profond d'eux-mêmes, que ce don ne peut pas mourir. Qu'ils possèdent un petit quelque chose en plus. Qu'ils peuvent donner naissance à des instants éternels. Alors pourquoi dénaturer ce talent ? Pourquoi se priver, nous priver, priver le public et les amoureux de ce jeu, d'actions dont on parlera encore dans cent ans ? Quitte à copier les autres, autant prendre le meilleur, je suis d'accord. S'inspirer de l'opposition et voir ce qui se fait ailleurs est utile. On ne peut pas refuser les influences extérieures : elles permettent d'avancer. Mais faire du copier-coller peut s'avérer mortel pour le rugby français. Le « French Flair » est un savoir-faire qui ne s'inscrit pas dans un plan tactique. Sauf que s'il n'est pas répertorié dans un cahier de combinaisons, il s'entretient à l'entraînement, à travers les discussions, les jeux de passes, l'analyse de quelques bons coups avortés, l'alchimie d'un groupe, la mise en confiance des joueurs, la valorisation de leurs talents, de leurs points forts. Elle est belle, cette identité française. Unique. Excitante. Notre jeu ressemble parfois à un diamant. Et si les autres nations nous regardent différemment, c'est justement parce que notre identité est remarquable.

*

Trois ans après mes « vrais » débuts internationaux dans le Tournoi, à Twickenham, je me suis retrouvé au cœur d'une de ces belles actions qui s'inscrivent dans l'histoire du rugby français. Deuxième test contre les All Blacks, à l'Eden Park d'Auckland, en 1994 : nous sommes menés, et Philippe Saint-André, en désespoir de cause, amorce de nos propres vingt-deux mètres ce qui va devenir la fameuse relance « du bout du monde ». Cette fois-ci, je suis intégré dans le mouvement, au milieu de Christophe Deylaud, Émile Ntamack, Laurent Cabannes et Yann Delaigue – que des génies ! Je peux alors constater les progrès que j'ai réalisés en trois saisons internationales. J'ai appris à jouer le rugby « à la française ». J'ai observé, assimilé, et, quand je reçois le ballon, je sais que je ne dois pas arrêter le jeu. Je me surprends alors à tenter une feinte de passe pour noyer la défense et mieux servir mon partenaire. Je suis dans l'esprit, dans le bon timing. Je m'inscris parfaitement dans l'action. Décomplexé, je suis imbibé par quelque chose qui me dépasse, et qui a pénétré en moi à mon insu au fil des centaines d'heures d'entraînement, de matchs perdus où nous avions beaucoup tenté, de passion partagée, d'envie gardée intacte malgré le tracas des défaites et l'instabilité générée par des remises en question quelquefois injustes. Cette fameuse relance du bout du monde inspirée par Philippe Saint-André n'était-elle qu'une géniale improvisation collective ? Au premier abord, en restant à la surface, on pourrait croire que oui. Eh bien non, tout était réfléchi, cadré et analysé en amont. Quelques jours plus tôt, contre la réserve des All Blacks, nous avions tenté une action similaire qui avait échoué à cause d'une mauvaise passe. Nous l'avions visionnée plusieurs fois au magnétoscope en nous promettant de tout faire pour qu'elle aille au bout si l'occasion se représentait un jour. Nous avions compris ce qui avait cloché. L'affaire en était restée là. Jusqu'à ce coup de poker du « Goret » !

Depuis que je suis gamin, ma nature me ramène toujours vers le défi physique. J'ai un besoin viscéral d'aller bousculer le défenseur, de peser avec ma masse et de passer plus tard mon ballon, une fois l'adversaire renversé. Là, au contraire, j'ai feinté et passé les bras, joué comme un trois-quarts... C'est Jean Dauger, je crois, le père des attaquants français, qui disait que « les plus beaux essais sont marqués quand, lors d'une action, tous les joueurs ont joué comme des centres». Quelque chose de cette dimension m'avait traversé.

*

Ma carrière est une suite d'étapes. Deux ans et demi après Auckland et l'essai du bout du monde, me voilà nommé capitaine de l'équipe de France, face aux Springboks, à la tête d'une drôle de sélection qui change au fil des matchs selon les blessures et les absences des uns et des autres, une équipe embarquée ensuite dans un Tournoi très particulier. Arrivent de jeunes joueurs que le grand public ne connaît pas, David Venditti, Titou Lamaison, Marc de Rougemont, Olivier Magne, Stéphane Glas, Richard Castel, Laurent Leflamand, des joueurs que personne n'attend à ce niveau de la compétition. Tout au long du Tournoi, cette équipe va recevoir un formidable accueil populaire, au moment où le rugby français en a le plus besoin. Il fallait un exploit et voilà qu'il arrive au meilleur moment. L'année 1996 n'avait pas donné lieu à de grandes envolées et une série de résultats très ordinaires plongeait l'équipe de France dans la morosité. Au moment où doit s'ouvrir le Tournoi 1997, un nombre important de blessés oblige l'entraîneur, Jean-Claude Skrela, à sélectionner de nouveaux joueurs. La question se pose, dans l'opinion publique, mais aussi au sein du staff technique, de savoir s'ils sont au niveau. Visiblement, nous sommes partis pour limiter les dégâts, rien de très ambitieux. Mais quelque chose d'inespéré va prendre forme.

Je m'étais engagé dans une démarche courageuse mais dangereuse : insister, par voie de presse, pour qu'un spécialiste des lignes arrière vienne rejoindre le staff de l'équipe de France. Mes propos, publiés dans les colonnes du quotidien *Le Parisien*, avaient été repris partout. Branle-bas de combat ! J'ai dû m'expliquer en haut lieu. Il s'agissait simplement pour nos trois-quarts de bénéficier de l'apport d'un technicien supplémentaire. Jean-Luc Sadourny, dans *L'Équipe*, avait précisé, mieux que je n'aurais pu le faire, pourquoi l'équipe de France devait profiter d'un staff technique élargi, à l'image de ce qui se faisait dans l'hémisphère Sud. Le nom de Pierre Villepreux, parmi d'autres, avait été avancé. Dans les coulisses, Jo Maso, nouveau manager du Quinze de France, œuvrait pour que Pierre Villepreux rejoigne son ami Jean-Claude Skrela.

Aux dirigeants maintenant de décider. Mais le message était passé. J'avais senti que Jean-Claude Skrela, malgré la connaissance du rugby qui est la sienne et l'aide de Max Godemet, portait un poids trop lourd pour ses seules épaules. Tous les deux nous faisaient manger du rugby matin et soir, avec énergie et passion, mais il fallait quelque chose de plus, une étincelle, quelqu'un qui vienne les dégager de la responsabilité des trois-quarts. Je ne connaissais pas particulièrement Pierre Villepreux mais son duo avec Jean-Claude Skrela avait donné au Stade Toulousain un style remarquable. De toute façon, Villepreux ou pas, nous avions besoin d'un entraîneur supplémentaire.

Il est toujours difficile de parler de soi, quelques années plus tard, car le risque est grand de magnifier la réalité, au risque de se voir « plus beau » et meilleur. Mais une chose est certaine : en 1997, le capitanat me pesait. En rugby, la responsabilité a souvent été un fardeau pour moi, sans doute parce que je m'investissais trop à titre personnel et je mettais dans cette fonction des choses inutiles. J'en faisais trop, et trop mal. Après notre victoire à Dublin contre l'Irlande, puis face au pays de Galles au Parc des Princes, Twickenham nous attendait, décidément une borne importante dans ma carrière. Nous sommes arrivés en Angleterre en position d'outsiders. Même avec nos deux victoires, nous n'étions pas spécialement fiers. Entre les lignes, nous pouvions comprendre qu'un bon match suffirait au bonheur de tout le monde. Nous n'avions aucune pression particulière. Ce Quinze de France se présentait comme une équipe de transition et il lui était surtout demandé d'éviter la déroute.

Cette fois-ci, à la différence de mes précédentes visites à

Twickenham, je n'étais pas un simple soldat. En débarquant à Londres, j'avais conscience de porter une part de notre patrimoine. Je sentais des regards appuyés se poser sur moi. Quel changement en six saisons, du petit Marocain intimidé j'étais devenu le capitaine du Quinze de France, garant d'un esprit et d'une culture de jeu.

Une heure avant le match, je foule la pelouse et, surprise, je ne reconnais plus rien ! Les tribunes, l'herbe, tout a changé ! Nous allons jouer au centre d'une arène. Je suis dans *Gladiator*, entouré de mes partenaires, et j'imagine que nous allons être dévorés. Chrétiens, musulmans, athées, rien ne nous sépare. Nous sommes de la chair donnée en pâture aux Lions d'Angleterre. Rien ne reste de ce que j'ai connu à mes débuts. Le stade est lumineux, ouvert, large. L'herbe haute, entourée de tribunes au carré, a été coupée. L'air n'est plus étouffant, irrespirable, saturé de fumée de cigarette et noyé dans la grisaille et la pluie comme avant. Je ne ressens aucune oppression. Ce Twickenham 1997 est clair. Du coup, le calme et la sérénité m'habitent.

J'aime ce moment d'intimité, quand nous ne sommes plus que quinze joueurs dans un vestiaire. Un instant unique, profond. Je n'ai pas gardé en mémoire les mots exacts, mais j'ai parlé de notre privilège de faire partie de l'équipe de France. Pas spécialement la nôtre, mais celle qui nous vient du passé et tend vers l'avenir, dont nous ne sommes qu'un maillon. Nous étions capables, aujourd'hui, maintenant, à Twickenham, devant l'une des plus grandes nations de rugby, de réaliser un exploit. Une victoire ici permettait à nos précédents succès de prendre du relief. Nous sommes entrés dans le stade en toisant nos adversaires. À chacun de mes pas, je mesurais le chemin parcouru depuis mon premier match du Tournoi, ici, en 1991. Après avoir déshonoré le maillot de l'équipe de France, j'en étais maintenant le garant. Il n'y a pas plus fort sentiment que de savoir qu'on va pouvoir éponger sa honte et corriger ses fautes. Plus qu'un sentiment, c'est une chance inouïe. J'avais précisé à mes coéquipiers que, en rugby, demain n'existe pas : il n'y a que le moment présent à vivre pleinement, sans regret ni excuse. J'avais souhaité leur faire partager mon expérience, exprimer dans ce temple ce que m'avait apporté le rugby. Twickenham m'avait initié au voyage intérieur qu'effectue chaque joueur international et, à mon tour, je me devais de faire passer le contenu de ce message. De telles responsabilités sont belles à prendre.

Titou Lamaison courait partout, libéré des carcans tactiques, porté par les vertus retrouvées du combat. Parfois, je le retrouvais au milieu des avants, talonnant un ballon, balançant des coups de tête dans les côtes anglaises. Il générait une ardeur communicative. Comme demi d'ouverture, je l'imaginais davantage en chef d'orchestre, lucide, détaché des contingences des luttes. Au contraire, il venait se mêler à nos batailles, au milieu des gros, sans doute pour y puiser de l'énergie. Laurent Leflamand, lui, portait d'habitude la contagion du bonheur et de la joie, toujours gai et drôle durant la semaine. Là, soudain, il avait changé de couleur, était devenu gris, dans un mélange de peur et d'excitation. Je me souviens aussi des débuts d'Olivier Magne, introverti, discret, timide. Les joueurs n'avaient pas eu le temps de se fabriquer une histoire commune, mais un petit quelque chose s'était construit au fur et à mesure de nos matchs. Nous écoutions des entraîneurs nous parler d'un rugby que nous ne maîtrisions pas vraiment et qui, parfois, nous passait au-dessus de la tête. Non pas qu'il fût mauvais, au contraire, et d'ailleurs le jeu qu'ils voulaient mettre en place risquait de payer un jour. Mais pas maintenant. Nous étions dans l'urgence. Dans les discours, ils ne s'adressaient pas à l'un d'entre nous. Ils ne parlaient à personne en particulier et à tout le monde en même temps. Pierre Villepreux et Jean-Claude Skrela nous demandaient d'adhérer à un système et, ce faisant, semaient pour plus tard. Cela dit, nous avions la désagréable impression d'être considérés comme les membres d'une équipe de transition.

Nous avons pourtant essayé de suivre les consignes, pour

bien faire et, à la mi-temps, nous accusions vingt points de retard, le genre de handicap quasi insurmontable contre l'Angleterre à Twickenham. Il fallait absolument arrêter cette voie d'eau. Alors, entre nous, dans le blanc des yeux, nous nous sommes dit quelques vérités. J'ai décidé, en tant que capitaine, qu'il était encore temps de changer de méthode de jeu et de retrouver nos âmes de guerriers. Mais ce ne sont pas avec des incantations que l'on gagne les matchs. Il fallait aussi que nous brisions nos retenues. « Libérez-vous ! » J'exhortais mes coéquipiers à s'exprimer. Je voulais que nous retrouvions notre force à travers un jeu débridé. De tout cela nous avons parlé en quelques mots. Le reste passait dans les regards. Dès que nous sommes revenus sur le terrain, l'attitude des Anglais nous a bien arrangés. Ils avaient tellement dominé la première mi-temps qu'ils décidèrent de s'amuser, comme un chat avec une souris. Tant qu'ils maintenaient leur pressing défensif, nous ne pouvions pas respirer, étouffés par leur puissance. Ils nous arrachaient la balle des mains et nous ne pouvions que subir... Mais dès qu'ils se sont mis à envoyer la balle aux ailes, ils se sont regardés jouer. Il a suffi de quelques bons plaquages appuyés pour récupérer des ballons de relances et les déstabiliser. Ils étaient perdus dans le replacement, incapables de réagir. En ajoutant à ces contre-attaques éclairs deux ou trois renvois bien pris, des touches solidement assurées et des percussions au ras en ramassant le ballon derrière l'impact, je voyais dans leurs yeux un vent de panique. Plus ils s'embrouillaient, plus nous retrouvions confiance en nous. En cinq minutes, le match bascula en notre faveur.

C'est à cet instant que j'ai pris Tim Rodber en pleine poitrine, un énorme coup d'épaule dans le buffet sur une passe mal maîtrisée, un choc terrible qui m'a coupé la respiration. Rien qu'à la douleur je savais qu'il m'avait cassé deux côtes, mais j'ai serré les dents. Masquant ma souffrance, je voulais rester coûte que coûte sur le terrain. Mais c'était compromettre la victoire que de continuer, par orgueil, sans pouvoir tout donner, surtout au moment où nous venions de prendre l'avantage au score. J'aurais voulu mourir avec mes coéquipiers, mais c'était une erreur. De toute façon, le joueur qui allait me remplacer ferait mieux que moi.

Tous les remplaçants étant déjà sur le terrain, il ne restait plus qu'un première ligne, Marc de Rougemont. Au moment où je sors du terrain, je le vois foncer vers moi et me taper dans la main, de ce geste qu'ont les catcheurs quand ils se croisent sur le ring. En mon fors intérieur, je le plaignais de rentrer à Twickenham au poste de troisième ligne aile, mais lui, visiblement, n'était pas du tout écrasé par la tâche qui l'attendait. Il ne pensait qu'à une chose : donner le meilleur ! Quand il a rejoint le pack, à l'autre bout du terrain, il s'est approché d'Olivier Merle et de Fabien Pelous pour leur demander ce qu'il devait faire. La réponse a immédiatement fusé, le genre de conseil technique qui allait bien au « Rouge » : « Tu découpes du rosbif ! » Ce qu'il a fait sans poser d'autres questions...

Dans un tel contexte, la méthode n'existe plus. Que dire de plus à Marc de Rougemont, talonneur reconverti troisième ligne aile, dans un match du Tournoi contre l'Angleterre ? Au-delà de l'anecdote, son attitude personnifie parfaitement l'esprit de hargne, de volonté et de solidarité de cette équipe. Je comprends que l'être humain soit capable de réaliser des choses exceptionnelles pour peu qu'il le veuille vraiment. La logique n'est pas toujours le moteur de la réussite. Il suffit parfois que trois mots soient compris, que passe un petit message ou un regard pour donner du souffle à un projet.

*

Après notre victoire à Twickenham, plus rien de grave ne pouvait nous arriver, sauf de nous quitter. Pour la dernière levée du Grand Chelem, les Écossais n'ont pas fait un pli. Et j'ai touché au sublime au moment de lever le trophée des Cinq Nations et de le présenter au public du Parc des Princes.

J'avais le sentiment d'avoir inscrit mon nom dans le patrimoine français. Notre histoire, celle d'une équipe atypique, allait rester gravée. J'étais fier d'avoir construit un édifice. Et, par la même occasion, j'en profitais pour dire merde aux injustices de la vie, au racisme ordinaire qui pourrit l'existence des gens, aux a priori dont j'avais pu souffrir, y compris en équipe de France. Il faut se souvenir que j'avais été nommé capitaine par le président de la FFR, Bernard Lapasset, et non par l'entraîneur Jean-Claude Skrela, ce qui avait créé une certaine gêne. Que j'étais censé assurer l'intérim de Philippe Saint-André, blessé. Et là, en brandissant cette coupe, je balayais tout !

En sortant du stade, Marcel Martin, l'un des codirecteurs de la Coupe du monde, m'a glissé à l'oreille : « Tu vois, Abdel, ce succès, personne ne pourra jamais te l'enlever. Tu le garderas au fond de toi. Ce n'est pas le trophée qui compte, mais ce que tu as fait. » Il avait tellement raison.

Capitaine du Grand Chelem, certes, mais fédérateur d'une équipe de sans-culottes, j'étais enfin délivré. Je repensais à mon trajet personnel, débarqué à Cahors en 1988 avec ma bonne volonté pour seul bagage, habité par l'envie de réussir quelque chose. Je voulais que nous nous comprenions le plus vite possible, que chacun abandonne ses préjugés. Forcément, en revivant mon histoire en un éclair, guider l'équipe de France prenait une autre signification qu'un simple capitanat. Ce qui m'arrivait dépassait, à cet instant précis, le simple cadre du rugby.

Dans les jours qui ont suivi cet exploit sportif que le Quinze de France n'avait pas réalisé depuis dix ans, j'étais le porte-parole d'une communauté : je recevais plusieurs centaines de lettres par jour. Ceux qui souffraient du racisme, les rejetés, se réalisaient à travers ma réussite. Ils ressentaient certainement ce que j'avais voulu mettre, moi le Franco-Marocain, dans cette expérience de capitaine.

J'espérais ne pas être dépassé par des attentes que j'avais suscitées. J'avais peur de ne plus pouvoir redevenir un simple joueur de rugby. Je craignais que ce qui m'était arrivé modifie la perception que les autres avaient de moi, mes partenaires de club, les dirigeants. Dans ces cas-là, quand une tête sort du lot, certaines personnes se hâtent de la trancher. J'avais été victime de méchantes allusions, de ragots et de médisances. Je n'avais jamais été épargné par les sarcasmes, et ce qui m'accompagnait à Agen depuis mes débuts n'allait pas s'estomper pour un Grand Chelem. Et tout cas, je n'ai pas eu la naïveté de l'imaginer.

Jusqu'en 1999, j'ai trimballé une étiquette que je ne méritais pas. Il a fallu que j'attende longtemps pour que les entraîneurs de l'équipe de France s'aperçoivent que je n'étais pas l'égoïste qu'ils croyaient avoir démasqué. Ils avaient toujours pris ma différence pour de l'individualisme, ma vision du rugby pour de la prétention et mon identité hors du rugby pour de l'arrivisme. J'ai quitté l'équipe de France sur une blessure, une vraie, au genou. Entre décembre 1997 et mai 1999, je me suis battu pour revenir, je me suis battu contre les préjugés et la douleur physique. Je ne sais pas ce qui me faisait le plus mal. Mais quand Fabien Pelous, capitaine du Quinze de France, évoque Mohammed Ali et Abdel Benazzi pour parler de foi, de respect et de lutte contre le racisme, je suis fier. Qu'un homme de sa trempe, entier, honnête, droit, rappelle combien mes combats et ma présence ont été importants dans l'aventure du Quinze de France signifie beaucoup à mes yeux. J'ai été touché par ces propos. Il croit, lui aussi, à des valeurs essentielles et il n'a jamais triché.

Après l'échec contre les Springboks au Parc des Princes, en novembre 1997, personne ne voulait plus de moi en équipe de France. Ma blessure m'avait enterré, surtout après le Grand Chelem 1998 et l'avènement d'une nouvelle génération soudée autour de Raphaël Ibanez. Ce qui m'a sauvé, c'est que le pack tricolore manquait cruellement de densité pour affronter les grandes échéances.

En 1998 et en 1999, j'ai vécu deux ans dans l'ombre, comme un handicapé ; j'ai dû réapprendre à marcher en me sachant exclu de la société rugbystique. Toute l'expérience accumulée m'a finalement permis de ne pas m'affaiblir, de ne pas me disperser. Je suis entré en moi afin d'y puiser de l'énergie. Je suis redevenu l'Oujdi fier, ombrageux et méfiant, pour mieux me reconstruire, un homme capable d'encaisser les chocs sans broncher. J'ai su apprivoiser la douleur et maîtriser la révolte qui grondait en moi. Un fil conducteur inestimable qui allait me servir toute ma vie.

Chapitre 4

Hors normes

Ma petite enfance n'a jamais dépassé le cadre d'une large cour, carrefour de cris, de bruits, d'effluves et de réunions familiales. Autour de ce grand patio ombragé rayonnait une immense villa qui donnait l'impression d'avoir mille chambres et autant d'invités. Les festivités religieuses occupaient une place importante dans l'organisation de notre vie, avec leur cortège de convives, d'amis et de membres de la famille en habits d'apparat. Les odeurs d'épices mêlées aux parfums des femmes ne m'ont jamais quitté. J'entends encore un tourbillon de bruits danser autour de moi. Cinq ou six fois l'an, nous comptions jusqu'à cinq cents personnes pour un repas de fête. Cet édifice imposant n'était pas un endroit ordinaire : il s'agissait de la maison de mon grand-père. Mon père, le dernier de la famille, resté auprès de ses parents, nous avons vécu entre ces murs, mes frères, ma sœur et moi. Quand un de mes oncles se mariait, il quittait les lieux. Mais mon père, lui, a passé quatorze ans supplémentaires avec mes grands-parents. C'est dire si l'intimité nous a manqué, entourés en permanence de membres de la famille, que ce soit mes grands-parents ou mes cousins. Chaque semaine, ma mère se faisait aider pour préparer un grand repas convivial censé célébrer une fête, un événement, n'importe quelle occasion bonne à marquer. Les invités ne cessaient d'affluer, ce qui était naturel vu la dimension de la famille Benazzi. Notre statut social, assez élevé, et notre rang économique impliquaient que nous fassions preuve de générosité.

Je n'étais pas le fils de mes parents, j'appartenais à tout le monde. Fait assez curieux, au quotidien, mon éducation dépendait d'un oncle, d'un cousin ou de mon grand-père. Chaque événement, jusqu'au plus anodin, était l'occasion d'un conseil ou d'un mot prononcé avec solennité. Chacun trouvait quelque chose à dire afin que j'en prenne de la graine. Je passais peu de moments seul avec mes parents. Quelques câlins, des gestes tendres, mais jamais de paroles. Nous étions six frères et une sœur et passer un instant avec chacun d'entre nous n'était pas aisé. J'avais plutôt établi un rapport tactile avec mon père et ma mère. Certes, ils me parlaient, surtout ma mère, mais pour prononcer des mots durs, des reproches ou des mises en garde. Pour mon bien, ajoutait-elle. Mon père, en revanche, était un homme calme et pondéré, extrêmement pacifique. Il donnait l'impression de vouloir rester volontairement en retrait. Il parlait peu mais cela ne l'empêchait pas d'avoir un impact puissant sur moi. Il me prenait souvent d'irrépressibles envies d'être seul avec lui ; je voulais qu'il soit avec moi plus longtemps qu'à l'accoutumée. Même sans m'adresser la parole, il me transmettait beaucoup d'affection. Ma mère, aussi, débordait de sentiments pour nous mais elle passait son temps à s'inquiéter. Mes parents, finalement, se situaient sur deux pôles distincts. Mon père s'absentait souvent pour ses affaires et il me tardait qu'il rentre pour le sentir tout près. Je pouvais avoir commis des bêtises, elles n'avaient pas, à ses yeux, l'importance qu'elles avaient pour ma mère. Lui nous couvrait, elle nous couvait avec un zeste de sévérité.

*

Mes oncles les plus doctes géraient les affaires de la famille et, ce faisant, en devenaient aussi les porte-parole auprès des autorités religieuses. Ils organisaient les réunions familiales et jouissaient d'une aura auprès des autres membres du clan. Nous leur baisions la main en signe de respect et de soumission. Mais au-dessus de mes treize oncles et tantes demeuraient deux figures tutélaires qui régnaient sur le groupe : mon grand-père et ma grand-mère, chacun dans son registre. Les nuits de grand froid, ma grand-mère changeait nos draps souillés quand nous avions trop peur de quitter la chambre pour satisfaire nos besoins. Elle possédait un don de magnétiseuse, nous massait avec de l'huile d'olive et soignait nos petites entorses.

Mon grand-père, lui, était inaccessible. Il parlait peu et, de toute façon, nous ne lui adressions pas la parole. Il était notre protecteur à tous, ce qui lui conférait une dimension surnaturelle. Nous allions lui baiser la main, matin et soir. Jamais de câlins, pas de tendresse particulière, mais il nous adorait à sa façon. Il tenait surtout à ce que nous soyons propres et avait horreur de nous voir avec les cheveux longs. Celui qui se laissait trop pousser les cheveux recevait un petit soufflet asséné sans violence d'un revers de main, au moment où il se penchait pour le saluer. Le message était passé.

Mon père s'est occupé de ses parents avec dévotion. Mais il leur parlait peu. Seul le plus âgé de mes oncles, considéré comme l'héritier, entretenait avec mon grand-père une véritable complicité. Les autres se contentaient d'être présents, avec une notable différence pour mon père, dévoué, dont le plus clair de la tâche consistait à vivre sous le toit du patriarche afin de l'aider au quotidien. Cette hiérarchie très marquée nous inspirait de la crainte mais nous rassurait en même temps.

Mon père a souffert de ce manque d'affection. Il recherchait de la chaleur auprès de ses amis, à l'extérieur de la maison, mais n'a pas voulu que nous en souffrions à notre tour. Alors il nous a couvés, choyés. Sans paroles, il communiquait avec des gestes, nous emmenant avec lui en sortie, nous prenant par la main.

*

Notre perception de la société se limitait donc au cocon familial et aux bancs de l'école, ce qui suffisait à notre bonheur. Jusqu'à ce qu'une fracture survienne et brise cette harmonie. J'avais quatorze ans et j'en ai été marqué à jamais. D'un seul coup, je suis sorti malgré moi du nid douillet.

Au cours d'une discussion plus animée que les autres, certains Benazzi ont fait comprendre à mon père qu'il était différent des autres parce qu'il avait épousé une femme qui n'était pas de la famille. Ma mère, Zineb, née en Algérie, à Tlemcen, n'était pas, comme toutes les femmes mariées du clan, une cousine ou une parente. Pourquoi cette existence en vase clos ? J'ai en fait compris plus tard que la famille Benazzi avait préféré rester dans la consanguinité plutôt que dilapider le patrimoine. Que les mariages étaient des associations de raison dans lesquelles l'amour n'avait pas toujours été invité. Et que chacun s'en accommodait. Certes, parfois, on nous faisait comprendre qu'un cousin n'allait pas bien, qu'il n'avait pas toute sa tête : mais c'était le prix à payer pour que le sang ne se mélange pas ! Le rang nous obligeait à maintenir étanches les cloisons familiales, la seule exception étant ma mère. Ils avaient peur que quelqu'un d'extérieur se greffe sur notre arbre généalogique et les spolie. Nous descendions de la noblesse, étions issus d'une dynastie de Benazzi installée à Figuig avec un patrimoine qui faisait des envieux. Il fallait donc préserver ces acquis.

Nous avions prospéré, mus par l'esprit d'entreprise. Mais la crainte d'avoir à supporter un intrus dans notre cercle poussait certains membres de la famille à des excès, à l'exemple des reproches adressés à mon père sur l'origine de ma mère. Tout autour de moi, je voyais des murs se lézarder, la fraternité s'effriter. Mon père était aussi jugé coupable à demi-mot de ne pas faire preuve d'assez de rigueur, de trop nous couver, d'être laxiste. Personne n'avait assez de courage pour s'exprimer ouvertement, et l'hypocrisie régnait autour de nous. La gêne s'est installée, minant les fondations de notre grande famille. La notion du clan indestructible n'a pas tenu face à l'étroitesse d'esprit. Ma grand-mère Fatima a bien essayé d'étouffer les conflits mais elle s'est malheureusement éteinte, et mon grand-père aussi. Eux partis, le feu familial a perdu de son intensité. J'ai vu le reste de la famille changer de comportement avec mes parents. Les discussions foisonnaient de non-dits, de sous-entendus et de regards en coin. J'aurais préféré que tout le monde se déchire une bonne fois pour toutes, mais les relations entre membres de la famille se résumaient à des attitudes de façade dont je souffrais. Il s'agissait pour les Benazzi de faire illusion, d'entretenir les traditions et de continuer à se rassembler en attendant que les plus faibles disparaissent d'eux-mêmes. Or, mon père était miné par ces faux-semblants. Et je l'ai vu décliner au fur et à mesure que j'avançais dans la vie, lente décrépitude qui m'a déchiré le cœur.

*

Le cocon brisé, je n'étais plus confiné dans la cour, obligé de vivre au rythme du clan. J'ai donc commencé à sortir de chez moi pour aller à la rencontre de l'autre vie, celle du dehors. Je suis entré dans le vrai monde, celui de la rue, un univers que je ne connaissais pas, avec ses règles et ses rites. J'aurais rapidement pu mal tourner. La fumette, le larcin. Mais je n'ai pas cédé. Les copains qui m'entouraient vivaient dans la pauvreté et l'exclusion, issus pour la plupart de familles déchirées. Moi, fils de commerçant, j'étais pour ainsi dire le spectateur de leur vie. Les bases solides de mon éducation me protégeaient des tentations, ce qui n'était pas leur cas. J'ai compris qu'il était difficile, pour eux, de rester dans un droit chemin.

J'ai toujours bien mangé et nous ne manquions de rien. J'aimais me resservir, engloutir plusieurs rations, et personne ne se préoccupait de savoir quels effets la boulimie pouvait avoir sur mon organisme. Si bien que je devins une boule de suif, gros et gras. Plus les années passaient, plus j'engraissais. J'étais gavé. Manger me procurait un contentement, comme si je n'étais toujours pas sorti du ventre maternel. Mais quand j'ai commencé à percevoir le regard des autres, dans la rue, j'ai développé un complexe. Mes cousins se moquaient de moi et me surnommaient Tappouz, « le grassouillet ». L'été, à la plage, ils s'écartaient ou me repoussaient. Aucun des membres de la famille ne voulait même marcher à mes côtés. Quelle souffrance ! J'avais mal tout au fond de moi. Et comme j'étais timide, je ne trouvais personne à qui parler de ma peine. L'existence me paraissait injuste : pourquoi certains étaient minces et beaux et moi gros au point d'en être repoussant ?

À la maison, lorsque j'étais enfant, jamais personne n'avait fait attention à moi. J'avais organisé ma vie à ma façon, ce qui arrangeait mes parents du moment qu'aucune bêtise n'était commise. La nourriture abondante me profitait et ni mon père ni ma mère ne s'alarmaient de mon obésité. S'en étaient-ils au moins aperçus ? En attendant, je subissais les moqueries du reste de la famille, sans qu'ils puissent s'imaginer une seule seconde combien ces humiliations me touchaient. Plus on riait de moi, plus je me renfermais, et plus je perdais confiance.

Je cherchais ma mère du regard mais elle trouvait toujours quelque chose à faire qui l'éloignait de moi. Elle n'avait jamais une minute à me consacrer. Je n'ai pas eu beaucoup d'intimité avec elle. J'aurais aimé que mes parents attachent davantage d'importance au développement de ma personnalité, qu'ils remarquent mes traits de caractère, prennent soin du développement de chacun de leurs enfants. Mais, pour eux, personne ne ressortait de la masse. Tant que tout le monde trouvait à manger dans son assiette, *Inch Allah* !

*

Pas de livres, peu de télé, je passais le plus clair de mon temps à jouer dehors avec mes frères. Les bagarres opposaient régulièrement le plus âgé au plus gros, moi en l'occurrence. Mais aucun de mes frangins ne pouvait m'échapper. Tous les jeux étaient prétextes à luttes. Je leur tombais dessus à la première occasion et, tant bien que mal, ils essayaient de se libérer de mon étreinte.

Durant les vacances à la ferme, nous nous liguions pour fomenter des coups horribles et sanglants, comme courir après les poules afin de leur tordre le cou ou embrocher un lapin. Nous montions sur les toits chasser les oiseaux et vider les nids. Nous aurions pu nous tuer cent fois. Chaque année, dans l'escalade des bêtises sanglantes, nous franchissions un palier. C'est ainsi qu'il m'est arrivé d'ouvrir la main de mon frère Youssef en le frappant avec un verre. Pire encore, alors que nous nous disputions pour savoir lequel monterait le premier sur un vélo, j'ai un jour poussé un de mes frères qui, déséquilibré, tomba sur un échafaudage et s'enfonça un clou dans le cou.

Nous jouions aux durs, cherchant dans la violence une façon initiatique pour passer au plus vite dans le monde des adultes, mais sans jamais assumer nos responsabilités. Rien n'était jamais notre faute. Nous étions livrés à nous-mêmes, sans garde-fous, et si nous avons évité de justesse les gros accidents bien plus graves qu'un clou enfoncé ou des éclats de verre dans le bras, nous étions aveugles des dangers que nous courions. À nos yeux, tomber entre les mains de ma mère constituait le plus grand des périls. Quand lui revenaient les échos de nos frasques, nous étions assurés d'une grosse raclée.

*

Parce qu'il pratiquait le karaté, mon père tint absolument à nous faire découvrir cette discipline sportive. Il affubla ses six fils d'un kimono et, pendant un an en ce qui me concerne, j'ai essayé de m'intéresser à ce qu'on m'apprenait. Je suais, je souffrais, je n'étais pas assez souple, il faisait trop chaud dans la salle, bref rien ne me correspondait. Je préférais les sports de plein air.

C'est finalement au collège, hors du cadre familial, que j'ai pu m'initier à deux sports qui allaient me marquer : l'athlétisme et le rugby. Courir tenait davantage de la contrition que du plaisir. Je me punissais d'être si gros. Le poids était devenu une obsession. Et comme je ne supportais plus de me voir rond, je me forçais à avaler les kilomètres en plein soleil. Je souffrais tellement du regard des autres qu'il me semblait qu'en transpirant j'allais immédiatement maigrir. Je refusais la fatalité. Au début, je courais de façon irrégulière, au gré des après-midi de libre, quand l'envie me prenait. C'est au moment où j'ai rencontré Reinhard, le père du joueur de rugby toulousain Karl Janik, que j'ai appris avec lui la bonne façon de courir. Mais à quatorze ans, ce n'était pas tant la technique qui m'intéressait que le souci de changer mon corps. L'été arrivait et je voulais marcher le long de la plage au milieu de mes cousins et de mes cousines sans être le rebut de la famille, celui dont on a honte et qu'on évite, celui qu'on cache.

À force d'effectuer des tours de terrain, j'ai attiré l'attention d'un des professeurs du collège, Ben Lakdar, en charge du rugby, qui m'a enrôlé dans une équipe. Je ne connaissais rien à ce sport mais, en quelques séances, il m'enseigna assez de rudiments pour jouer de façon acceptable. Pourquoi ai-je accepté de jouer au rugby ? Mon choix n'avait rien à voir avec la réputation de ce sport, mal vu au Maroc. Quelqu'un avait simplement pris du temps pour s'intéresser à moi. Alors que je me sentais mal dans ma peau, M. Ben Lakdar m'avait trouvé dynamique, me certifiant que je pouvais être utile à l'équipe. Je me suis ainsi retrouvé pilier, lancé dans un championnat intercollèges dont je ne connaissais pas l'existence deux semaines plus tôt. Quelle ne fut pas ma fierté quand notre éducateur décida de monter une combinaison autour de moi, sur une pénalité jouée à la main, afin d'utiliser ma masse physique aux abords de l'en-but adverse. Il faut dire que par rapport à mes coéquipiers, j'étais un peu hors normes. Au fil des matchs, je suis devenu l'atout principal de l'équipe, un peu à la manière de Jonah Lomu, celui qu'on envoie percuter la défense adverse pour monopoliser les défenseurs. J'étais toujours aussi enrobé mais je fonçais dans le tas, je me remuais et, visiblement, ma façon de jouer plaisait à mes coéquipiers. Passif en famille, je devenais agressif sur le terrain. Je sentais l'adrénaline monter et je me libérais de tous les carcans. J'avais enfin le sentiment d'exister.

En l'espace de quelques matchs, les regards portés sur moi se chargèrent d'admiration, d'amitié, de reconnaissance. Je me sentais transporté de joie. On ne me considérait pas comme un être difforme mais comme un joueur utile, important. Sur le terrain, quand l'équipe cherchait une solution offensive et ne la trouvait pas, on me passait le ballon et je fonçais droit en bousculant l'adversaire. Mes coéquipiers me suivaient et, souvent, l'essai était au bout de l'action. J'étais le centre de plusieurs combinaisons et beaucoup de ballons m'étaient destinés. Percer la défense : tel était mon rôle ! Et pour cela, toutes les pénalités à la main avaient été organisées pour que je défie l'adversaire. Ce que je faisais avec beaucoup de détermination, sans fléchir. Physiquement, mon gabarit me plaçait nettement au-dessus du lot. Je n'étais pas endurant, je marchais beaucoup entre deux attaques, mais je n'étais sollicité que pour réussir des actions bien identifiées. Balle en main, je me mettais en boule et, même avec quatre défenseurs sur le dos, j'allais le plus loin possible.

J'avais une place dans le groupe, je me rapprochais de mes coéquipiers, et, grâce à cela, je me suis métamorphosé. J'avais l'impression que le monde s'ouvrait à moi. À partir de ce moment – j'avais quatorze ans –, j'ai su que le rugby était devenu « mon » sport. Plus qu'un sport, quasiment une thérapie. Mais il m'a fallu braver le refus catégorique de ma mère : elle trouvait ce jeu dangereux et trop violent, qui plus est pratiqué par des gens très modestes, issus des classes les plus basses de la société, ce qui n'était pas valorisant pour nous.

Pourtant, c'est à leur contact que j'ai trouvé tout le plaisir du monde. Non seulement je me sentais exister mais je contribuais au bonheur de mes coéquipiers en amenant des victuailles. Ils m'appelaient « le Généreux » et j'étais aux anges. Je vidais régulièrement le réfrigérateur familial pour apporter une robuste collation après l'entraînement. J'arrivais avec un sac de sport rempli de fromages et de fruits que nous partagions. Il y avait tellement de choses à la maison, trop parfois, qu'en subtiliser ne gênait personne. Or, de nombreux joueurs n'avaient pas toujours de quoi manger à leur faim. Quand nous partions en déplacement en train, ils n'avaient qu'un bout de pain sec, aussi j'apportais le reste. Je volais des pots de fruits, des boulettes de fromage et nous nous mettions en cercle dans le wagon pour déjeuner. Ce sont ces moments inoubliables de complicité et de petites joies simples qui ont, à leur façon, marqué mon chemin.

Chapitre 5

ALLAH EST GRAND

Avec une fréquence soutenue, nous fêtions une multitude d'événements divers et variés qui allaient de l'Aïd-el-Kébir à la visite d'un membre éloigné de notre communauté, en passant par une naissance, un mariage et toutes les fêtes religieuses. Dès le premier âge, à travers des rituels et des changements d'attitudes, je sentais que quelque chose de particulier se déroulait sous mes yeux. Forcément, mon attention redoublait. À la fin du repas, qui durait plus longtemps que d'habitude, nous nous retrouvions ensemble comme par enchantement au moment où quelqu'un récitait des versets du Coran. À dix ans, les gamins que nous étions gesticulaient partout, dans tous les sens. Jusqu'à six heures du soir, nous vivions dans un bruit incessant : les hommes se regroupaient d'un côté, les femmes de l'autre. Chacun dans son coin, sans que personne s'en offusque. Il ne s'agissait pas de faire sécession mais plutôt de se raconter des petits secrets. Les femmes paraissaient visiblement heureuses de se retrouver afin d'évoquer entre elles des sujets que les hommes ne sont pas censés entendre. D'ailleurs, quand les hommes avaient terminé de manger, ils attendaient pour partir qu'elles aient fini de discuter, ce qui était leur façon de reconnaître et de respecter l'intimité des femmes.

Tout le monde parlait haut et fort et aux conversations se mêlaient le bruit des plats et des casseroles qu'on lave et range dans la cuisine, les pas incessants dans les couloirs et les escaliers, les jarres remplies d'eau que l'on se passe. Nous étions heureux, dans cette ambiance festive, colorée et sonore. Personne ne prêtait particulièrement attention à ce que nous faisions. Nous courions en criant dans tous les sens, cassant un verre ou renversant un pot sans que cela déclenche le moindre reproche. Mais arrivait toujours le moment où ce carrousel s'arrêtait d'un seul coup, un adulte parvenant à nous calmer, nous regrouper et nous installer dans un coin de la pièce. Il nous faisait alors comprendre que nous ne devions pas passer à certains endroits, qu'il y avait désormais des pièces que nous ne pouvions traverser. Nous avions couru partout durant toute la journée et, d'un seul coup, le silence et la tranquillité emplissaient la maison : c'était l'heure d'entendre des versets du Coran.

L'atmosphère se transformait comme par enchantement. Ce changement nous troublait. Nous ne savions pas vraiment de quoi il s'agissait, nous sentions juste une profonde paix envahir la maison. Les adultes avaient l'air d'y porter beaucoup d'intérêt et personne n'aurait osé troubler cette ambiance recueillie. Les enfants s'asseyaient et, à défaut d'écouter, au moins faisaient silence.

Le sage de la famille, c'est-à-dire mon grand-père, ou l'oncle le plus âgé, commençait par bénir ce que nous avions mangé et remercier le Créateur de nous avoir réunis. Parfois, l'imam invité par la famille remplissait cet office qui était suivi de plusieurs prières. Puis venait le moment du rituel. Nous récitions des passages du Coran qui nous guidaient vers un point de calme et de sérénité. C'était juste avant le départ des invités, terminant une journée de retrouvailles, de joie et d'exubérance. Nous montions ensuite nous coucher. Et personne n'avait besoin de nous bercer...

*

La religion a toujours fait partie de mon éducation. Je ne me souviens pas d'un jour où elle n'a pas été présente. J'ai vu mon père lire le Coran. J'avais en permanence son exemple devant les yeux et, avec mes frères, nous le suivions. Quand les adultes s'agenouillaient pour prier, je les imitais... À l'âge de six ans, le jour de l'Aïd-el-Kébir, j'ai commencé à accompagner mon père à la mosquée. J'observais en silence, ma main serrant la sienne. Je regardais ce qu'il regardait, j'allais là où il allait. Sans me poser de question. Nous étions liés et il était mon guide.

J'ai lentement basculé d'un monde à un autre. Nous avions notre petit rituel de prières mais je sentais le besoin d'une vraie rupture et, pour la marquer, de vivre un rite initiatique fort. Ce défi, je l'ai vite trouvé : il s'agissait de la journée complète de jeûne, autrement dit le ramadan. Au début, mon père souhaitait que je ne fasse qu'une demi-journée, jusqu'à midi, puis je complétais mon jeûne le lendemain après-midi. Selon lui, les choses devaient s'effectuer en douceur, petit à petit. Mais moi, je n'avais qu'une envie : aller jusqu'au bout pour qu'il soit fier de moi. Je tenais à jeûner une journée entière.

Trois heures par semaine, j'ai commencé à apprendre le Coran à l'école, dans le cadre de l'éducation islamique. Je possédais un livre d'apprentissage des prières offert par mes parents. Soyons clairs, il ne nous serait pas venu à l'esprit d'aller à l'encontre de ce qu'on nous enseignait et ce n'est que bien plus tard que je me suis posé les vraies questions sur mon choix religieux. Il m'a fallu mûrir et grandir, beaucoup voyager aussi, afin de pouvoir mettre en perspective les trois grandes religions, catholique, juive et islamique.

Enfant, le Coran n'était d'abord qu'une règle de vie que les adultes nous demandaient de suivre. Il soulignait fortement certaines valeurs, induisait des comportements et, surtout, nous parlait d'entraide, d'altruisme et de générosité.

À Oujda, toujours considérée comme une région très pieuse, le Coran nous accompagnait partout et tout le temps, à la maison, au collège. Avant de commencer les cours, nous devions réciter la prière. Même lors d'un déplacement de rugby, nous savions que, à un moment ou un autre, nos accompagnateurs allaient prier. Nous les observions en silence. Personne ne se serait permis le moindre commentaire. Nous ne lisions pas beaucoup, notre ouverture sur le monde extérieur était extrêmement réduite et se limitait à notre ville et à notre région. Nous n'avancions dans la vie que par mimétisme, en suivant la voie tracée par les adultes. Les cours nous passaient par-dessus la tête et nous n'attendions qu'une chose : nous retrouver pour jouer dans l'équipe de rugby du collège. Pour cela, nous étions bien encadrés par Omar, Souilmi et Ben Lackdar. L'éducateur sportif représentait plus qu'un technicien, il était notre second père et nous avions une profonde admiration pour lui. Il aurait pu lever la main sur nous, nous n'aurions jamais répliqué, nous ne nous serions jamais plaints. Il veillait sur nous comme sur ses propres fils.

À seize ans, mes prières perdirent en régularité. Il faut dire que je partais en déplacement... Restaient néanmoins ces jours de fête pleinement vécus et terminés par des versets coraniques pour nous rappeler, intérieurement, au respect de la religion. L'adolescent émancipé que j'étais devenu se montrait soumis envers les sages de la famille, même si, le lendemain, j'oubliais sans grand remords de réciter le Coran. J'avais besoin de me rebeller, mû par une envie naturelle de me démarquer des adultes, même si, au plus profond de moi-même, je rêvais de leur ressembler.

*

Le Fatiha ouvre le Coran. Les phrases de cette prière sont les premières que j'ai entendues, celles que je devais apprendre par cœur, répéter au début de chaque prière. Lors d'un repas, d'une demande en mariage, à chaque moment important, elles signalent le début de la cérémonie. « Allah est grand, il est notre Roi, l'Unique. Il est miséricordieux et nous devons lui obéir. » Cette prière est rapidement devenue une partie de moi. Un réflexe, ancré dans mon esprit. Elle revenait plusieurs fois dans la journée, au hasard des événements, des circonstances, des envies. En petit groupe, nous entonnions cette prière pour apaiser des tensions, nous souder, marquer la fin d'une réunion, trouver un authentique moment de calme et de sérénité.

Que ce soit dans le domaine professionnel ou affectif, ma famille n'avait pas besoin des autres pour exister. Les règles de la religion canalisaient parfaitement notre vie, dont le sommet culminait lors du voyage que l'un d'entre nous effectuait à La Mecque. Six mois avant le départ prévu, la famille se réunissait au grand complet pour prendre une décision importante et choisir lequel d'entre nous allait effectuer ce pèlerinage. Le départ donnait lieu à une fête incroyable et le retour à de longues attentes émues. Je revois mes parents à l'aéroport, installés pendant huit heures dans le hall, habillés d'une grande djellaba blanche, ma mère parfumée de musc. Celui qui partait à La Mecque devait offrir un présent à chaque membre de la famille, sa part de voyage en quelque sorte, et nous, les enfants, attendions notre cadeau, un peu jaloux des cousins qui recevaient des montres de grandes marques achetées au duty-free de Dubaï.

Certains membres de la famille possédaient une connaissance poussée de la religion, de la littérature coranique, des traductions et des interprétations du Coran. L'oncle le plus érudit en la matière avait la charge de tisser des liens avec les imams de la mosquée. Mes oncles ont toujours versé beaucoup de dons pour la construction des mosquées et sur les deux cents que compte Oujda, quelques-unes ont été érigées grâce aux Benazzi. Mais il n'était pas question de s'en vanter, d'étaler sa richesse et sa générosité. Quand une famille fait un don pour la mosquée, celui-ci appartient au peuple et personne ne doit en tirer profit ni s'en enorgueillir. Aider à la construction d'un édifice religieux, c'est contribuer à l'éclat de l'islam et s'inscrire dans la continuité d'une tradition. Aujourd'hui, les dons ne se limitent pas au cercle des croyances. Beaucoup d'écoles et de cliniques ont été construites grâce à de généreux donateurs privés. D'une certaine façon, la société marocaine s'est laïcisée en évoluant vers la sphère sociale, un choix qui n'existait pas il y vingt ans de cela. Désormais, chacun peut ainsi se réaliser et apporter sa pierre sans que cela passe obligatoirement par la religion. Quand une ville est riche de centaines de mosquées et ne compte pas un seul hôpital, au regard du Créateur cela pose un problème. L'implication d'un croyant, au XXIe siècle, trouve à s'employer dans la construction de ce qui est utile à ses semblables et, fort heureusement, les traditions n'occultent plus la réalité sociale.

Chapitre 6

En photo à Bruxelles

Mes parents n'accordaient pas plus d'attention à ce que je faisais à l'école qu'en dehors. Il suffisait que je rentre à l'heure, que je reste un peu dans ma chambre et tout allait bien. À partir du moment où je ne me faisais pas remarquer et où je ne troublais pas la routine quotidienne de la famille, je pouvais organiser ma vie comme je l'entendais. J'avais trouvé le bon équilibre entre l'hypocrisie et la liberté, les apparences et la réalité. En tout cas, rien à voir avec l'éducation à l'occidentale. C'est ainsi qu'en toute clandestinité j'ai pu poursuivre la pratique du rugby pendant quatre mois sans que mon père et ma mère s'en aperçoivent.

Jusqu'au jour où je suis rentré à la maison en boitant, victime d'une entorse du genou gauche, compliquée d'une distension ligamentaire très prononcée. Nous n'étions assistés d'aucun médecin, et personne au collège ne possédait assez de connaissances pour diagnostiquer de façon certaine quoi que ce soit. J'avais mal au genou, une douleur aiguë, je ne pouvais plus courir, je marchais avec d'énormes difficultés, à tel point que mon copain Zaoui avait dû me raccompagner et porter mon sac. Pendant les deux kilomètres qui séparaient le terrain de la maison, je ne pensais qu'à une chose : la raclée qu'allaient m'administrer mes parents, l'un après l'autre.

J'avais bravé l'interdit maternel en pratiquant un sport de voyous et de va-nu-pieds, et j'allais payer cher mes mensonges. Durant le trajet, qui m'a paru bien court, je me suis mis à inventer toutes sortes d'excuses, à me trouver de bons prétextes, à chercher des histoires pour ne pas avoir à avouer que je jouais au rugby. Et la crainte de me prendre des claques n'était rien en comparaison de l'interdiction probable de rejouer un jour.

Deux semaines plus tôt, j'avais récolté deux points de suture sur le sommet du crâne. Nous étions en plein hiver et, fort heureusement, j'avais pu garder un bonnet sur la tête afin de cacher ma plaie. Personne ne s'était aperçu de ma blessure, somme toute superficielle. Mais cette fois, en revanche, il m'était impossible de masquer la douleur qui accompagnait cette entorse du genou.

Comme d'habitude, en entrant dans la maison, personne n'a fait cas de ma présence. Mes parents vaquaient à leurs occupations sans accorder d'importance à ma démarche claudicante et à mon visage défait. J'ai eu bien du mal à porter mon sac de sport jusqu'à ma chambre. J'ai enfilé précautionneusement une genouillère, pensant qu'elle suffirait à calmer ma douleur, et me suis ensuite installé dans le salon, le corps entièrement recouvert d'une couverture. Le dîner expédié, je me suis couché, croyant que la nuit aiderait à guérir cette blessure, la première grave que j'endurais, sans trop savoir de quoi il retournait vraiment. Ma nuit fut un cauchemar. Je souffrais le martyre. Dans l'improvisation la plus totale, je n'avais rien trouvé de mieux que de comprimer mon genou au maximum avec une bande élastique au point qu'il en était devenu bleu. J'ai hurlé, jusqu'à ce que mon père se rende à mon chevet. Quand il a vu mon genou, il a tout de suite compris. Ma mère se doutait bien, elle aussi, que j'avais désobéi. Mais à partir du moment où je gérais seul mes incartades, ils avaient fermé les yeux. Ce n'était maintenant plus possible : cette blessure ramenait le mensonge à la maison. Je me suis fait réprimander comme jamais. Ma mère, en pleine nuit, reprochait à mes éducateurs de ne pas l'avoir prévenue. Comment avait-on pu laisser son fils livré à lui-même, sans soins ? hurlait-elle. Mon père, lui, ne disait rien. Il m'a soutenu jusqu'à la voiture et m'a immédiatement conduit chez une rebouteuse qu'il connaissait de réputation et qui faisait, soi-disant, des miracles. Il n'a pas hésité à la réveiller en pleine nuit pour qu'elle me soigne. Elle m'a immédiatement collé un plâtre à base de miel pur, m'a bandé délicatement le genou et, pendant une semaine, je suis resté allongé à la maison. Repos complet et donc, forcément, pas d'école.

Après m'avoir grondé, la seconde réaction de ma mère, comme prévu, fut de m'interdire formellement de rejouer au rugby. Sans parvenir pour autant à me faire jurer d'abandonner ce sport. Au contraire, je parvins adroitement à l'amadouer puis à me faire pardonner. Sans doute la vision de son fils blessé, convalescent, dans le salon, avait-elle adouci sa colère. Moi, je n'avais qu'une envie : revenir auprès de mes copains ! J'avais trouvé ma place et il était hors de question que j'abandonne la seule activité qui me procurait le sentiment d'exister.

Alors que je n'avais passé aucune radio, ni vu aucun médecin, que ni moi ni mes parents ne savions quoi que ce soit de la véritable nature de ma blessure, j'ai rapidement senti un mieux. Clairement, cette rebouteuse m'avait guéri. De quoi, je ne sais pas, mais j'ai pu mettre le pied par terre au bout d'une semaine et marcher. Si quelques coéquipiers étaient timidement venus prendre de mes nouvelles, mes éducateurs avaient craint de rencontrer mes parents pour leur avouer que leur fils jouait au rugby et risquait de se blesser de nouveau. Finalement, c'était aussi bien comme ça. Je me sentais capable de gérer la situation.

Nous avions remporté une rencontre importante contre un collège voisin et j'avais marqué les points de la victoire. J'avais reçu la balle et devais bonifier l'action en fonçant dans le tas, comme d'habitude. Mais cette fois-ci, au lieu de courir, je m'étais arrêté pour tenter un drop, à la manière de celui qui allait devenir mon modèle, l'Écossais John Rutherford. La balle, tapée comme il se doit à la levée du rebond, s'était dirigée de façon bizarre vers les poteaux pour heurter l'un des montants et passer... Un drop de trente mètres, autant dire un exploit, tapé par un pilier débutant chaussé de godasses à crampons au cuir fatigué prêtées par mon copain et binôme Zaoui. Grâce à ce coup de pied providentiel, nous avions été sacrés champions d'Oujda et il se trouve que j'étais considéré par tous, au collège, comme le héros du match ! Il me tardait de revenir dans la cour profiter de ma soudaine notoriété et je me surprenais, moi d'ordinaire timide et réservé, à attendre avec impatience cette célébration dont m'avaient privé ma blessure puis ma convalescence.

*

J'ai vite récupéré de mon entorse, et dès que j'ai pu marcher normalement, je suis revenu dare-dare au collège avec une énergie décuplée. Mes coéquipiers me firent un accueil chaleureux et, suprême reconnaissance, ma mère ne s'opposa plus de façon frontale à ce que je joue au rugby. À condition que je ne me blesse plus et que je laisse passer la fin de la saison avant de disputer de nouveau un match. Ce que mes parents ignoraient, et je m'étais efforcé de le leur cacher, c'est que notre collège était qualifié pour la finale nationale scolaire. J'avais deux mois pour me soigner, reprendre l'entraînement et me préparer pour ce glorieux rendez-vous qu'il n'était pas question que je manque, quitte à jouer avec des béquilles...

À quatre heures du matin, la veille du match, nous avons pris un vieux bus poussif pour parcourir trois cents kilomètres en sept heures, voyage homérique qui nous faisait manquer trois jours de cours. Mais nous étions désormais les rois du collège : tout nous était permis, avec la bénédiction du proviseur qui avait trouvé dans son équipe de rugby le moyen de redorer le blason de l'établissement. Il avait quand même fallu qu'un des professeurs se rende à la maison pour mettre mes parents au courant du déplacement et leur demander s'ils acceptaient que j'accompagne l'équipe. Bien entendu, il n'était pas question que je joue, et ce professeur avait dû pieusement mentir.

Le rugby, au Maroc, a toujours été une histoire de modestes. Il ne s'agissait pas seulement de jouer avec une balle ovale, mais d'abord et surtout de sortir de la misère. C'était l'assurance d'un repas, d'un ou deux voyages en bus, d'un T-shirt à garder à la fin de la saison. Mes coéquipiers, mes copains, mes amis et, plus tard, mes frères de cœur, me faisaient partager les éclats de leur existence rugueuse, difficile... Ils avaient toujours des histoires drôles ou dramatiques à raconter et les moments les plus simples de leur vie prenaient pour moi des reliefs épiques. Je vivais dans un cocon, protégé, éduqué, bien nourri. Eux étaient teigneux sur le terrain, bien plus malins que les nantis du centre-ville, qui n'avaient pas à lutter pour vivre. J'ai appris un tas de trucs pratiques et passionnants à leur contact.

Bien entendu, je peux parler des Coupes du monde, des Tournois et des tournées dans l'hémisphère Sud disputés avec l'équipe de France, mais jamais je n'oublierai ces déplacements en bus avec mes copains du collège. Tous les quinze jours, mon père revenait de Melilla, enclave espagnole au nord d'Oujda, le coffre chargé de nourritures que nous ne trouvions pas au Maroc. De voyage en voyage, nous avions accumulé d'importantes réserves. Alors, quand il s'agissait de prendre une ration dans l'armoire, j'en cachais quinze dans mon sac de sport pour mes coéquipiers. En retour, ils m'entouraient de leur affection. J'avais tellement besoin d'être aimé.

*

En grandissant, je m'émancipais mais j'étais toujours considéré par ma famille comme le gros renfermé. Il n'y avait aucun refuge pour moi auprès de mes parents ou de mes cousins. L'étiquette collée dans mon dos, je ne pouvais pas l'arracher seul. Il n'y avait qu'à l'extérieur que j'étais considéré pour ce que je pensais être. Ma famille, c'était celle du rugby et, par ricochet, de la rue. Sans m'en rendre compte sur le moment, je pense avoir projeté sur mon entraîneur, ses adjoints et mes coéquipiers l'image du père, des oncles et des frères.

*

Nous voilà donc dans ce vieux bus poussif, direction Benimallal, dans le moyen Atlas, pour disputer cette finale scolaire, sommet inattendu d'une première saison rugbystique mouvementée. Certains détails ne me reviennent pas en mémoire, remplacés par la préparation du match, un moment intense qui m'avait bouleversé. Je me souviens juste que nous avions débarqué dans un dortoir pour y passer la nuit, et rien d'autre de notable ne remonte à la surface. Je me vois directement dans le vestiaire, face à notre entraîneur, bien avant que ne commence cette finale. J'entends des mots forts, puissants. Des paroles d'homme qui nous exhortaient à montrer notre valeur, à prouver que nous n'étions pas des exclus, à exprimer sans retenue notre force. Il nous avait remué les tripes. Un peu trop, sans doute. Il avait touché notre corde sensible, c'est-à-dire l'orgueil. Et nous avons perdu ce match.

*

L'année suivante, en 1985, j'ai intégré le club civil d'Oujda. Je venais de finir mon initiation et, en quittant le rugby scolaire, je franchissais enfin le pas ! À peine le temps de disputer quelques matchs qu'immédiatement me voilà appelé pour un stage national, en vue de composer l'équipe junior du Maroc qui devait participer au tournoi FIRA à Bruxelles. Mais ma joie fut de courte durée... Mon entraîneur, par ailleurs inspecteur de l'Éducation nationale et manager de l'équipe nationale, décida à mon grand désarroi qu'il n'était pas question que j'honore cette convocation. J'étais trop jeune, paraît-il, pour participer à une présélection de cet acabit et rejoindre si tôt l'élite des jeunes joueurs marocains. Il m'annonça donc que je ne quitterais pas Oujda en train pour rallier Rabat. En fait, je l'ai su plus tard, cela n'avait rien à voir avec l'âge. Il connaissait mes capacités, il savait que je serais sélectionné dans l'équipe nationale, mais il craignait la colère de mes parents si jamais il devait m'arriver quelque chose durant le séjour en Europe. Moi, je ne voulais entendre aucune explication : j'étais fou de colère ! Déçu, vexé, j'ai défoncé tout le monde à l'entraînement, percutant et plaquant comme jamais. Finalement, devant ma frustration, l'entraîneur a craqué et s'est décidé à me prendre pour le stage de Rabat, à condition que je n'écoute que lui et lui obéisse au doigt et à l'œil.

Fort de l'accord de mon entraîneur et certain que j'allais être sélectionné dans l'équipe nationale, je suis rentré à la maison pour annoncer fièrement à tout le monde que je partais en Belgique. Ma mère est tombée des nues tandis que mon père arborait un sourire en coin. Il me regarda et lança avec fierté : « Ah, mon fils ! Ça, c'est mon fils ! » J'étais aux anges. Ma mère, en revanche, n'arrêtait pas de râler. Dix jours loin de la maison, c'était dix fois trop pour elle. Là, soudain, pour la première fois, mon père a pris position. « Laisse-le partir ! Il sera pris en charge. Il part avec ses copains. Je connais son entraîneur, Souilmi : c'est un homme bien et j'ai confiance en lui. Il les accompagne à Bruxelles. Il est d'Oujda. Laisse-le partir ! » Mon père a alors sorti deux cents dirhams de sa poche et me les a tendus. Comme nous ne manquions de rien, je n'avais jamais eu d'argent entre les mains. Si je devais changer mes chaussures, il me suffisait de le demander pour avoir une paire neuve. La veille de chaque fête, mes parents nous achetaient des vêtements neufs. Adolescent, je n'avais nul besoin d'argent. Ce jour-là, pour la première fois, j'en recevais. Et je me suis dépêché de changer les dirhams en dollars, dix, une fortune...

Je n'avais que le rugby en tête. Je ne pensais qu'à jouer et m'entraîner. J'avais trouvé ma bouée de sauvetage et je m'y accrochais comme un fou. Tout le reste passait après. D'ailleurs, mon année scolaire fut catastrophique. Qui plus est, en choisissant cette voie, je m'étais exclu de la vie familiale. J'avais distendu les liens avec mes cousins, sauf durant les trois mois d'été que nous passions avec eux à la plage. Mais je n'étais plus le gros bouboule : j'avais considérablement changé, physiquement et psychologiquement. Plus personne n'osait une réflexion. Comme l'a dit si bien mon frère Khalid à cette époque, j'ai été béni en une fraction de seconde.

*

Nous étions cinq joueurs d'Oujda dans le train, en direction de Rabat, pour un stage de quatre jours. Quarante et un autres juniors marocains avaient été convoqués, de tout le pays, pour composer une sélection de vingt-six joueurs seulement, vingt-six élus qui allaient effectuer le voyage jusqu'à Bruxelles en avion et disputer le Tournoi international FIRA. Dans notre wagon, entre l'euphorie et la crainte de l'inconnu, nous avons alors scellé un pacte : cinq ou personne. Il n'était pas question qu'un seul d'entre nous revienne au pays et supporte un retour en enfer. Quand tu vas de l'Orient à l'Occident, il est impossible de faire marche arrière. Dans l'histoire des sélections marocaines, nous avait-on appris, un tel déshonneur ne s'est jamais produit : les Oujdis sélectionnés prolongeaient toujours l'aventure commencée. Du coup, nous n'avions qu'une trouille : rater le coche !

En arrivant, nous nous sommes immédiatement aperçus qu'il était difficile de communiquer avec les autres stagiaires. À cause de notre accent, nous ne parlions pas vraiment la même langue que les gars de Casablanca, majoritaires dans cette présélection. Entre Marocains, la barrière de la langue était un vrai handicap. Au lieu de nous ouvrir, de briser ce mur, nous nous sommes davantage renfermés. Nous restions entre nous, entre Oujdis, renforçant encore plus l'image d'ours qu'était la nôtre. Tous pour un, un pour tous. Cette union a sans doute été l'un des moteurs de notre réussite. Nous étions gagnés par l'euphorie. Il n'y avait aucune compétition entre nous, nous nous épaulions, nous nous encouragions, et nous étions les seuls à agir de cette façon. Un matin, nous sommes partis en footing dans la forêt et nous avons surclassé tous les autres stagiaires. Les gars de Casablanca n'avaient pas été élevés à la dure, ils étaient un peu plus gâtés, ils n'avaient pas envie de souffrir alors que nous, les Oujdis, avions la rage. Au terme de ce footing météorique, un clin d'œil de l'entraîneur nous a confortés dans l'idée que nous étions pris tous les cinq pour le voyage à Bruxelles.

Le groupe des vingt-six composé, nous avons travaillé quelques points techniques et tactiques sous la direction des entraîneurs en organisant des combinaisons autour de nos points forts. Je n'avais jamais vu autant de joueurs de talent réunis dans une même équipe. Il y avait Benchick, notre Serge Betsen à nous, un fou de plaquage, sec comme un sarment, mais aussi un talonneur de tempérament, et deux trois-quarts extrêmement rapides, capables d'effectuer le genre de crochets qu'on ne voyait qu'à la télé. Je touchais enfin au but que je m'étais fixé : jouer avec les meilleurs dans une sélection qui évoluait un ton au-dessus de tout ce que j'avais connu jusqu'à présent. Avec mes seize ans et demi, je ne savais pas si je devais m'enorgueillir d'être le plus jeune du groupe ou si je devais craindre de ne pas me hisser à la hauteur de mes coéquipiers.

Dans l'avion qui se dirigeait vers Bruxelles, j'ai cru que ma tête allait exploser. La pression, certes, mais aussi le grand saut dans l'inconnu. J'avais peur de ce que j'allais découvrir. Qu'allais-je devenir ? Je faisais le malin devant mes coéquipiers mais, au fond de moi, je n'en menais pas large. Je ne pouvais plus faire marche arrière, maintenant. J'avais choisi une voie et il n'était pas question que j'en change. Mais jusqu'où allait-elle m'emmener ? Je n'en avais aucune idée.

Lors de la première balade, dans les rues du centre-ville de Bruxelles, nous ne nous sommes pas quittés. Nous étions soudés de peur de nous perdre. Dans tout ce que nous décidions de visiter ou de faire, vingt-six jeunes Marocains faisaient corps... Davantage pour nous rassurer que par véritable esprit de groupe. Nous étions partis pour une mission de rugby et, tout à coup, nous nous retrouvions envahis par un monde nouveau surgissant autour de nous, à chaque coin de rue. Des choses irréelles prenaient forme et chamboulaient notre esprit. Pour la première fois de notre vie, nous étions confrontés à la pluie, au froid, au brouillard et aux statues. Dans notre religion, de tels monuments n'existent pas. L'islam refuse les images taillées et jamais nous n'avions été en face de telles représentations. Nous avions devant nos yeux ébahis des personnages montés sur des chevaux au milieu d'une place, ici un glorieux général, là un président. Impressionnés, curieux puis amusés, nous nous faisions prendre en photo à côté de ces statues. Si nous avions dû raconter tout ce que nous avions vu, personne ne nous aurait crus au village. Avec ces clichés, nous étions certains de ne pas être traités de menteurs. Ces hommes de pierre, entourés d'une poignée d'entre nous, confirmaient l'authenticité de notre voyage. Enhardis, nous avons commencé à nous accrocher aux jarrets des chevaux de bronze en montant sur les piédestaux et il me tardait de montrer ces photos à mes copains.

À portée de mains, les plus beaux équipements sportifs s'étalaient dans les devantures des magasins. De quoi perdre la tête. Je n'avais jamais vu autant d'articles. Chez nous, au Maroc, tout manquait : les shorts, les chaussures, les maillots, les ballons. Nous portions des tenues dépareillées. Là, des rayons entiers d'Adidas, de Nike et de bien d'autres marques s'affichaient devant nous. Nous étions comme fous. Le genre d'effet que les belles marques de fringues peuvent déclencher chez les gamins de banlieue aujourd'hui. J'ai sorti mes dix dollars et choisi ce qui était pour moi le plus beau des présents : un short bleu de basketteur, que je pouvais mettre à l'entraînement et aussi porter à la plage l'été. Le summum de la coquetterie. Avec la prime de dix dollars offerte par la fédération marocaine, j'ai aussi acheté pour mes parents un service à desserts en forme de pomme coupée qui est toujours à la maison, intact.

Dans les rues de Bruxelles, nous n'avions pas seulement escaladé des statues et dévalisé des magasins de sports, nous avions aussi eu la frousse de notre vie. Une multitude de types très bizarres avait croisé notre chemin. Des drôles de créatures coiffées comme des Iroquois, maquillées de jaune et de violet, habillées de cuir, des clous plantés dans les joues, le nez, la bouche et les oreilles, des lames de rasoir en bandoulière. Des punks. Nous n'osions pas nous approcher d'eux tellement nous avions peur de nous faire égorger.

Enfin est arrivé le moment de jouer au rugby. Face à des équipes totalement inconnues. En arrivant au stade, je dévisageais nos adversaires, des types sacrément costauds, bien plus gaillards que nous. Des bons gros blonds. Notre entraîneur, nous voyant un peu désemparés, avait trouvé un moyen de nous rassurer en dédramatisant la situation. « Ils vous paraissent forts mais ils ont été nourris au yaourt et à “ La Vache Qui Rit ” », nous avait-il assuré. Autrement dit, ils étaient grands mais mous. Avant ce premier match, contre les Hollandais, nous nous répétions ces encouragements pour nous donner confiance. Nous les imaginions pleins de fromage blanc. Mais sur les premiers impacts, nous nous sommes rendu compte qu'ils n'étaient pas aussi mollassons que prévu. Heureusement, s'ils étaient des joueurs immenses, ils ne connaissaient pas grand-chose au rugby. Je crois bien que nous avons gagné. Mais ce fut notre seul succès. Nous avons perdu ensuite contre l'Italie et encaissé quatre-vingts points face à la France. De cette équipe, l'une des meilleures du tournoi, je me souviens de quelques noms, Sam Saffore, Thierry Devergie, mais il y en a un que je ne devais jamais oublier : Olivier Roumat.

Avant de rentrer au Maroc, je me suis disputé avec un de mes coéquipiers, un Oujdi comme moi, mais du club rival. Je ne me souviens plus pour quelle raison nous nous sommes bagarrés mais il m'a filé un coup de tête en plein visage. Couvert de sang, soutenu par mes coéquipiers, je suis entré dans un restaurant pour me faire soigner, avant de filer illico à l'hôpital le plus proche. La radiographie confirma ce que je craignais : j'avais le nez cassé. Ma dernière après-midi à Bruxelles m'avait laissé un souvenir amer, d'autant que je fus le seul à me faire réprimander par l'entraîneur. Je suis donc revenu à Oujda cabossé en me demandant ce qui allait bien pouvoir m'arriver quand ma mère constaterait les dégâts... Sans doute trouverait-elle, dans cet épisode peu glorieux, un argument supplémentaire pour me faire arrêter ce sport de voyous pas toujours pratiqué par des gentlemen.

*

À ma grande surprise, ce fut l'inverse. Je m'attendais au pire et voilà que je revenais à la maison en héros. Ce voyage en Belgique avait tout changé : les à-priori de ma mère et ma place dans la famille. Tous attendaient avec impatience que je leur raconte mon périple dans le détail en espérant que je n'oublierais pas d'offrir les cadeaux que j'avais rapportés. En revenant de Bruxelles, j'avais l'impression d'être allé en pèlerinage à La Mecque. Une belle réception, chaleureuse, avait été organisée en mon honneur et j'ai dû répéter dix fois ce qu'il m'était arrivé en Belgique, les visites, les matchs... Ce jour-là, mes parents se sont rendu compte que j'avais trouvé ma vocation : joueur de rugby. C'était en moi. J'avais dix-sept ans et me sentais assez mûr pour affronter mon destin. Le temps d'une sélection, j'étais donc devenu une petite vedette à Oujda. Mais je ne pouvais pas considérer cela comme une fin en soi. Je me suis interrogé sur la suite à donner à une carrière qui ne faisait que commencer. Ce tournoi FIRA m'avait ouvert les yeux et montré le chemin à parcourir si je voulais atteindre le haut niveau. Et je n'avais qu'une envie : disputer de nouveau un match international.

La routine de l'entraînement, au club, ne pouvait plus me suffire. J'avais été frappé par la qualité athlétique des joueurs de l'équipe de France qui nous avaient laminés. À l'évidence, j'étais loin derrière les meilleurs. Avec les coéquipiers qui m'avaient accompagné à Bruxelles, nous avons longuement parlé. Nos avis convergeaient : nous devions absolument travailler davantage si nous voulions mieux faire la prochaine fois. C'est ainsi que nous avons décidé de nous retrouver tous les jours, à la fin des cours, pour ajouter une heure de musculation et des séances d'athlétisme à notre préparation physique.

Chapitre 7

« DES TOMATES ET DES SALADES ! »

Dans un pays dominé par le football, une balle ovale ne signifie rien. Le rugby n'est pas considéré comme un sport à part entière au Maroc, tout juste une activité étrange et marginale. Il suffit d'engager la conversation sur ce sujet pour que votre interlocuteur vous prenne pour un voyou et considère ce sport comme une bagarre organisée. Une impression en partie justifiée : les Français nous avaient laissé en héritage le jeu d'attaque avec les trois-quarts, mais aussi la castagne, ce qui correspondait bien, je l'avoue, à notre comportement bouillant. À mes débuts, accrochages et débordements ne manquaient pas. Les arbitres n'avaient pas les moyens de sévir, précipitant tout le monde dans le piège de l'indiscipline. Les derbys étaient autant d'éruptions. Les deux clubs d'Oujda, par exemple, n'arrêtaient pas de se chamailler, parfois violemment.

À l'automne 1985, dès mes débuts, surclassé, dans la catégorie senior, j'ai été particulièrement visé. Je prenais de sales coups destinés à me casser, à me faire sortir du terrain. C'était pénible et surtout très dangereux. Chaque fois, je devais me faire respecter. Il n'était pas question que j'encaisse sans rien dire, donc je me rebellais. Ça ne prenait jamais de grosses proportions mais j'avais besoin d'utiliser la force.

En trois saisons avec Oujda, de 1985 à 1988, j'ai remporté deux titres de champion du Maroc et une Coupe du Trône, mais je sentais que je n'avançais pas aussi vite que je l'aurais voulu. Le jeu marocain était en effet principalement fondé sur le défi physique, même si certaines équipes de club l'avaient bonifié par du jeu à la main. En équipe nationale, il nous manquait souvent un bon buteur pour faire la différence et nous vivotions, sans grande ambition tactique. J'avais en somme la désagréable impression de tourner en rond.

Tout le monde se connaissait. Nous jouions perpétuellement les uns contre les autres dans un championnat limité à douze clubs. Nous passions le plus clair de notre temps, sur le terrain et en dehors, à nous rencontrer, y compris pour la troisième mi-temps. À Oujda, nous nous rendions toujours au même endroit, le café *Le Bienvenu*, notre siège. Nous nous y retrouvions aussi après les matchs pour boire le thé ou regarder la retransmission des matchs de foot. Sur un tableau, à la craie, un dirigeant avait tracé le programme de la semaine et des photos des anciens joueurs nous rappelaient notre passé. Lors des déplacements du dimanche, nous nous donnions rendez-vous au club-house très tôt le matin, avant que le soleil se lève, afin de profiter d'un peu de fraîcheur avant de monter dans le bus poussif et vétuste qui nous transportait.

Le petit monde du rugby vivait en vase clos, comme au temps des Français, quand ce sport était dominé par les grandes villes, Fez, Rabat, Oujda et bien sûr Casablanca, avec ces deux clubs antagonistes et ennemis, le COC et le RUC, dont les rivalités se fondaient sur trois fois rien mais restaient attisées par la fierté et les excès de tempérament. Ces deux clubs étaient et sont aujourd'hui encore réputés pour leur style de jeu ouvert, « à la française », et leur puissance politique.

La priorité a toujours été donnée au football et à l'athlétisme, au détriment des autres fédérations, et sans la volonté de l'État et du ministère des Sports marocain, le rugby continuerait à végéter. Ses fondations ne sont pas très profondes et la structure fédérale fragile, tenue à bout de bras par une poignée d'hommes dévoués. En 1999, le Maroc a failli participer à la Coupe du monde, éliminé de peu par l'Uruguay lors de l'ultime match qualificatif. Il fait donc régulièrement des progrès, parfaitement intégré dans le rugby de l'hémisphère Nord et de l'Afrique. Même si l'équipe nationale est un amalgame entre les joueurs du championnat marocain et ceux qui évoluent en France, le potentiel demeure intéressant. On ne construit pas une nation de rugby en seulement deux ou trois décennies.

*

Plus jeune, je me fichais pas mal de savoir comment fonctionnait ma fédération. Je jouais et je m'amusais dans la plus complète insouciance. J'avais bien conscience des difficultés rencontrées par le rugby au Maroc mais je prenais les choses comme elles venaient, sans trop me poser de questions. Je faisais partie intégrante d'un monde ovale, j'étais tellement imprégné par ma passion que je ne voyais pas ce qui se passait autour de moi. À mon retour de Bruxelles, je n'avais qu'un but : devenir un grand joueur ! Au détriment de tout le reste, et en premier lieu de mes études. Cette ambition était conditionnée par une place de titulaire en équipe nationale senior. Je possédais un petit ascendant sur mes partenaires et mes adversaires, surtout en considérant le faible niveau du championnat marocain. Mais le nombre de points encaissés lors du premier tournoi FIRA junior ne pouvait pas me leurrer. Il me fallait progresser dans le domaine athlétique et j'étais prêt à accepter tous les efforts nécessaires.

Comme je l'avais pressenti, après le Tournoi junior, je suis devenu international senior à dix-sept ans. Durant ces années, le Maroc se retrouvait toujours dans la poule des pays de l'Est. Ainsi, après Bruxelles, je découvris Varsovie, Cracovie, Moscou et Prague. Avec mes dix dollars en poche, j'avais l'illusion de pouvoir m'acheter tout ce que je désirais tellement le niveau de vie dans ces pays était bas. À Cracovie, par exemple, l'hôtel dans lequel nous logions n'avait plus grand-chose à nous offrir à manger. À part du porc, ce qui ne nous convenait pas. Au bout de trois jours, certains de mes coéquipiers ont craqué : à force de voir du jambon dans leurs assiettes, le couscous leur manquait, les fruits et les légumes aussi... « On veut des tomates et des salades ! », râlaient-ils, avec l'accent d'Oujda. Ce cri du cœur avait détendu l'atmosphère. Nous avions tous éclaté de rire. D'ailleurs, pour l'un des affamés, le surnom est resté. Il est à jamais « la Salade ».

En retenant quatre mots de russe ou de polonais, d'un seul coup, nous pouvions nous faire comprendre et, enhardis, aller à la rencontre des beautés locales. Jeune coq, chacun voulait relever le défi, et le jeu consistait à fréquenter le plus de filles possibles pendant le séjour. La plupart du temps, nous ne ramenions que des adresses ou des numéros de téléphone et ceux qui racontaient des histoires de flirts n'avaient pas peur de mentir. Nous nous inventions des amourettes mais la réalité était différente : nous passions le plus clair de notre temps à noter des coordonnées, sans jamais aller plus loin.

Le choc des cultures entre Slaves et Maghrébins ne manquait pas de saveur et donnait souvent à réfléchir sur l'écart qui peut exister entre deux visions du monde. À Cracovie, le soir du match, nous avions choisi d'aller dans une boîte de nuit, étape incontournable d'une équipe en tournée et, pour moi, une façon de poursuivre mon éducation. Nous sommes entrés, avec mon ami Zaoui, et soudain, énorme silence. Plus un son. Les regards se sont tournés vers lui. Les Polonais n'avaient jamais vu un type dans son genre dans un dancing. Il fut le seul noir à danser sur la piste, et toutes les filles s'agglutinèrent autour de lui...

Durant ces années, j'ai effectué plusieurs voyages en Europe de l'Est, mais je garde un souvenir particulier de Prague, l'une des plus belles capitales du monde, hors du temps, magnifique, avec ses places bordées de maisons stylées, ses églises, ses châteaux, ses ponts. J'ai rarement été autant impressionné. Quant à la beauté des filles slaves, pour ce que j'en ai vu, elle n'a jamais été aussi vraie qu'en République tchèque.

Ces déplacements dans les plus belles villes de l'Est, où brillaient toutes sortes de charmes, exerçaient sur nous une véritable fascination. Sauf en ce qui concerne le rugby. Nous ne parvenions jamais à l'emporter sur leur terrain. Le match aller était programmé en hiver et nous gelions sur place, tétanisés par la neige ou la pluie glacée. Impossible de courir ou d'attraper le ballon avec nos doigts gourds. Le sol était dur comme du ciment. En revanche, nous savions qu'il y avait un match retour, de préférence en juin ou juillet, au plus fort des grandes chaleurs. À leur tour, nos adversaires allaient se trouver complètement anesthésiés et prendraient autant de points qu'il y avait de degrés Celsius à l'ombre, c'est-à-dire quarante en moyenne.

Il n'y a pas plus beau cadeau, pour un jeune sportif, que de voyager. Malgré la mauvaise nourriture, les brusques changements de température et les défaites encaissées, nous n'avions qu'une envie : rester le plus longtemps possible hors de chez nous. À de rares exceptions culinaires près, le Maroc ne nous manquait pas. Nous étions heureux, émerveillés et insouciants. Nous aimions rester enfermés à l'hôtel, déambuler dans le hall ou nous retrouver dans nos chambres, confortablement installés, choyés, traités comme des ambassadeurs. Nous représentions notre pays, ce qui n'est pas rien. Et pour renforcer l'image d'une délégation, nous portions nuit et jour notre survêtement – quand nous en avions un –, ce qui nous donnait l'air d'une grande équipe en tournée. Nous étions fiers, dans la rue, d'attirer les regards. Les gens nous dévisageaient avec intérêt et curiosité. À dix-huit ans, j'évoluais tel un privilégié dans un monde à part. Et je n'avais qu'un désir : prolonger cette vie.

Se retrouver plongé au milieu d'adultes aguerris n'avait rien d'évident. Mais, par chance, je retrouvais toujours dans le staff technique un ou deux entraîneurs d'Oujda qui prenaient soin de moi, me conseillaient, m'encadraient et veillaient à ce que tout se passe bien. Comme les deux clubs de la ville dominaient à cette époque le championnat marocain, la fédération puisait souvent dans nos effectifs pour construire et encadrer la sélection nationale. Ainsi protégé, j'ai senti mes complexes disparaître petit à petit.

*

Le déclic s'est produit par un jour de grand froid où nous affrontions les Tchèques. Euphorique, grisé de percussions, je m'étais soudain retrouvé avec le champ libre. L'espace s'était ouvert en deux coups d'épaules et je galopais, balle en mains. Personne ne pouvait me rattraper tellement j'étais rapide. Ce jour-là, nous avons gagné et chacun m'a certifié que j'avais réalisé un grand match. Je n'avais désormais plus rien à envier à personne. Je regardais mes adversaires sans me demander s'ils avaient des cuisses plus grosses que les miennes ou s'ils étaient plus grands.

Souvent, les gamins qui débarquent dans une équipe sont bizutés. Ils passent une épreuve afin d'être intégrés dans le groupe par les anciens. Cette initiation parfois brutale et traumatisante sert surtout à leur rappeler qu'ils doivent se conformer au collectif, et non pas l'inverse. Dans mon cas, mes coéquipiers m'avaient épargné ce bizutage. Simplement parce que j'avais prouvé, sur le terrain, que je méritais ma place. Grâce aux acquis de l'athlétisme et aux heures passées dans la salle de musculation, sous les barres de fonte, je faisais la différence balle en mains. Mes percussions et mes échappées bonifiaient le travail de mes partenaires. J'étais accepté tel que j'étais, avec mes qualités et mes défauts.

De toute façon, il nous fallait, joueurs de rugby marocains, être irréprochables. Lors des stages nationaux, nous profitions des installations sportives d'ordinaire réservées aux footballeurs. Mais nous étions juste tolérés. Nous devions faire sans cesse nos preuves, situation toujours difficile à vivre. Des tracasseries administratives, des oublis, des récriminations... Les écueils étaient nombreux à surmonter pour organiser nos rassemblements et nos stages de préparation dans des endroits huppés. Quand nous nous retrouvions à Rabat, nous héritions toujours des terrains les plus minables, au bord de la route, excentrés, avec une pelouse mal entretenue, une façon de nous rappeler que le rugby n'avait pas droit de cité.

*

Chaque fois que nous nous déplacions pour disputer une rencontre de championnat FIRA, nous n'avions pas de vol direct pour les pays de l'Est. Nous faisions escale à Roissy ou à Orly, et restions deux ou trois jours en France, invités par des clubs, comme Savigny ou Cronenbourg, à disputer un match qui parfois n'avait d'amical que le nom. L'un d'eux, particulièrement engagé, s'était soldé par une énorme bagarre générale. Lors du pot d'après-match, le président du club alsacien m'avait proposé de rester. Mais je tenais tellement à aller en Tchécoslovaquie avec l'équipe du Maroc que je n'avais pas donné suite à sa proposition.

Il s'est trouvé que l'équipe de Luzech, dans le Lot, effectuait, elle aussi, un voyage à Prague, profitant de l'occasion pour assister à notre match. À l'issue de la partie, quelques dirigeants sont venus me parler, souhaitant savoir si j'étais intéressé par l'idée de m'installer en France. J'avais évoqué les sollicitations de Cronenbourg et ils m'avaient dissuadé d'aller jouer dans le froid. Je devais passer mon bac D deux mois plus tard. Sans trop réfléchir, je leur ai donné mon accord de principe. J'étais tellement fier de leur proposition que rien ne pouvait me faire refuser une telle offre. Je leur ai laissé les coordonnées de mes parents et, à peine rentré au Maroc, quelqu'un du nom d'Éric Charvet a appelé à la maison. Alerté par ses amis dirigeants de Luzech, ce dirigeant de Cahors m'invitait à venir passer quelques jours dans le Lot durant l'été.

Qu'est-ce que je risquais à dire oui ? Une telle opportunité ne se refusait pas. J'avais fait le tour du rugby marocain, on me promettait une inscription à l'université de Toulouse et j'allais vivre en France. L'éclat de cette offre rejaillissait sur mon club et sur mes coéquipiers. J'ai accepté. La veille de mon départ, j'ai organisé une grosse fête à la maison, avec tous mes copains de rugby. Je les sentais à la fois tristes que je parte mais contents que le destin me soit favorable. Chacun y alla de son petit mot d'encouragement, me glissant un conseil ou exprimant son avis, comme s'il fallait absolument que je quitte Oujda avec une partie de notre mémoire collective. J'ai entendu toutes les anecdotes possibles et imaginables sur la France en général et le rugby en particulier, à partir d'histoires vécues et de racontars.

En revanche, au sein de la grande famille des Benazzi, personne ne voyait vraiment l'intérêt que j'avais à quitter la maison pour aller jouer en France avec un ballon ovale. Seul mon père, fier de cette sollicitation, m'engageait à partir pour Cahors. Il m'avait répété, pour me rassurer, qu'il y aurait toujours une place pour moi dans la famille au cas où mon expérience française ne serait pas concluante. Pour ma mère, les choses étaient différentes. Les derniers jours furent pour elle difficiles à vivre. Même si elle se rendait bien compte que mon choix était dicté à la fois par la passion et la raison, elle ne parvenait pas à s'y faire. Le rugby lui enlevait un de ses fils, et c'était comme si on lui arrachait le cœur.

Chapitre 8

Une pizza au lever du jour

La phrase résonnait dans ma tête : « Venez, on vous invite ! » Ma première question était d'ordre pratique : « Où est Cahors ? » Éric, mon interlocuteur, frère du trois-quarts centre de l'équipe de France Denis Charvet, m'avait répondu avec l'accent roulant du Lot : « À cin' kilomètres de Toulouzeu. » Avant de partir, je m'étais renseigné pour savoir qui étaient les anciens d'Oujda installés à Toulouse, au cas où j'aurais eu le mal du pays. Mais je ne voulais pas trop me disperser. J'étais invité dix jours et, dans ma tête, j'étais prêt à rester pour commencer la saison avec le club de Cahors.

Tellement perdu dans mes pensées, je n'ai pas vu le voyage passer. Me voilà à l'aéroport de Toulouse, face au président, Jacques Ducros, au trésorier, Jacques Talou, et à l'entraîneur, Christian Jutge, le père de l'arbitre international. Ils m'emmenèrent dans un restaurant toulousain. Intimidé, mal à l'aise, incapable de parler français convenablement, j'avais apporté des photos afin qu'ils voient comment je jouais, mes attitudes et mes aptitudes sur le terrain. Il y avait des percussions, des échappées et des prises de balles en touche. Je pensais que quelques clichés valaient mieux que de longs discours. Avec mon press-book, je me vendais comme une vulgaire starlette. J'espérais simplement que mes photos, pour la plupart prises lors de la dernière finale du championnat du Maroc, allaient parler pour moi. Christian Jutge regarda longuement celle dont j'étais le plus fier, une belle percée, seul, balle en mains où j'avais distancé mes adversaires. Mais la question de l'entraîneur cadurcien me déstabilisa : « Quand tu es isolé, comme ça, tu continues à courir tout seul ou tu essayes de ralentir pour attendre tes partenaires ? » Je ne savais pas comment répondre. Lorsque je réussissais une percée, je ne m'occupais de rien, ni de personne : je courais jusqu'à ce que quelqu'un me plaque ou m'arrête. La deuxième question fusa et je m'en voulais déjà d'avoir présenté ces photos : « Et en touche, tu préfères sauter en avançant ou en reculant ? » À l'époque, les règles n'autorisaient pas le soutien et chacun se débrouillait comme il pouvait pour attraper la balle. Je n'ai pas su quoi répondre, d'autant que Christian Jutge insista pour connaître ma détente verticale, ce dont je n'avais aucune idée précise...

Après le dîner, nous prîmes la route, direction Cahors. Les kilomètres défilaient. Les minutes passaient. Nous roulions dans la nuit noire et l'inquiétude me gagnait petit à petit. Où m'emmenaient-ils donc ? Au bout de trois quarts d'heure, je me lançais à briser le silence :

— Nous allons bien à Cahors ?

— Oui, oui, nous allons à Cahors !

— Vous ne m'aviez pas dit que c'était à cinq kilomètres de Toulouse ?

Ils éclatèrent de rire.

— C'est à cent kilomètres, pas à cinq...

Leur accent roulait tellement que je n'avais toujours pas perçu la différence entre cinq et cent. Finalement, ce malentendu résolu, je suis bien arrivé à destination. Le lendemain, mes accompagnateurs organisèrent la visite guidée du stade, un endroit charmant au bord d'une rivière. Première surprise : la couleur de l'herbe. Verte. Haute. Et grasse. Je n'avais jamais vu une pelouse aussi belle. Deuxième surprise, contrairement à ce que je pensais, il n'y avait pas que de l'eau froide dans les douches, comme au Maroc. Mes guides firent couler un filet d'eau chaude pour me rassurer... Ils me regardaient un peu bizarrement. À ce moment-là, j'en suis sûr, ils me prirent pour un grand benêt.

Ce n'est que plus tard que j'ai fait la connaissance d'Éric Charvet qui m'invita à déguster un couscous dans un restaurant de la ville. J'ai apprécié le geste. Tout le monde prenait grand soin de moi. Je n'étais pas laissé seul plus d'une minute. J'ai ainsi appris que Cahors venait de descendre en deuxième division, et que Philippe Benetton, leur meilleur joueur, avait rejoint Agen. L'ambition des dirigeants était simple : remonter immédiatement en groupe B.

Le dernier jour de ma visite arriva le moment de parler des conditions matérielles de mon futur séjour. Mes interlocuteurs m'annoncèrent qu'ils souhaitaient m'aider financièrement et m'inscrire à l'université de Toulouse. Plus terre à terre, davantage que des promesses, je souhaitais du concret. J'ai demandé tout de suite combien ils comptaient me donner. Nous nous sommes mis d'accord sur quatre mille francs par mois, juste en dessous du plafond officiel, déclaré et toléré pour un joueur amateur de rugby en France. Pour le jeune Marocain que j'étais, c'était une grosse somme, surtout reconvertie en dirhams. À leurs yeux, il ne s'agissait pas d'un salaire à proprement parler puisque le rugby n'était pas professionnel, mais d'un dédommagement, d'une aide, d'un défraiement. De quoi me permettre de vivre loin de chez moi, de me nourrir, de m'habiller, de ne manquer de rien. J'étais désormais sous la responsabilité du club.

À la grande surprise des dirigeants, j'ai demandé une avance. J'avais beau n'avoir que dix-neuf ans et aucune expérience de ce genre de négociations, j'avais fait miens les conseils reçus avant mon départ. Et pour ajouter à leur trouble, je leur ai signalé que le club de Cronenbourg m'avait lui aussi contacté et me proposait presque le double de cette somme mensuelle. À leur tête, je compris alors qu'ils étaient froissés par mes propos. L'ambiance se refroidit d'un seul coup. Ils me remercièrent d'avoir fait le voyage jusqu'à eux, avant de me préciser qu'ils ne pouvaient pas s'aligner à la hauteur d'une offre supérieure à celle qu'ils m'avaient faite. Ils me ramenèrent poliment à l'hôtel et me laissèrent seul, dans le hall.

Cette nuit-là, je n'ai pas pu fermer l'œil. J'avais le sentiment d'avoir commis une connerie, que ma chance venait de passer et je me voyais revenir penaud au Maroc... J'avais tout gâché ! Je me suis traité de prétentieux, bien décidé, le lendemain matin, à revenir sur ce que j'avais dit et à accepter sans broncher leur proposition, c'est-à-dire un logement et les quatre mille francs.

Je ne pouvais savoir, à ce moment-là, la nuit portant conseil, que les dirigeants de Cahors, après réflexion, avaient de leur côté décidé d'accepter mes conditions financières. Le lendemain, il a fallu relancer la discussion, mais dans l'autre sens. J'étais prêt à tout accepter d'eux sans discuter et ils tinrent absolument à satisfaire mes exigences. Finalement, je suis parvenu à leur faire comprendre que leur proposition initiale me convenait très bien et que je n'avais qu'une envie : jouer à Cahors et ne pas les décevoir. Tout le reste, c'est-à-dire ce qu'ils feraient pour moi, serait de toute façon très bien. J'avais le sentiment d'avoir trouvé les bons mots, d'avoir eu la bonne attitude. Je leur ai avoué que j'avais commis une bourde la veille et que je tenais à remettre les choses à plat. J'étais venu pour jouer au rugby, pas pour discuter d'argent.

Je me suis donc retrouvé avec un logement et quatre mille francs par mois. En chèque, pas en liquide puisque la loi autorisait jusqu'à cinquante mille francs par an, sans impôt à payer. J'étais donc un joueur amateur défrayé. Mais à mes yeux, ces détails ne comptaient pas. Je m'étais déçu. J'avais honte de ce que j'avais dit et fait, honte d'avoir négocié, honte d'avoir mis ces gens bien intentionnés mal à l'aise, sans avoir encore montré quoi que ce soit sur le terrain, mis à part mes photos...

*

J'ai signé ma licence et rempli des papiers afin d'obtenir au Maroc un visa de long séjour en France, six mois, renouvelable. J'étais devenu un homme en quelques semaines et cette position me semblait difficile à assumer tous les jours. Je jouais mon avenir sur une parole donnée et restais sur mes gardes, incapable de prédire ce qui m'attendait. Je suis allé trouver mon frère en Normandie avant de repartir vers Oujda récupérer mon visa. Une fois revenu au Maroc, je me suis entraîné tous les soirs comme un fou. Footing, courses fractionnées, musculation... Je me suis grillé à force d'exagérer. Je courais sur la plage, je jouais au foot dans le sable. Je transpirais, je me donnais comme jamais. Les cousins et les amis autour de moi craignaient que je me blesse ou que j'explose quelqu'un tellement j'étais motivé. Et malgré ça, la peur de mal faire ne me quittait pas.

Je ne devais pas manquer la chance qui m'était offerte. Je sentais, dans mon for intérieur, que j'allais m'épanouir en France. Parce que j'y disposerais de moyens matériels. Parce que j'allais évoluer dans une bonne équipe. Parce que tout était mis à ma disposition pour que je me sente le plus à l'aise possible. Grâce à des entraînements réguliers et aux conseils avisés du préparateur physique, j'allais progresser techniquement et tactiquement. Je pourrais enfin vivre entièrement ma passion et aller au bout de ce dont j'étais capable, ce qui n'était pas possible au Maroc. Je gardais toujours en moi le souvenir de Bruxelles, c'est-à-dire des quatre-vingts points marqués par les Français. J'avais vu, ce jour-là, ce qu'était le haut niveau. Et je voulais me hisser à cette hauteur.

J'ai passé des heures à discuter de tous les aspects du jeu avec mes entraîneurs et mon ami Zaoui. Je préparais à fond la nouvelle saison, ma nouvelle vie, ce défi. Se présenter comme international marocain ne signifiait plus grand-chose là où j'allais. Pour l'instant, je venais de signer dans un club français de deuxième division afin de donner le meilleur de moi-même. J'avais été repéré, invité et recruté. Je devais intégrer une équipe mais personne, à Cahors, ne m'avait vu jouer. Allais-je décevoir ?

Mon existence avait, c'est sûr, basculé totalement dans le rugby. À tel point qu'un Français débarqua un jour à l'improviste à la maison. Un dirigeant du club d'Aubenas. Il avait entendu parler de moi et, d'un coup d'avion, était venu me rendre visite à Oujda. Je ne sais comment il s'était procuré mon adresse, sans doute grâce à des appuis au ministère des Sports. Après Cronenbourg et Cahors, j'étais flatté de constater que ma notoriété naissante n'avait pas laissé les clubs français indifférents. Cet émissaire d'Aubenas me proposait un beau contrat mais comme je n'ai qu'une parole, j'ai dû refuser son offre. Cependant, je ne tenais pas à le laisser repartir bredouille. L'aventure que j'allais vivre dans le Lot avait fait naître des vocations. Plusieurs de mes anciens coéquipiers d'Oujda rêvaient, eux aussi, de jouer en France. J'ai donc profité de sa visite pour lui présenter un copain troisième ligne qui est, à son tour, parti tenter sa chance dans l'Ardèche.

Ce n'était qu'à travers la télévision et les journaux qu'un jeune Marocain pouvait connaître quelque chose de la France. Je savais qu'elle était représentée par des idées fortes répétées partout : république, liberté, égalité et fraternité. De ces concepts, celui de liberté me touchait particulièrement, puisque c'était ce dont nous manquions le plus au Maroc. Pas la liberté au sens politique du terme, mais plutôt la liberté de profiter de la vie. De même, avoir un week-end de libre était inutile : il n'y avait rien d'autre à faire qu'à attendre que le temps passe. J'avais envie d'aventure, de découverte. J'avais envie de pouvoir choisir ma vie. Mais il y avait le revers de la médaille, c'est-à-dire les tentations, la facilité, l'alcool, les dérapages. Profiter de la liberté avait pour moi un prix qui pourrait canaliser mes énergies : il s'agissait de respecter l'engagement moral que j'avais pris avec le club de Cahors et ses dirigeants. Il était hors de question que je leur fasse regretter d'être venus vers moi.

*

Je suis arrivé le 20 août 1988 à Cahors, le jour de mon anniversaire, à vingt-trois heures. À peine installé dans mon studio, un gros coup de blues m'est tombé dessus, sans prévenir. D'habitude, le 20 août était un jour de fête, mais pas cette fois-ci. J'avais tellement attendu le moment où j'allais me retrouver indépendant, autonome, mais là, il ne ressemblait pas à ce que j'avais imaginé. Du vendredi soir au dimanche matin, je suis resté seul et j'ai trouvé ça pesant. Le samedi, je suis allé faire le marché, acheter des légumes et des fruits. Dans la rue, les gens me dévisageaient. Je me suis baladé dans le centre-ville, une visite rapide, machinale. Je ne faisais pas attention à ce que je voyais : mon esprit était entièrement tourné vers le match amical de début de saison que Cahors devait disputer contre Moissac. Cahors est une belle ville mais je ne m'en étais pas rendu compte. J'aime partager mes sentiments. Et comme j'étais seul, sans personne à qui parler, rien ne me touchait. Le bonheur se partage, sinon il n'existe pas. J'étais passé d'une vie en communauté au Maroc à une existence solitaire en France. Cette rupture brutale était difficile à encaisser. Alors je suis revenu dans mon studio et j'y suis resté cloîtré tout le week-end.

Arrive enfin le dimanche midi. Éric Charvet vient me chercher et nous filons en direction de Moissac. Il gare sa voiture dans l'enceinte du stade et j'entre immédiatement dans le vestiaire des visiteurs. Je salue tout le monde, une poignée de mains pour chacun de mes nouveaux coéquipiers et je m'enferme dans le silence, comme s'il n'y avait rien ni personne autour de moi. Il me tarde que le match débute. Ce que j'ai à dire, je vais l'exprimer sur le terrain, pas ailleurs. J'ai une foi inébranlable mais aucune certitude. Ai-je le niveau ? Qui sont mes coéquipiers ? Je ne sais même pas quelles sont les équipes de notre poule, en championnat. Une seule chose compte : donner le meilleur de moi-même, rencontre amicale ou pas. C'est mon premier match. Aussi fort qu'une finale. L'angoisse qui m'étreint ce jour-là sera la même que pour le France-Nouvelle Zélande de novembre 1990. Dans les deux cas, je m'attaque à un mythe. Jouer pour la première fois dans une équipe française ou affronter les All Blacks, il n'y a pas de grosse différence. À l'intérieur, je ressens la même intensité. Peut-être même davantage pour ce premier match avec Cahors que face aux All Blacks, parce qu'au moins, en équipe de France, j'avais déjà tissé des liens avec mes coéquipiers. Quelqu'un m'annonce que je joue en deuxième ligne. Je ne me souviens pas que l'on m'ait parlé de combinaisons, ni de tactique. Quand certains de mes coéquipiers ont voulu aborder des points techniques précis, j'étais déjà tellement dans le match que je leur ai répondu que le rugby se jouait de la même façon partout dans le monde et que j'allais m'adapter à ce qu'ils décideraient de faire. J'ai juste discuté avec le talonneur qui lançait en touche afin que nous nous synchronisions.

Je suis passé tout de suite au match proprement dit, ne supportant plus l'attente. J'avais besoin de jouer, de m'exprimer. D'entrée, je me souviens d'un coéquipier pris dans un accrochage, seul, cerné d'adversaires. Je n'ai pas réfléchi : je me suis porté immédiatement auprès de lui. Une petite bagarre sans conséquence, mais je faisais maintenant partie d'une équipe et même si je ne connaissais personne, ce n'était pas une raison pour laisser un partenaire dans le pétrin. Je me souviens ensuite de quelques percées, de plusieurs prises de balles en touche, et d'avoir marqué un essai au bout d'une course de soixante mètres. J'étais tellement appliqué et concentré que je n'ai pas fait attention à ce qui se passait autour de moi. Je gardais juste mon souffle pour respirer.

Ce n'est qu'à notre retour au vestiaire que j'ai compris que nous avions gagné. J'enlève mon maillot trempé de sueur et, à cet instant, choc : quand je me retourne, tous mes coéquipiers me regardent sans un mot. Je me sens devenir tout rouge, gêné. Je baisse les yeux. J'ai le sentiment de ne pas avoir été à la hauteur de leurs espérances. Ils me trouvent nul. Le doute s'installe en moi. Je voudrais me cacher, disparaître de leur vue. Une fois que je suis rhabillé, le leader de l'équipe, Denis Gilbert, s'approche de moi et me demande :

— Tu es en voiture ?

— Non.

— Je peux te ramener ? On va tous dîner à Cahors et ensuite on sort en boîte de nuit...

Je monte dans sa voiture, en silence. Au bout de quelques kilomètres, il me lance :

— Putain, tu as vu le match que t'as fait ?

Il n'a pas l'air de me chambrer. Au contraire, un large sourire de satisfaction et d'étonnement barre son visage. Pour la première fois du week-end, je respire enfin un grand coup. J'ai la chair de poule. En une fraction de seconde, les dix mille questions que je m'étais posées durant trois jours s'évanouissent. Ce soir-là, j'ai fait la fête comme jamais, discuté avec mes nouveaux coéquipiers, bu du Coca, mangé une pizza au lever du jour et me suis couché à sept heures du matin.

Chapitre 9

Abdel, pas Marcel

Afin que mon séjour en France soit régularisé, je devais m'inscrire à l'université, mais les professeurs de la fac de Toulouse ne m'ont jamais vu : j'avais trouvé une école d'informatique à Cahors qui suffisait amplement à mon bonheur. En effet, je ne souhaitais pas effectuer deux fois par semaine le trajet Cahors-Toulouse. Toute ma vie, je n'avais rêvé que d'une chose : me consacrer complètement au rugby. L'occasion m'en était désormais fournie et je comptais en tirer profit, sans rien regretter ensuite, sans chercher de fausses excuses...

J'avais réussi mon examen dès le premier match de la saison et je me sentais libéré d'une angoisse. Physiquement, je savais que je pouvais tenir la route dans le championnat de France de deuxième division. Et si les dirigeants de Cahors étaient contents avec quelques prises de balles en touche, trois ou quatre percées et un essai, ils n'avaient encore rien vu. Je me sentais capable de faire beaucoup mieux, d'autant que j'avais en ma possession la clé de la salle de musculation et celle du stade. Il n'y avait donc aucune raison pour que je ne franchisse pas un palier.

Quatre mois plus tard, je détenais le record d'essais marqués en championnat, tout en jouant deuxième ligne, enfermé dans la mêlée, ce qui n'est pas le poste le mieux placé pour ce genre de performance. Éric Charvet, mon mentor, ne me quittait pas des yeux. Il craignait que je me sente abandonné à force de rester trop souvent seul. Tous les jours, il m'invitait à passer un moment avec lui, dans sa librairie et, chaque semaine, me proposait d'utiliser son téléphone pour que je prenne des nouvelles de mes parents et de ma famille. À Noël, le club m'avait même offert, en guise de cadeau, un billet d'avion aller-retour pour le Maroc. Quand je suis arrivé à Oujda, en me pesant, j'ai constaté que j'avais pris sept kilos, que du muscle, et perdu de la graisse... J'étais devenu un autre homme. J'avais aussi rapporté dans mes bagages des tonnes de cadeaux et des milliers de réponses aux questions que chacun ne manquerait pas de me poser. Autre changement notable, ma couleur de peau : j'étais blanc, sevré de soleil !

*

Au début de l'année 1989, je maîtrisais tous les paramètres physiques et athlétiques du jeu. Mais ça ne suffisait pas pour être un bon joueur de rugby en France. En deuxième division, la dimension tactique était largement supérieure à tout ce que j'avais connu avec l'équipe nationale du Maroc. Même si j'avais envie de grands espaces et d'un peu plus de liberté de manœuvre, je n'étais titularisé qu'en deuxième ligne. Ma technique balle en mains se révélait trop fruste pour que je puisse envisager le poste de numéro huit d'où s'organisent les mouvements du pack. En deuxième ligne, je ne pouvais pas exprimer ma vitesse. J'allais de touche en mêlée, pour pousser, ce qui m'épuisait. Mais je gardais encore suffisamment d'énergie pour courir comme un cheval fou dès que l'occasion se présentait. Sauf que, chaque fois que je me retrouvais en position de percée l'entraîneur me reprochait de trop m'isoler. Il m'imposait d'attendre ou du moins de ralentir ma course pour que je ne me coupe pas de mes soutiens. Pour moi, ce type d'approche était nouveau. Personne ne m'avait jamais dit ça.

Un beau matin, alors que je feuilletais la presse quotidienne régionale, je tombe interloqué sur la première page de *La Dépêche du Midi*, le journal de Toulouse. Sous la photo du président de la République, François Mitterrand, figurait mon portrait surmonté d'un énorme titre et d'une regrettable erreur que j'imaginais involontaire, où Abdel se transformait en Marcel. Le résultat de cette bourde me coûta ce ridicule surnom pendant de nombreux mois. Ce que je n'ai pas du tout apprécié, en revanche, c'est que ce journaliste continue plus tard à écrire Marcel alors qu'il savait pertinemment quel était mon prénom.

Nous sommes début mars 1989. La France vient de perdre 11-0 contre l'Angleterre à Twickenham, et l'article est titré : « Un Marocain sauveur du Quinze de France ! » Je l'ai découpé et je l'ai gardé. Un truc invraisemblable. Je jouais régulièrement pour le Maroc, j'effectuais des allers-retours en avion pour disputer les matchs internationaux de la FIRA et je ne voyais pas comment je pouvais sauver l'équipe de France... L'article racontait que j'étais l'oiseau rare qu'il fallait au pack tricolore, pousseur, preneur de balles en touche, coureur et plaqueur. Il m'annonçait à 2,04 m, ce qui est exagéré puisque je ne mesure que 1,98 m. À la fin du reportage, le journaliste précisait le règlement, à savoir que j'étais sélectionnable. Je n'ai pas réagi car, à aucun moment, je ne m'imaginais pouvoir représenter la France. J'ai cru à un canular.

Mon unique ambition s'était forgée en tant que spectateur, dans les tribunes du stade Armandie d'Agen. J'avais sympathisé avec Philippe Benetton, ancien joueur de Cahors, étoile montante du SUA et promis à un bel avenir international. Il venait me chercher afin que je puisse assister aux rencontres que disputait Agen, club mythique, l'équipe de mon idole Philippe Sella. En effet, je protégeais comme une relique la paire de chaussettes qu'il m'avait gentiment offerte le jour où, avec l'équipe de France, il était venu jouer contre le Maroc. Même si Cahors gagnait tous ses matchs, Agen se situait à un niveau supérieur. Je me souviens d'ailleurs d'une rencontre de championnat, à la fois féroce par l'engagement et superbe par le jeu produit, entre Agen et Toulouse : elle avait agi sur moi comme un révélateur.

Reste que nous avions une bonne équipe à Cahors, renforcée par de nombreuses recrues et quelques internationaux étrangers, dont j'étais, ainsi que l'Ivoirien Niakou, que j'ai affronté plus tard durant la Coupe du monde 1995 et qui m'a explosé l'arcade... Nous sommes restés longtemps invaincus et nous avions seulement perdu deux matchs de poule avant d'atteindre la finale.

*

Mes performances intéressaient les grands clubs français. Durant les phases finales, j'avais reçu des coups de fil bizarres. On me posait des questions sur ce que je souhaitais faire en France, des sergents-recruteurs venaient me voir et me parler, voulant que je rejoigne leurs clubs respectifs et plusieurs ténors du groupe A, comme Nice, Brive et Bègles me firent même des propositions concrètes. On alla jusqu'à me parler du Stade Toulousain, ce qui me paraissait improbable mais me gonflait d'orgueil.

Seul problème, et de taille, j'étais sentimentalement lié à Cahors, et pas seulement au club. La ville aussi m'avait adopté. Cahors avait pour moi beaucoup de gentillesse, d'attentions et de respect. J'appris, à la fin de cette première saison, qu'avant mon arrivée un joueur de rugby treiziste, originaire du Maroc, avait laissé une très mauvaise impression. Ainsi donc, non seulement j'étais parvenu à m'imposer au niveau sportif et humain, mais j'avais donné une bonne image de mon pays. Les dirigeants et les joueurs de Cahors n'avaient pas évoqué cet épisode malheureux afin de ne pas me déstabiliser et j'étais particulièrement fier et heureux d'avoir pu inverser leurs impressions sur les Marocains. C'est d'ailleurs pourquoi, une fois ma carrière de joueur professionnel terminée, j'ai signé une dernière licence amateur dans mon premier club, pour la saison 2003-2004. Un symbole auquel je tenais énormément. J'avais envie d'y boucler mon aventure. Ce que j'imaginais de la France, Cahors me l'avait offert, à commencer par une ambiance chaleureuse et fraternelle. J'avais été comblé. J'étais la vedette locale, un chouchou invité partout. Cette première année en France prolongeait donc admirablement ce que j'avais vécu au Maroc. J'avais besoin, pour m'épanouir, d'être le centre d'attention, de sentir qu'on me considérait.

J'ai rencontré une ou deux fois Denis Charvet, auréolé de son statut d'international – mais il ne venait pas souvent au stade –, et le regretté Alfred Roques, le fameux « Pépé du Quercy ». Ce fut ma première rencontre avec un des monstres du rugby français. Je voyais bien que le jeu lui avait marqué le visage, et ses oreilles en chou-fleur témoignaient de sa caste. Il n'était pas difficile de saisir la place qu'il occupait dans l'histoire du club dans la mesure où il apparaissait sur une dizaine de photos en noir et blanc encadrées au siège. Sur les murs du club-house, il est entouré de Bernard Momméjat et Denis Charvet. Quand j'ai rencontré Alfred Roques, j'avoue n'avoir pas tout de suite compris ce qu'il représentait. J'avais perçu sa dimension d'homme mais pas vraiment imaginé qu'il était considéré comme un des meilleurs piliers de tous les temps, et pas seulement en France... Ce n'est que plus tard, une fois à Agen, que j'ai appris à mesurer qui étaient tous ces grands noms et ce qu'ils représentaient d'héritage et d'image.

*

J'aurais pu rester à Cahors, comblé, comme un coq en pâte. Et l'une des décisions les plus dures de ma vie fut de quitter cette ville tellement agréable. Je ne savais pas où je mettais les pieds en visant les meilleurs clubs français, ni comment je pouvais les rejoindre, mais j'avais envie de tenter l'expérience de l'élite. Cahors, remonté en première division, m'avait fait une offre financière très intéressante, et je pouvais gagner davantage que ce que la plupart des autres clubs voulaient me donner. Mais je n'imaginais pas mon futur avec une signature au bas d'un chèque...

Au printemps de cette année 1989, j'ai été pris dans la sélection Midi-Pyrénées, dans le cadre du trophée MAAF des provinces, associé au Toulousain Hugues Miorin en deuxième ligne. Nous avons battu le Périgord-Agenais, à Agen. J'étais accompagné d'un dirigeant de Cahors qui tenait absolument à me ramener après le match de peur que je sois approché et contacté. Michel Couturas, entraîneur d'Agen, était néanmoins parvenu à me glisser quelques mots à la sortie du vestiaire, me faisant comprendre qu'il aimerait bien me compter dans son équipe pour la saison suivante.

J'étais à l'époque en contact très avancé avec Bègles-Bordeaux. Son président, André Moga, une des personnalités influentes du rugby français, m'avait déjà trouvé un travail intéressant chez IBM. Je lui avais quasiment donné mon accord. Surprise, quelques jours avant la fin de la période des mutations, il me téléphona pour me libérer de ma parole, me précisant que le président de la fédération française, Albert Ferrasse, avait décidé que je devais signer à Agen et nulle part ailleurs. Je tombais des nues. Comment cela pouvait-il être ? Effectivement, deux jours plus tard, je reçus un appel du président Ferrasse qui, avec beaucoup d'autorité, insista pour que je signe à Agen. J'avoue avoir été désarçonné. D'autant qu'il n'avait jamais été question d'argent, de conditions matérielles, rien de ce que les autres présidents m'avaient laissé entrevoir. Je devais signer à Agen, un point c'est tout ! Ce que je fis, sans discuter.

Chapitre 10

PAR-DELÀ LES BARRIÈRES

Le club d'Agen déroule un siècle d'histoire et son palmarès éloquent est parmi les plus prestigieux du rugby français : huit titres de champion de France entre 1930 et 1988, deux Coupes de France, quatre challenges Du Manoir. L'équipe, forte de onze internationaux confirmés ou à venir, a été sacrée championne de France la saison précédente. Quand je débarque dans la préfecture du Lot-et-Garonne, bastion du rugby en Aquitaine, personne ne m'attend. J'ouvre une porte sur l'inconnu et j'attends d'Agen ce que j'ai vécu à Cahors, c'est-à-dire une main tendue.

Mauvais concours de circonstances, une fracture du scaphoïde contractée au mois de juin avec Cahors me tient un temps éloigné des terrains d'entraînement. Et dans la précipitation, impatient à l'idée de commencer au plus vite la saison sous mes nouvelles couleurs, j'enlève trop tôt le plâtre alors que les os n'ont pas eu le temps de se consolider. Du coup, me voilà obligé d'attendre deux mois supplémentaires avant de prétendre m'entraîner normalement. Privé de terrain, je ne compte pas rester seul dans mon coin. J'ai envie de m'intégrer au plus vite. Je me rapproche donc de mes coéquipiers pour lier connaissance. Mais un mur se dresse immédiatement devant moi. À leurs yeux, je ne suis personne et ils me font comprendre qu'il n'est pas question que je m'arroge le droit d'entrer directement dans leur cénacle sans y avoir été convié. Qui suis-je pour prétendre intégrer le cercle de l'équipe première sans avoir fait mes preuves sur le terrain ? J'ai disputé une finale avec Cahors en deuxième division et je suis international marocain, la belle affaire !

Ma carte de visite est bien mince au regard des leurs. Visiblement, ils n'ont aucune considération pour moi et me laissent entendre que le club n'a pas besoin d'un étranger, au sens littéral du terme, pour être champion de France. J'ai l'impression que les titulaires, constitués en clan, ne partagent pas mes valeurs culturelles et n'ont aucune affinité particulière pour le Maghreb et l'islam. L'équipe ne s'ouvre pas facilement et les avants champions de France de la saison précédente, Jacques Gratton, Dominique Erbani, Patrick Pujade, Bernard Mazzer, Laurent Seigne, Grégoire Lascubé et Jean-Louis Tolot, souhaitent prolonger ensemble leur aventure commune. Considérés comme les anciens du pack, ils s'autogérent. Même l'entraîneur, Michel Couturas, n'a pas toujours voix au chapitre. Comme moi, il vient lui aussi d'un petit club, Port-Sainte-Marie, et n'entre pas dans l'aréopage des sages, au sein duquel émergent Philippe Sella, Pierre Berbizier et un jeune retraité, Daniel Dubroca. Le coach met au point les combinaisons de jeu, propose des plans tactiques, mais il est clair que le niveau de performance de l'équipe dépend d'abord de l'implication des joueurs clés, qui se trouvent être aussi de fortes personnalités. Moi, j'ai tout juste vingt et un ans et fais seulement partie d'un arrivage de douze recrues qui doivent faire leurs preuves. Je pense en particulier à un trois-quarts, capitaine de l'équipe de France à treize, connu pour ses plaquages destructeurs qui, au bout de trois mois de ce régime, quitta le club sans demander son reste. De ce contingent, je suis resté quasiment le seul à m'accrocher.

Même mon copain Philippe Benetton est pris dans l'engrenage, phagocyté par les anciens. Les bonnes relations que nous avions au départ ont disparu. Je me retrouve donc seul, privé de son soutien et de son amitié, alors que je comptais sur lui pour m'aider à m'intégrer. Il m'avait fait connaître le club mais n'était plus là pour me guider. Le seul lien dont je disposais disparaît. Je suis à l'écart. Personne ne me parle alors que je fais maints efforts pour séduire mes partenaires. Je désire comprendre comment ils s'entraînent. J'aimerais sortir et m'amuser avec eux, mais je ne suis pas le bienvenu. Ils ne veulent pas de moi à leurs côtés. Ils m'évitent. Dans cette équipe, trois idiots usent d'un réel pouvoir sur le groupe, dans le club et sur l'opinion publique. Tout le monde les écoute et leur avis a d'autant plus d'importance que l'équipe d'Agen gagne et domine le championnat.

J'ai vite compris que les joueurs, les dirigeants et les supporteurs n'appréciaient rien d'autre que la victoire et que la raison du plus fort était toujours la meilleure. Se plaindre n'aurait servi à rien : personne ne m'entendait et l'attitude de l'équipe première à mon égard ne suscitait aucune remarque particulière. Pis, le noyau dur des dirigeants agenais semblait se satisfaire de cette situation. Tant que le SU Agen remportait des victoires sur le terrain, il n'était pas question de changer quoi que ce soit. Les anciens régnaient et seuls le président Guy Basquet et Daniel Dubroca, toujours très présent même s'il ne jouait plus, tentèrent de me rassurer. En vain.

De dépit et pour me ressourcer, je revenais souvent à Cahors. Mais j'avais quitté le club lotois et aucun de mes anciens partenaires, dirigeants ou amis, ne pouvait désormais grand-chose pour moi. Leur message était clair : c'était à moi d'assumer mon choix et de tenir le choc.

*

Je me suis vite aperçu qu'Agen n'était pas une ville ordinaire, facile d'accès. J'y ai livré un match qui dépassait largement le cadre du sport, un challenge plus difficile que la simple réussite rugbystique. Au-delà des charges d'entraînement et de l'obsession de gagner ma place dans cette équipe, j'ai rencontré des difficultés d'intégration que je n'imaginais pas. On m'a fait comprendre de façon très explicite que j'étais un immigré et que la société française ne m'acceptait pas à bras ouverts. Si je n'avais pas eu l'intelligence de m'adapter, si je n'avais pas vu des lueurs d'espoir autour de moi, si certaines personnes n'étaient pas venues à mon secours pour me soutenir dans cette épreuve, je serais certainement retourné à la case départ, c'est-à-dire Oujda, miné de regrets et d'amertume. Je serais aujourd'hui au Maroc et un constat d'échec aurait fissuré ma vision du monde pour le restant de mes jours. Heureusement, des hommes et des femmes m'ont pris sous leurs ailes à mon arrivée, quand j'étais blessé dans mon cœur et dans mon âme. Ils m'ont aidé à m'accrocher. Pour cela, il m'a fallu sortir de l'univers rugbystique et de tous ces travers : petites querelles et jalousies. Je voulais comprendre. C'est ainsi que j'ai pu, pour la première fois, toucher du doigt les difficultés des familles maghrébines en France.

*

Autant Cahors m'avait laissé de formidables souvenirs, autant Agen m'aurait sans doute rapidement dégoûté d'avoir choisi la France comme terre d'émancipation. Pourtant, malgré ce contexte difficile, je ne regrette pas ma décision. Pour continuer à progresser, il me fallait impérativement me frotter à l'élite. J'avais vu Agen jouer, je connaissais la valeur de cette équipe, puissante devant, inspirée derrière. Mon objectif était clair dès le départ : me dépasser pour devenir titulaire. Il n'y avait qu'à ce prix que je pouvais effectuer le bond extraordinaire que j'espérais. Même soumis à des contraintes et à des vexations, je restais confiant dans mes capacités physiques. Les entraînements, à Agen, étaient dix fois plus durs que les matchs, ce qui en dit long sur la valeur de l'effectif et le degré d'exigence requis. Durant ces séances particulièrement éprouvantes, je me donnais à fond, sans calculer. Mais rien ne venait. Je ne percevais aucun changement dans le comportement des équipiers premiers. En attendant le déclic, je continuais donc à me battre contre les démons du rejet.

Au début, le téléphone a souvent sonné au Maroc. J'appelais régulièrement mes proches. Juste pour entendre le son de leur voix et trouver du réconfort. Ils sentaient que je n'étais pas bien, que les choses ne se passaient pas comme je l'aurais voulu, mais je me taisais. Pour ne pas inquiéter mes parents, je devais mentir. Si bien que je me suis mis, petit à petit, à espacer mes appels. J'avais compris que je devais prendre sur moi et m'en sortir seul, sur place.

Je ne me suis jamais découragé. Dès la fin des entraînements avec le SU Agen, je partais me ressourcer auprès de copains marocains dont j'avais fait la connaissance. J'ajoutais aux séances de rugby un programme individualisé d'athlétisme. J'avalais les séries de 400 m avec rage, sans me détourner de mon objectif.

Au bout de quelque temps, j'avais l'impression d'avoir progressé. M'intégrant de mieux en mieux dans les combinaisons proposées à l'entraînement, je m'apercevais que je pouvais exprimer ma puissance physique. L'entraîneur et mes coéquipiers s'en sont sans doute rendu compte eux aussi mais à leur façon, sans rien laisser paraître. Le courant ne passait toujours pas entre eux et moi. Aucun des cadors du pack ne me prêtait la moindre attention. À ma décharge, je n'étais pas un manieur de ballon. Mes lacunes techniques étaient criantes, surtout dans une équipe comme Agen, réputée pour son jeu complet et ses tours de passe-passe. En revanche, dès que les affrontements gagnaient en intensité, qu'il fallait combattre, s'imposer physiquement, je répondais présent. Personne ne pouvait nier la dimension que j'apportais au jeu de cette équipe. Mais, malgré cela, je restais à l'écart, rejeté.

Je n'apparaissais jamais dans la composition de l'équipe première. Le dimanche, dans l'anonymat, je me retrouvais en nationale B, à savoir la deuxième équipe senior du club. Au fil des matchs, je me suis hissé parmi les meilleurs. Et je profitais de mes bonnes performances pour demander aux entraîneurs pourquoi ils n'insistaient pas pour que je rejoigne les rangs de l'équipe première. Mais ils étaient incapables de plaider efficacement pour moi. Visiblement, personne d'extérieur au clan ne pouvait intervenir. Le vrai pouvoir se trouvait entre les mains des joueurs de l'équipe première et encore, pas de tous. Cela dit, au sein du club, de nombreuses personnes, des dirigeants, des joueurs, des entraîneurs, firent l'effort de me parler. La teneur de ces discussions était toujours la même : ils me demandaient de patienter, de ne pas brûler les étapes. Mais j'étais pressé, impatient. Je ne les écoutais pas. Je ne comprenais pas pourquoi je n'étais pas uniquement jugé sur ma valeur sportive. Trop impulsif, je manquais certainement aussi de recul, de sagesse, d'expérience et de maîtrise. Au lieu de faire preuve d'humilité, je fonçais droit. Je n'épargnais personne, surtout pas les titulaires de l'équipe première. Je partais balle en mains, décidé à bousculer les défenseurs qui se dressaient devant moi. En particulier l'ouvreur Pierre Montlaur, très lié avec les cadres de l'équipe. Je chargeais directement sur lui, je le percutais, je le jetais au sol. Les avants n'aimaient pas qu'on l'humilie de cette façon, que quelqu'un fasse éclater au grand jour ses lacunes défensives. Du coup, certains entraînements frôlaient la bagarre, j'étais piétiné sans aménité dans les regroupements, je me rebellais, j'étais sermonné, je laissais des joueurs sur le carreau et, par ricochet, je restais sur la touche.

*

Si l'équipe première m'était interdite, le reste du club n'avait pas à mon égard la même attitude. J'ai ainsi tissé des relations amicales avec les joueurs de l'équipe trois, celle qu'on appelle la réserve. Ils me transmettaient leur chaleur. Certains avaient même de l'admiration pour moi, du respect pour ma démarche. Ils se foutaient pas mal de savoir que j'étais marocain. Presque tous les soirs, nous sortions, nous

nous amusions, nous discutions. J'ai découvert l'art de la troisième mi-temps avec ces joyeux drilles, doués pour l'humour et la fraternité des aubes claires et des idées floues. Ces fêtards, Jojo, Zarantanello et compagnie, me firent souvent mourir de rire, moi qui broyais du noir plus souvent qu'à mon tour. Si incroyable que cela puisse paraître, j'ai fait la fête sans boire une goutte d'alcool. Au début, personne ne comprenait comment je parvenais à m'amuser. Il y avait bien la religion d'un côté, avec la notion de péché. Mais ce n'était pas tout. Pour moi, ne pas boire d'alcool consistait d'abord à préserver mon intégrité physique car je craignais que la boisson me fasse perdre une partie de mes capacités athlétiques. Et puis, comme la chair est faible, j'avais surtout peur d'aimer ça et de ne plus pouvoir m'arrêter...

Je m'amusais donc sans boire, abreuvé simplement d'anecdotes et de petites histoires. Lors de mes sorties nocturnes, j'ai appris le catalogue des chansons paillardes et des refrains de corps de garde. Je rentrais quand d'autres se levaient, en ayant pris soin de vérifier que les plus touchés ne prenaient pas leur voiture au retour. Jamais plus, passées ces troisièmes mi-temps d'anthologie, je n'ai retrouvé une telle impression de totale liberté. Grâce à mes coéquipiers de fête, j'ai compris l'essence d'une culture, le sens des jeux de mots qui sont les véritables clés de la connaissance. Et il me fallait aussi maîtriser l'accent du Sud-Ouest, si particulier, rocailleux et roulant, rauque et nuancé. Mes copains de la réserve attendaient que le soleil se montre pour mettre un point final à leurs libations. Pas besoin de téléphoner ou de prévoir à l'avance, je savais d'expérience qu'ils s'amusaient tous les soirs : je n'avais donc aucun problème pour les retrouver.

*

Je vivais avec cette équipe des moments agréables qui me réconcilièrent avec la ville et le club. Car dès que je retrouvais, pour une raison ou une autre, les joueurs de l'équipe première, je sentais de nouveau l'incompréhension poindre, j'étais marqué par le rejet dont j'étais l'objet sans que personne puisse vraiment m'expliquer pourquoi, sur quels critères j'étais jugé et condamné.

Voyant que je n'abdiquais pas, que mes performances allaient crescendo et que je devenais une menace, trois joueurs de l'équipe première commencèrent à m'agresser verbalement, à distiller des réflexions désobligeantes, que je ressentais comme racistes, à multiplier les provocations. L'un d'eux, plus particulièrement, pilier, cherchait et trouvait tous les prétextes pour m'écarter du groupe de l'équipe première. Il colportait des rumeurs et certaines des phrases qu'il prononça me firent mal. Lui pilier de mêlée et moi deuxième ligne, il racontait, par exemple, que jamais un Arabe ne pousserait derrière lui... Leader naturel du groupe, il occupait une place importante dans la vie de l'équipe et une partie des supporteurs se rallia à son avis. Ce qui me révoltait, ce n'était pas tant cette méchanceté que l'iniquité dont j'étais victime. Personne ne souhaitait m'offrir l'opportunité de me confronter à armes égales avec les titulaires. Dans ces cas-là, même la patience ne peut faire oublier l'injustice.

Avec le recul, le sens de cet ostracisme me révolte. Comment tolérer que dans une entreprise, par exemple, quelqu'un puisse vous barrer la route à cause de votre couleur de peau ? Ce qui s'est passé à Agen, autour de l'équipe première, était inacceptable et pourtant personne ne s'en est offusqué. Je ne voudrais pas généraliser mais cet épisode regrettable n'est que le reflet de ce que j'ai connu et vu plus tard dans la société française, quand certains Maghrébins, mais pas seulement eux, ne peuvent pas s'intégrer, participer et vivre comme des citoyens de plein droit.

Tout était verrouillé : la composition d'équipe, les oppositions durant les entraînements, la vie du groupe. Or, je ne demandais qu'une chose, prouver que je n'étais pas inférieur aux titulaires. Mais les dés étaient pipés. La pente prise commençait à devenir dangereuse, à tel point que j'ai reçu des lettres anonymes et des coups de téléphone, du genre : « Sale arabe, rentre chez toi, t'as rien à faire ici ! » À l'époque, je n'ai jamais parlé de ces débordements, de peur d'en amplifier l'effet et surtout de montrer qu'ils me touchaient. J'ai remballé ma détresse et ma peine comme j'ai pu. J'étais jeune, je souffrais. Mes détracteurs attendaient que je craque et je n'allais pas leur procurer ce plaisir. Comme un animal, je défendais mon territoire. Heureusement que je disposais d'une force physique hors normes sinon je crois que les insultes auraient fait place aux agressions. Parfois, en repensant à ces moments, j'imagine mon retour précipité au Maroc, le coup d'arrêt de ma carrière naissante. Que serais-je devenu si je n'avais pas résisté en silence, certain de mon bon droit, confiant dans ma capacité à franchir ces barrières ?

Je ne pouvais pas en vouloir à la terre entière. Seule une poignée d'abrutis cherchait à me déstabiliser. À l'abri derrière une majorité silencieuse et passive, une minorité de joueurs, forte d'un pouvoir de persuasion et de nuisance, voulait me faire craquer. Daniel Dubroca, figure emblématique du club, avait bien tenté de calmer le jeu mais le groupe qui m'était hostile, soucieux de préserver ses prérogatives, avait refusé explicitement qu'un « corps étranger » vienne se mêler à son aventure sportive et humaine. Ces joueurs « historiques » argumentaient ce rejet sur le simple plan rugbystique. Pour eux, je n'avais pas ma place en équipe première. Mon niveau technique n'était pas suffisant pour prétendre intégrer l'un des meilleurs packs de France. Mais je ressentais une forme de xénophobie.

Le rugby, et beaucoup de gens ont tendance à l'oublier, est un sport conservateur. Tout se passe en famille. Rien ne sort du cercle. Personne n'est autorisé à étaler ses sentiments sur la place publique. Ce sport, très régional, fondé sur l'identité du terroir, n'a jamais été ouvert aux ressortissants du Maghreb, même si, en Aquitaine, l'influence des visiteurs musulmans depuis le VIe siècle est grande, reconnue par les chercheurs universitaires et les sociologues. Il faut croire que le rugby, dans ce coin du Lot-et-Garonne, souhaitait rester un bastion de type caucasien.

*

Quelques hommes de bonne volonté, dans le sillage de Daniel Dubroca, ont cherché à casser cette fatalité du rejet. Des hommes comme Michel Couturas, qui m'invita plusieurs fois à dîner chez lui. Je sentais qu'il agissait pour que les différends s'aplanissent, mais ses interventions n'étaient pas assez déterminantes. Même avec Philippe Benetton mes rapports n'étaient pas faciles. Circulait la rumeur selon laquelle nous étions tous les deux en compétition pour une seule place à l'aile de la troisième ligne. À cette époque, étoile montante du club, jeune international prometteur, il focalisait l'attention des médias nationaux et du public agenais. On me prêtait l'intention de vouloir le détrôner. Pour ajouter de l'huile sur le feu, il se murmurait dans la ville que j'étais sorti avec sa sœur lorsque je jouais à Cahors. Du coup, Philippe ne m'adressait plus la parole.

J'ai continué à aligner les bons matchs avec la nationale B sans rechigner et les sorties en troisième mi-temps avec la réserve. Au bout de six mois, à la fin de mon premier hiver agenais, j'ai commencé à jouer deuxième ligne en équipe première. Je rentrais dix minutes par-ci, dix minutes par-là en remplacement de Patrick Pujade. J'effectuais quelques voyages en bus, mais à l'écart des cadors du pack. Je jouais, certes, mais personne ne m'adressait la parole pour autant. Dès que je voulais parler, je sentais les regards se poser sur moi, voyais des moues sur les visages et des hommes se détourner. J'essayais pourtant d'aller vers eux, de rire avec eux, mais tout ce que je faisais de bonne grâce pour me faire accepter tombait à plat. Mes partenaires étaient aussi des adversaires et savaient me fait comprendre que le Maghrébin de Cahors n'était pas invité à jouer dans la cour des grands.

*

Jamais je ne me suis senti aussi étranger sur le sol de France. Étranger au monde du rugby français, étranger aux traditions locales, étranger par ma couleur de peau, ma nationalité, ma race. Une sensation difficile à encaisser, inconnue jusqu'alors. J'ai commencé à me renfermer.

En me rendant sur les terrains de la pépinière du club, à l'école de rugby, j'ai combattu ce mal qui me rongeait en silence. J'ai pu rencontrer plusieurs éducateurs dont l'ouverture d'esprit n'avait d'égale que la gentillesse. Aller au contact des jeunes pousses était pour tout joueur senior du club une obligation contractuelle. Mais pour moi, ce fut d'abord et avant tout un plaisir. J'avais un besoin vital de me replonger dans l'innocence des premières passes, des courses folles, des regards purs. J'avais besoin de voir ces gosses jouer avec une balle ovale. J'ai trouvé des appuis, aussi, parmi des supporteurs du SUA et plusieurs familles – qui se reconnaîtront – m'ont beaucoup aidé. Je ne trouve pas de mots assez forts pour évoquer ce qu'ils furent pour moi. Ils m'ont fait connaître l'histoire du club, intimement mêlée à celle de la région. Mais davantage que des conseils ou des informations, ils m'ont impliqué, à leur façon, dans la vie de la cité. C'est ainsi que j'ai participé à leurs missions sociales. Dévoués, altruistes, généreux, ils avaient la charge de s'occuper de personnes en difficulté et d'enfants handicapés physiques et mentaux. Enclin à trop réfléchir, à me poser plus de questions qu'il n'en faudrait, isolé, loin des miens, j'aurais pu disjoncter. Grâce à ces soutiens, j'ai gardé les pieds sur terre, me rapprochant de malheurs et de souffrances qui n'avaient aucune commune mesure avec mes tracas de sportif. À défaut de suivre une thérapie, je recevais un éclairage sur la vie, la vraie.

Voyant mon désarroi, mes compatriotes marocains, eux non plus, ne me laissèrent pas tomber. J'avais en permanence une main tendue dans chacune des deux communautés qui jalonnaient mon existence. Loin des querelles d'intérêts dont j'étais le jouet, mes amis me parlaient du temps qui apaise et aplanit les différends. Dans leur bouche, répétée inlassablement, la patience revenait comme un leitmotiv, un mot clé associé à la sagesse. Mais je ne parvenais pas toujours à saisir la portée de leurs propos. Je vivais dans l'extrême, le rejet, la haine, et eux me parlaient d'amour, de compréhension. Je me sentais tiraillé par l'un et l'autre des versants. Sans oublier qu'au milieu de ce magma le rugby n'était pas un passe-temps. Le sport de haut niveau, impitoyable, me plongeait dans la concurrence et la compétition, des endroits où il n'y a pas beaucoup de place pour la sagesse et la patience. Alors que ma vie de joueur de rugby, jusqu'à mon arrivée à Agen, avait été une suite heureuse de succès, seul mon premier échec m'a appris quelque chose sur moi. Il m'a fallu du temps pour me relever de ce coup d'arrêt mais, une fois l'obstacle franchi, j'ai pu mesurer combien il avait été important de vivre des affrontements et des conflits à un âge, vingt et un ans, où l'on peut encore se considérer très jeune. J'étais bloqué et je m'en suis sorti. Rien ne me paraît plus déterminant que l'adversité pour se construire. Bien sûr, je peux désormais en parler avec calme et mesure mais, voilà seize ans, j'ai vécu mon rejet de façon brutale, sans pouvoir réfléchir, sans comprendre la signification de cette situation. Ce n'est qu'aujourd'hui, débarrassé de ma gangue, que je peux mettre du sens là où je ne voyais que du chaos. C'est une chance, car je connais des personnes qui, malheureusement, nourrissent toute leur existence un sentiment d'incomplétude et vivent en ressassant l'échec d'une vie. Je peux néanmoins les comprendre parce que les sept mois du calvaire que j'ai endurés m'ont paru très longs, bien plus longs que les douze années qui suivirent. Les blocages ressemblent souvent à une éternité.

*

L'épisode d'Hagetmau allait enfin débloquer la situation. Coincé entre Pau et Mont-de-Marsan, ce village des Landes ne vit que pour et par le rugby. Sa réputation était depuis fort longtemps établie et les équipes en déplacement dans ce coin du Sud-Ouest appréhendaient le guet-apens. Agen allait donc affronter une des équipes les plus rugueuses du championnat, capable de tout, y compris du pire, pour ne pas perdre sur son terrain, devant son public. Dans ce genre de rencontre jouée à couteaux tirés, il valait mieux ne pas avoir peur de prendre des coups et ne pas craindre d'en donner. J'avais été titularisé en deuxième ligne et j'attendais tellement ce moment que je n'avais même pas perçu qu'il pouvait s'agir d'un cadeau empoisonné. Pour la première fois, j'étais resté dans le vestiaire jusqu'à l'appel de l'arbitre, au milieu de mes coéquipiers. J'étais l'un des membres du pack et rien ne pouvait me faire davantage plaisir. D'habitude, remplaçant, je sortais quelques minutes avant le début de la partie afin de laisser ceux qui allaient rentrer sur le terrain se préparer entre eux. À mon tour, j'étais là et nous étions soudés. La motivation se lisait sur les visages et nous savions tous ce qui nous attendait dehors. Hagetmau n'allait pas nous décevoir.

Coup d'envoi et, immédiatement, Philippe Benetton est agressé. Il capte la balle en extension. Déséquilibré par un adversaire, il tombe lourdement à terre et reçoit un coup de pied en pleine tête. Le sang gicle. Il est coincé dans le regroupement, incapable de bouger. Les yeux révulsés sous l'effet du coup violent qu'il a reçu, il gît, inconscient, et se met à trembler, victime d'une crise d'épilepsie. Je n'ai pas pris une seule seconde pour réfléchir : le voyant étouffer sous un amas de joueurs, je fonce dans le tas et, à grands coups de poing, j'assomme trois avants d'Hagetmau. Ma frustration et ma colère accumulées depuis six mois explosent soudain. Ma force, décuplée, s'exprime dans la violence. Personne ne peut s'opposer à ma rage. Je bouscule ceux qui se trouvent autour de Philippe, secoué de spasmes et ensanglanté. Aucun des adversaires n'ose s'approcher de moi. Mes poings tournoient comme une paire de marteaux.

La suite est plus floue. Je me suis personnellement occupé d'Alain Lansaman à chaque regroupement. Ce troisième ligne aile, dur comme le fer, était la terreur de l'équipe d'Hagetmau. Lui « calmé », personne ne nous agressa et nous remportâmes ce match mouvementé dont j'ai un peu perdu le fil avec le temps.

Je me revois ensuite dans le bus, sur le trajet du retour. À l'écart, comme toujours. J'entends des voix monter derrière moi. « Ça suffit ! Faut arrêter ! Ce mec a montré ce qu'il valait... » Je sens bien qu'on parle de moi mais je ne me retourne pas. Je ne veux pas me mêler à la discussion qui durera jusqu'à notre retour à Agen. Le lendemain, l'entraîneur m'invite à dîner en famille et, surprise, je retrouve chez lui la plupart des avants avec lesquels j'ai joué la veille, ceux-là mêmes qui pendant six mois ne m'ont pas adressé la parole. Quelques petits signes me font vite comprendre que je suis accepté dans le cercle. Philippe Benetton hospitalisé, nous prîmes de ses nouvelles par téléphone et, durant son absence, j'enchaînai trois matchs comme titulaire.

*

Mais toutes les belles histoires ont une fin. À l'occasion d'un déplacement à Toulon, j'étais redevenu remplaçant. Pis, je ne suis même pas rentré durant le match. La rencontre, engagée, tourna parfois au pugilat, mais l'entraîneur campa sur ses positions. Il avait misé sur l'expérience et je ne faisais pas partie de ses plans. Je me sentais accablé, triste, inutile. Durant le voyage du retour, alors que je me posais en silence tout un tas de questions, Philippe Sella prit place à mes côtés. Pendant les sept heures que dura ce trajet de Toulon à Agen, nous bavardâmes. À un moment, il lâcha : « Un jour, Abdel, tu deviendras le leader et le capitaine de cette équipe. Mais sois patient... » À partir de cet instant, le doute ne m'a jamais plus habité.

Après la partie qualificative, nous avons attaqué la phase finale du championnat. J'étais devenu titulaire. Entre les matchs, je me retrouvais dans le premier cercle et partageais de bons moments. Philippe Benetton était redevenu l'ami que j'avais trouvé à mon arrivée à Cahors et je sentais de la gêne chez ceux qui s'étaient comportés de façon insultante et ridicule à mon égard. Afin de les mettre à l'aise, jamais je n'ai rappelé cet épisode peu glorieux. La discussion sur ce sujet et les excuses qui vont avec sont arrivées plus tard, en leur temps, et une estime réciproque s'est petit à petit forgée.

L'homme que je suis s'est construit à Agen, dans le combat quotidien et le travail acharné. Alors que tout, dans mon éducation, pouvait m'inciter à l'indolence, je n'ai jamais pu me satisfaire de l'acquis. J'aurais pu exploser au contact de la méchanceté, de la xénophobie et du racisme, mais je n'ai pas cédé à la loi du Talion. Une des réussites dont je suis le plus fier consiste à avoir surmonté la jalousie et la haine qui se dressaient devant moi. J'ai aussi désarmé l'incompréhension, ce mur élevé entre les hommes par la peur. Antoine de Saint-Exupéry a écrit : « Si tu diffères de moi, frère, loin de me léser, tu m'enrichis. » Je suis heureux d'avoir pu me hisser là où je souhaitais aller sans oublier ma culture, et surtout en acceptant les contrastes qui caractérisent chacun de nous.

Chapitre 11

Implications, complications

Au début des années quatre-vingt-dix, entrer de plain-pied dans l'équipe d'Agen constituait une forme de reconnaissance. Enfin accepté, j'avais atteint l'objectif que je m'étais fixé et les supporteurs qui m'ignoraient la veille se mettaient à me parler. Je reçus immédiatement des propositions très avantageuses en provenance d'une dizaine de clubs français. Mais pas un endroit ne valait Agen à mes yeux.

Je n'ai pas discuté des modalités de mon contrat. Quand je suis arrivé, le club m'a trouvé dans l'urgence une place à la mairie car j'étais sans revenus. Comme je n'avais aucune idée de la somme à laquelle j'avais droit, je suis allé voir le trésorier, M. Ardoise, qui portait bien son nom, afin d'obtenir des éclaircissements. Sachant que Cahors, en deuxième division, m'avait dédommagé à hauteur de quatre mille francs mensuels, je n'avais pas trouvé indécent, vu le statut d'Agen, de demander six mille francs par mois. Monsieur Ardoise me regarda avec étonnement, me présenta un registre et m'énuméra une liste de noms de joueurs, tous internationaux, et parmi les plus réputés : aucun d'entre eux ne recevait plus de cinq mille francs par mois. Moi qui n'avais encore rien prouvé, je demandais davantage qu'eux... J'ai immédiatement senti qu'il ne fallait pas plaisanter avec ça. Etaient-ce les vrais chiffres ? Quoi qu'il en soit, personne ne jouait pour l'argent. Mais comme il fallait quand même vivre, le président Guy Basquet m'a précisé qu'un des sponsors du club, Astra-Calvé, pouvait m'offrir un véritable emploi. J'ai donc rencontré le président d'Unilever et retrouvé Pierre Berbizier, déjà intégré dans l'entreprise. Le rugby amateur de l'époque est résumé dans cet épisode.

*

Dans le domaine du marketing et de la communication, le club d'Agen avait pris un virage novateur. On peut, sans travestir la réalité, affirmer qu'il a même été précurseur auprès de ses partenaires économiques. Le SUA fut d'ailleurs le premier club français, avant le Stade Toulousain, à construire dès 1990 des loges intégrées à la tribune officielle, exactement vingt-quatre espaces réservés à ses sponsors, dotés de l'infrastructure d'accueil correspondante, à l'époque où les autres clubs, même les plus huppés, louaient des chapiteaux ou recevaient plus sommairement dans des gymnases attenants à leur stade. Il était même d'usage que nous allions, joueurs, saluer les sponsors du club à l'issue de chaque match disputé à domicile, une coutume aujourd'hui répandue dans le monde du rugby pro.

Agen a toujours été une académie du beau jeu et du rugby offensif. Rien n'a changé en un demi-siècle, depuis les préceptes de Jean-Baptiste Bédère jusqu'aux inspirations de François Gelez. Comme le FC Lourdes des années cinquante, le Stade Toulousain ou Béziers, ces clubs de légende qui ne meurent jamais dans l'esprit des passionnés, le SU Agen s'est inscrit dans la durée, toujours présent au sommet. À chaque époque, de grands matchs ont enflammé le stade Armandie. Je me souviens plus particulièrement de défis lancés au pack du RC Toulon, fort de joueurs craints comme Éric Champ, Éric Melville et Manu Diaz. J'aimais le combat. J'avais l'impression de m'y révéler. Mais au contact des attaquants agenais, j'ai aussi considérablement amélioré mon bagage technique.

Le palmarès n'est pas tout : ce club possède une identité qui le démarque des autres. Ancré dans le terroir, avec son style de jeu ouvert et spectaculaire, Agen est à la fois rural dans sa façon d'être et moderne quand il s'agit de rugby. Épicentre du rugby français marqué par les personnalités de Guy Basquet et d'Albert Ferrasse, anciens joueurs respectivement patron des sélectionneurs et président de la FFR, ce club particulier n'était pas vraiment apprécié hors du département du Lot-et-Garonne et nous avons souvent payé de quolibets et de rejet l'omnipotence des dirigeants agenais sur le rugby français.

La ville n'a que le rugby pour exister, et sans doute un peu les pruneaux et les comprimés d'aspirine. Situé presque à équidistance de deux métropoles, Bordeaux et Toulouse, ce centre rural vit au rythme des succès et des revers de son équipe. D'une semaine à l'autre, l'ambiance peut changer selon le résultat d'un match. Il me suffisait d'entendre le boulanger râler au lendemain d'une défaite pour savoir que j'allais hériter d'un pain trop cuit...

À l'échelle du sud de l'Aquitaine, Agen représente à la fois une fierté, un étendard, une flamme, un phare. Chacun, d'où qu'il soit, soutient sa ville et le SUA. On peut voir les posters de l'équipe première fleurir partout. Quand le rugby est devenu professionnel, en août 1995, une multitude de petites entreprises sont venues soutenir financièrement le club, créant un tissu de solidarité. Le club est ancré dans les mentalités, à tel point qu'au moment où nous avons connu des difficultés, six ans plus tard, j'ai vu des chômeurs apporter trois cents francs pour remplir les caisses vides et permettre au club de survivre.

En tant qu'international, dès 1990, j'ai toujours parlé en bien de ma ville. Je me devais de la représenter, d'être son ambassadeur. J'avais la chance d'être sélectionné en équipe de France, joie immense, mais je déroulais mon quotidien à

Agen et pas ailleurs. Ce club a été le centre de ma vie. Mon premier combat était un combat intérieur, une épreuve à surmonter sans appeler au secours. La réflexion et la patience, seules, pouvaient m'aider à résister et, par ricochet, à appréhender ma nouvelle existence. J'ai mis du temps à comprendre que je passais après le groupe. Chacun doit laisser un peu de son ego à la porte du vestiaire et d'abord donner avant d'espérer recevoir.

*

En juin 1990, au terme de ma première saison agenaise, nous avons perdu la finale contre le Racing Club de France. Repêchés in extremis, les Parisiens faisaient figure de miraculés tandis que nous, favoris, avions dominé le championnat au terme d'une belle saison. Albert Ferrasse, président de la FFR, grand seigneur, n'avait pas hésité à requalifier deux joueurs du Racing qui, pour des raisons diverses, n'auraient jamais dû disputer cette finale : le talonneur Jean-Pierre Genet et le pilier sud-africain Murray Dawson. Nous étions tellement confiants et eux tellement remontés qu'ils nous massacrèrent à chaque mêlée. Ce fut un match déplorable, violent et malsain dont je garde un très mauvais souvenir. Laurent Seigne avait quitté le terrain défiguré par les coups de poing balancés sous la mêlée, sans que l'arbitre pénalise qui que ce soit. Deux jours après cette finale pourrie, Albert Ferrasse nous avait lu une lettre envoyée par l'International Board dans laquelle son président regrettait que la France ait été, le temps de ce match, la honte du rugby mondial !

Pendant vingt ans, de 1970 à 1990, Agen est resté la capitale du rugby français. Puis une secousse a brisé l'édifice. Guy Basquet a quitté les couloirs du pouvoir fédéral et s'est fâché avec son ami de toujours, Albert Ferrasse, qui devait laisser sa place à la tête de la Fédération Française de Rugby. Dans le même temps, véritable tremblement de terre, le club ne s'est pas qualifié pour la phase finale. Les frères Berbizier,

Philippe et Pierre, partirent du SUA en mauvais termes. Laurent Seigne s'en est allé lui aussi, et une nouvelle génération s'est imposée. J'ai pris une place de plus en plus importante dans la vie du groupe et dans le jeu du pack. Alors que nous attaquions la saison 1992, ce redémarrage allait constituer un moment charnière. J'étais arrivé jeune, en juillet 1989, sans savoir qu'une époque se terminait. J'entendais régulièrement les anciens raconter qu'une carrière passe toujours trop vite et je prenais peur. Que pouvait bien signifier « trop vite » ? Qu'y avait-il derrière la réussite et l'échec, le sacre ou l'erreur ? Comme je ne souhaitais pas l'apprendre à mes dépens, je m'étais promis de ne rien rater, de ne rien me reprocher plus tard, de vivre pleinement mon expérience sportive. Je ne respirais que pour une chose : apprendre, et encore apprendre. Ignorant, soucieux de ne pas être pris en défaut, je feignais d'être au courant mais je ne comprenais rien.

Les dinosaures partis ou en retraite, le club secoué, il était temps de trouver ma vraie place, de montrer combien ce club comptait pour moi et de quelle façon je pouvais l'aider à remonter la pente. Sans personne pour me brimer, je me suis alors pleinement affirmé. J'ai pu exprimer enfin ma personnalité, montrer que j'étais un leader naturel, construire et réfléchir à l'avenir de ce club. Trois ans plus tôt, Daniel Dubroca avait dû intervenir pour calmer les esprits, apaiser les tensions et encourager mon intégration en équipe première. Renversement de situation, je me rendais chez lui, à Sainte-Bazeille, pour le prier de revenir entraîner le club au moment où il avait besoin de lui. Quand Philippe Sella quittera son club de toujours, le 6 juillet 1996, afin de poursuivre et terminer sa carrière en Angleterre, il me passera le témoin. Il m'avait fallu six ans pour devenir le capitaine du SU Agen. Mais sa prédiction s'était réalisée.

*

Entre Agen et moi, le lien tissé dépasse le simple cadre du rugby. J'y ai construit ma vie professionnelle et sportive, mais pas seulement. J'ai aussi tenté de m'impliquer dans la cité, touché par une réalité que j'avais du mal à comprendre. Débarqué en France depuis seulement deux ans, je ne comprenais pas pourquoi les populations immigrées devaient rester cloisonnées dans les cités, et pourquoi les gamins des banlieues n'étaient pas initiés au rugby... Je m'en étais franchement ouvert au maire d'Agen, après avoir cerné l'effort des diverses associations concernées. Il y avait tellement à faire dans les quartiers, les lycées et les collèges... Au bout de deux ou trois saisons pleines avec le SUA, j'ai souhaité briser un tabou en ouvrant le rugby à ceux qui n'y avaient pas accès.

J'ai rencontré un grand nombre de compatriotes dans la périphérie de la ville, au marché, à la mosquée et sur les pistes d'athlétisme. Ils vivaient en retrait, au milieu d'une population avec laquelle ils ne tissaient aucun lien profond. Ils sont venus à ma rencontre, me parler, évoquer leurs malaises et leurs envies. Sensible à leurs demandes, j'ai pu débloquer certaines situations, la plupart du temps dans le domaine sportif, en mettant mes interlocuteurs en relation avec les autorités locales. J'ai simplement utilisé les opportunités offertes en tant que joueur du SUA pour répondre à des attentes de la population immigrée et créer un flux de confiance là où il n'y en avait pas ou peu. En tant que sportif, je vivais dans un cocon, avec de multiples privilèges. Mais il n'était pas difficile de percevoir ce que cette situation avait d'éphémère. Aller au bout de mes convictions me permettait non seulement d'être en paix avec ma conscience mais de récolter plus tard ce que j'aurais semé. Je suis donc allé voir le maire pour lui demander d'impliquer les éducateurs municipaux dans les quartiers excentrés, de monter des tournois, d'intégrer des gamins défavorisés dans l'école de rugby du SU Agen.

Aujourd'hui, j'ai grand plaisir à voir évoluer quelques joueurs marocains dans le championnat de France, des garçons que j'ai connus il y a quinze ans.

*

Dès que j'ai pu, j'ai souhaité m'installer. Élire domicile, c'est construire dans la stabilité et, derrière ce choix, émergeait l'envie de fonder un foyer. Mais, au début, je me sentais comprimé. Tout, autour de moi, était étriqué, limité, circonscrit aux limites de la ville. Grâce aux voyages, j'ai pu apprécier d'autres façons de vivre et, quand je revenais à Agen, je retrouvais l'étroitesse de l'environnement, chaque fois plus inconfortable. Le cocon du départ pesait lourd au fur et à mesure que j'avançais. Ma vision du monde se heurtait à celle du terroir. Si je n'étais pas sorti d'Agen, sans doute me serais-je accommodé à la longue des restrictions locales, mais j'avais affiné mes perceptions.

Mes sombres périodes agenaises ne datent pourtant pas seulement des premières années. Plus tard, quand le gendre du président Guy Basquet a été assassiné par un Maghrébin au cours d'une rixe, des propos choquants ont été tenus. Mon nom a été sali. Il se trouve que l'assassin s'est échappé au Maroc. Personne ne l'a jamais retrouvé mais tout le monde, à Agen, attendait que j'intervienne auprès du Roi afin que la police l'appréhende. Une paranoïa terrible s'est installée, rendant l'atmosphère pesante. J'ai encaissé d'autres médisances en silence, ne ressentant pas le besoin de me justifier des ragots colportés sur ma vie privée, de ces rumeurs infondées. J'ai toujours gardé mon côté introverti devenu, avec l'âge, de la discrétion.

Je suis resté longtemps seul, effectivement, sans fiancée ni copine attitrée. À vingt ans, mon objectif n'était pas de trouver une compagne pour la vie mais de m'imposer sportivement. Mon frère, lui, six mois après son arrivée en France, rencontrait celle qui allait devenir sa femme. C'était son choix et je le respecte. En ce qui me concerne, le terrain restait ma priorité et j'avais décidé de tout sacrifier au rugby. Je vivais tout à fait normalement mes relations sentimentales, des moments simples empreints de tendresse et de confidences, mais je ne tenais pas à être accompagné tous les jours et toutes les nuits, c'était ainsi. Rien ne devait me déstabiliser. Pour autant, célibataire ne signifie pas solitaire.

Chez les musulmans, les relations sexuelles hors du mariage sont prohibées, considérées comme un péché. Voilà bien une hypocrisie car au Maroc, comme dans la plupart des pays orientaux et musulmans, les comportements sont jugés en permanence par les membres de nos propres communautés. La peur de sortir des convenances conditionne les existences. Alors, beaucoup de choses se font en cachette. C'est un péché bien plus grave que l'entaille faite au contrat moral. La religion m'apprend que je n'ai de compte à rendre qu'au Créateur, que je dois être en osmose avec mes propres convictions et ne pas craindre les autres. Ceux qui sont si prompts à me juger sont, comme moi, des êtres humains, avec leurs forces et leurs faiblesses. Face à cela, je me suis toujours senti libre, et vivre en France m'a beaucoup apporté. Le sport a été mon chemin le mieux tracé et à travers lui je me suis découvert, j'ai pu enrichir mes perceptions. Quel meilleur tremplin social que le sport pour l'immigré que j'étais ? En France, grâce au rugby, j'ai trouvé une seconde famille car je n'avais plus mes parents, mes frères, mes cousins et mes amis d'Oujda autour de moi pour me servir de guides.

J'ai d'abord fonctionné par mimétisme en suivant, enfant, les us et les coutumes des miens. J'ai copié mes parents et mes grands frères. Mais rien de tout cela n'avait l'importance qu'a prise la construction de mon identité au fil de mes expériences. Je me suis affirmé en affrontant mes échecs temporaires et en maîtrisant les succès que le rugby m'offrait. J'ai pu lire mon destin et lui faire face sans me cacher. Ma famille, la première, a bien vu que le petit Abdelatif changeait, même si la vie en France demeurait un mystère pour mes proches restés au Maroc. La place particulière que j'ai occupée loin d'Oujda, tellement loin de leurs préoccupations au début, n'a pas manqué de les surprendre puis de les remplir d'admiration et de fierté.

En Occident, les tentations ne manquent pas. J'ai découvert des sentiers perpendiculaires. Je pouvais refuser de franchir les obstacles qui se présentaient devant moi ou tomber dans les pièges tendus. Ces tentations, qu'étaient-elles ? Boire de l'alcool, se coucher tard, sortir avec les filles. Je n'ai pas été plus fort qu'un autre, j'ai même parfois été faible. J'ai répondu à la chair et au désir. J'ai craqué. À ma façon, en culpabilisant, mais en restant discret.

Pratiquement, l'agenda d'un joueur de rugby de haut niveau n'offre pas beaucoup de plages solitaires. Entre les entraînements quotidiens, les matchs de championnats, les déplacements et les rendez-vous avec l'équipe de France, je restais hors de chez moi six mois par an. J'étais en permanence entouré de coéquipiers et d'amis. Chez René, l'un des dirigeants emblématiques du club, mon couvert était mis tous les lundis soir et j'en profitais pour repartir avec cinq litres de soupe, bien utiles pour tenir toute la semaine. Autre rite, le vendredi, veille de match, j'invitais souvent quelques joueurs à venir dîner... Ainsi passait la semaine.

Au plus fort de ma carrière, je n'ai jamais coupé avec mes racines marocaines. Au contraire, j'ai profité des moments difficiles pour chercher comment approfondir ma culture et quoi puiser dans le Coran. Jamais je ne me suis retrouvé isolé de mes compatriotes et coreligionnaires. Sur Agen, il existe au moins un lieu de culte et ce ne sont pas les rendez-vous réguliers qui manquent dans le calendrier. Nous nous retrouvions entre Maghrébins et j'écoutais ce qu'ils avaient à dire. En partageant leurs expériences, en cernant les difficultés qu'ils avaient rencontrées ou vivaient, j'ai enrichi mes propres perceptions. Je comprenais mieux dans quelle situation je m'étais mis en venant jouer au rugby en France. Au contact de cette frange délaissée de la population agenaise, j'ai perçu, et ce fut ma première grande révélation, combien était profonde la coupure entre les deux cultures, l'occidentale et la maghrébine. Dans des périodes de doute que traversaient mes frères maghrébins, crises existentielles et familiales, chômage, dans ces moments trop longs où la fracture s'accentue, les dérives extrémistes bourgeonnaient comme autant de tentations. Malheureusement, au lieu d'essayer de réduire ce fossé chaque jour un peu plus grand, le communitarisme se présentait comme une solution de repli dangereuse. Mais tout le monde ne partageait pas mon point de vue. J'ai toujours pensé, depuis que je joue au rugby, qu'il n'exise pas de bon repli sur soi. Se retirer témoigne de l'échec.

Aujourd'hui, le lieu de culte musulman s'élève dans Agen même, mais ce ne fut pas toujours le cas. Sa construction a été marquée par un long combat alimenté de nombreuses réticences. Il a fallu œuvrer pour faire comprendre aux habitants du centre-ville qu'il ne représentait aucune menace pour eux, au contraire. Il a fallu presque convaincre les Agenais un par un pour parvenir à instaurer un climat de confiance. Le succès de cette initiative ne s'est pas démenti. La mosquée d'Agen est désormais un lieu de prières et de méditation où règnent la joie et l'échange, ce qui est bénéfique pour tout le monde, surtout en ces périodes très troublées marquées par les attentats, la traque des terroristes, l'invasion de l'Irak et les combats en Afghanistan ou en Palestine. On y héberge des « sans domicile fixe » et les enfants se retrouvent dans des parcs de jeux. Une école a même été créée, signe de prospérité, qui nous permet de continuer à construire des passerelles avec l'extérieur et d'ouvrir les portes à ceux qui souhaitent voir, écouter et savoir.

*

Une fois que les joueurs d'Agen m'ont accepté dans leur cercle, certains, par curiosité, ont commencé à me poser des questions sur la religion musulmane en général et le ramadan en particulier. Ils ne comprenaient pas comment je pouvais pratiquer un sport de haut niveau sans manger. Il a fallu que je leur explique que ma religion était souple et tolérante. Ainsi, le contenu spirituel ne tenait pas obligatoirement compte de la date mais davantage de la démarche. Une question en amenant une autre, la discussion prenant un tour plus personnel, mes partenaires de club se sont intéressés à ce qu'était ma vie au Maroc. Des journalistes se sont déplacés à la mosquée d'Agen afin d'effectuer des reportages. Je me suis ensuite enhardi jusqu'à inviter des coéquipiers à partager une soirée religieuse à l'issue de laquelle nous avons mangé le couscous. À cette occasion, et durant les moments qui ont suivi, je me suis aperçu que les à-priori disparaissent vite pour peu qu'on puisse établir un rapport de confiance. Parfois, à l'issue d'un match particulièrement dur ou réussi, nous constations que nos liens étaient forts, unis autour d'un maillot, en tout cas autour de l'idée que nous nous faisions de l'esprit d'équipe et des valeurs qui l'accompagnent. Quelque chose venait de naître, un sentiment mutuel nourri d'harmonie. Tout ce que j'aimais dans le rugby. Dans le même temps, j'avais aussi pu tisser des liens forts avec la communauté musulmane d'Agen et des environs, ce qui fait qu'à un certain moment, disons au bout de trois ans, j'avais pu rassembler les deux pôles de mon existence. J'étais devenu un passeur.

Même dans la pire des situations, j'ai toujours cru en moi. Que pouvait-il m'arriver ? J'étais animé de bonnes intentions, honnête avec moi-même, désireux de m'impliquer avec passion. Il y a une justice dans cette vie et elle pèse de tout son poids dans la balance en faveur de ceux qui ne trahissent pas leurs croyances, qui restent fidèles à ce qu'ils sont et refusent les compromissions. Grâce au temps, j'ai pu m'inscrire dans la durée et en profondeur. Après l'ère de Daniel Dubroca, la figure emblématique du club a pris les traits de Philippe Sella, recordman des sélections en équipe de France, homme de la région, joueur de sacrifice. Un pur-sang. Nommé capitaine, il portait à son tour le club à bout de bras, aidé par quelques lieutenants dont je faisais partie. À l'occasion de son dernier match officiel au stade Armandie – c'était contre Nice –, j'avais mis un point d'honneur à le porter sur mes épaules, accompagné par Philippe Benetton. Pour l'anecdote, quand nous le déposâmes à terre, je devais tomber moi aussi au sol, à moitié inconscient, pris de vertiges par la fatigue et l'émotion. Au cœur de l'été 1996, pour son gala d'adieu devant un stade Armandie comble, il m'intégra dans sa dream-team, une sélection mondiale opposée au SU Agen et à l'équipe de France. Au moment des adieux, lors du discours final, il me tendit le micro comme on passe le flambeau. Philippe Sella me désignait comme son successeur, un geste qui m'alla droit au cœur. Bien sûr, je n'ai pas pu, par la suite, m'investir partout, tout maîtriser. Mais au moins, sur le terrain et avec mes tripes, j'ai tout donné à ce club, avec honnêteté et probité.

*

Le rugby a évolué par la suite, il s'est professionnalisé. Il a changé. Mais pas moi. Tous les ans, au printemps, j'aurais pu faire monter les enchères, jouer double jeu, répondre au club le plus offrant. Je me suis juste servi des offres dont j'étais l'objet pour réévaluer mon salaire au SU Agen, pas pour faire chanter le président et le trésorier. Partir pour quelques billets de plus, ça ne se conçoit pas quand on fonctionne à l'affectif, au sentiment et à la fidélité. J'ai été contacté par Castres, Montferrand, le Racing Club de France, Brive, Biarritz, mais aussi plusieurs clubs anglais, Leicester, Bath, Bristol, les Harlequins, Wasps... Serge Blanco et Patrick Sébastien m'appelaient régulièrement et pas seulement pour prendre de mes nouvelles. Mais le rugby, à Agen, était plus fort qu'à Pau, à Biarritz ou à Bègles. Son existence dépassait le cadre du jeu. Des gens, du plus humble au plus célèbre, aiment ce club comme une deuxième famille, qu'ils soient expatriés à Paris ou à l'étranger. Des liens forts avaient été tissés pour la vie et moi aussi, à mon tour, je me sentais lié. J'avais, sans m'en apercevoir, signé un pacte avec Agen.

Régulièrement, et finalement sans que j'intervienne, le club a toujours su revoir mon contrat à la hausse, ce qui était pour moi une marque d'estime. Je me sentais valorisé, considéré, mais un tel honneur allait de pair, chez moi, avec de nouveaux objectifs. Je m'infligeais seul une pression maximale afin de ne jamais me retrouver en situation trop confortable. Je savais, d'instinct, qu'un cadre émollient peut tuer la motivation.

Quand finalement, au bout de l'histoire, j'ai choisi de partir en mai 2001, je suis resté franc avec mes partenaires et mes entraîneurs. Le club vivait mal la montée du professionnalisme et de graves erreurs administratives l'avaient conduit à un déficit budgétaire presque abyssal. Nous, joueurs, avons accepté de réduire nos salaires afin de combler un trou d'un million d'euros. Le président des Saracens, Nigel Wray, en payant mon indemnité de départ, puisqu'il me restait un an de contrat, combla une partie du déficit. C'est pourquoi j'ai insisté pour que les choses se fassent en règle. J'ai simplement regretté que l'un des nouveaux présidents du SU Agen n'ait jamais été reconnaissant. Pis, l'opprobre a été jetée sur moi et sur d'autres. Quel besoin avait-on de nous discréditer en racontant que l'exil et les prétentions financières de certains, comme Titou Lamaison, Philippe Sella et moi-même, avaient précipité la dette du club ? Dire que j'ai été blessé par de telles déclarations sans fondement est un euphémisme. Elles m'ont cloué. Il m'aurait été facile de chercher une revanche. Mais je préfère savoir qu'en ayant mis de la passion et de l'amour à chaque instant de ma vie, je suis en paix avec moi-même.

Chapitre 12

Pour le symbole

J'ai oublié les scores pour ne garder que les visages. Dans la cohue des sentiments, des souvenirs et des actions qui me reviennent au bout des doigts, les regards prédominent. Ceux que j'ai croisés dans le champ de jeu et en dehors. Évoquer le rugby, au-delà de l'aspect technique et tactique, c'est parler des hommes. Et pas n'importe lesquels : de fortes personnalités, carrément des personnages.

Sans l'imaginaire, pas de magie possible, pas d'identification. Dans le sport davantage que dans d'autres activités humaines qui embellissent le monde, comme le cinéma, le théâtre, la littérature, la peinture ou la musique, la dimension des êtres n'existe pas sans l'authenticité des gestes et la profondeur de l'âme. En rugby, le pur talent s'exprime sur le terrain. Le rugby n'offre pas de cachette pour les tricheurs, les escrocs et les frimeurs. Personne n'a jamais construit une carrière sur de l'approximation.

Dès que j'ai mis les pieds sur le sol français, j'ai entendu parler de héros dont je n'avais aucune idée, Prat, Spanghero, Crauste, Mias, Dauga... Qui étaient-ils, qu'avaient-ils fait de si extraordinaire ? Pourquoi tout le monde se référait régulièrement à leurs exploits ? Que voulaient bien dire ces allusions au passé ? Le présent ne pouvait-il pas suffire ? Chaque fois que l'équipe de France disputait un test-match, les journalistes spécialisés ne manquaient jamais de rappeler, au détour d'une phrase, l'histoire du rugby ou la hiérarchie des grands événements pour finir, immanquablement, par évoquer ces grands joueurs d'antan.

*

J'ai eu la chance et le privilège d'avoir été adoubé par un de ces mythes, Jean-Pierre Rives, puis de jouer avec deux géants, Serge Blanco et Philippe Sella. De telles rencontres ne s'oublient jamais. Elles sont des sésames pour la vie.

Dans le monde, il n'existe pas deux joueurs comme Jean-Pierre Rives. Aucun adjectif ne peut caractériser sa personnalité tellement il possède de facettes. Son seul nom symbolise l'état d'esprit français dans ce qu'il a de plus chevaleresque. Tous les exploits du Quinze de France, il les porte en lui. Je ne parle pas ici de sa chevelure blonde dont le panache a fait le tour du monde. Réduire un homme comme Jean-Pierre Rives au physique et au charme serait une erreur grossière. Il est d'abord reconnu pour son acharnement et son sens du sacrifice porté au paroxysme. Seul un individu hors du commun peut incarner de telles valeurs.

La première fois que je l'ai vu, c'était durant l'automne 1990, à Agen. Il s'avançait dans le vestiaire de sa démarche un peu voûtée, regard ailleurs, douceur non feinte. Quand il s'est arrêté devant moi et m'a regardé, je crois bien que j'ai eu la chair de poule, traversé par un courant électrique inexplicable. Il était le rugby de France et daignait me parler, à moi le petit Marocain coopté ce soir-là par les Barbarians français face aux All Blacks de Nouvelle-Zélande.

Lors de ma première sélection avec l'équipe de France, contre l'Australie à Sydney, j'avais été expulsé. Une tâche indélébile dans ma carrière, que j'ai longtemps traînée derrière moi. Je savais donc que certains membres parmi les plus éminents des Barbarians français ne souhaitaient pas que je fasse partie de cette caste, celle des gentlemen-joueurs. Je n'avais pas assez de classe pour figurer dans ce groupe, pas l'esprit assez pur, disaient-ils. À peine intégré au SU Agen, il me fallait encore franchir de nouvelles barrières. Après la couleur de peau, je devais maintenant prouver que tout, dans mon comportement, faisait de moi un homme de qualité. Jean-Pierre Rives, je l'ai su plus tard, avait cru en moi dès le début et Guy Basquet, l'homme fort d'Agen, de la FFR et des Barbarians, avait lui aussi mis tout son poids dans la balance pour convaincre mes détracteurs. Ils s'étaient portés garants et seules leurs interventions avaient pu m'ouvrir le cercle très fermé des Babaas français.

À la fin du match, donc, dans le vestiaire, Jean-Pierre Rives s'approche et m'embrasse. Un geste typique du rugby français, une façon de différencier ceux qui sont de la famille et les autres, qui n'ont droit qu'à une poignée de main. « Casque d'or » était un Méditerranéen, lui qui semble tellement anglo-saxon. Il ne m'a rien dit de particulier mais d'un geste, qui parlait pour lui, il venait de sceller ma présence dans ce groupe très particulier et cela suffisait à mon bonheur. Ce n'est qu'après, bien après, que j'ai vu à quel point Jean-Pierre brouillait les pistes, offrant l'impression d'un grand calme au-dehors alors qu'il est perpétuellement en ébullition à l'intérieur. Ceux qui ne le connaissent pas croient qu'il parle peu. Effectivement, il se protège derrière un silence mais, une fois lancé sur les sujets qu'il aime, il peut s'exprimer des heures durant. Lentement. À sa façon. Ses phrases sont ciselées et chaque mot touche juste là où il faut.

Le deuxième monstre sacré qu'il m'ait été donné de rencontrer, j'ai aussi eu la chance de jouer quelques rencontres internationales avec lui, entre 1990 et 1991. Chaque joueur a sa façon personnelle de laisser une empreinte. Serge Blanco, puisque c'est de lui qu'il s'agit, à l'entraînement, s'arrangeait pour courir le moins possible, ne jamais se fatiguer inutilement et ramener le jeu là où lui se trouvait. Il ondulait et sa longue foulée passait là où d'autres n'avaient pas l'idée d'aller. Les funambules ne marchent sur le fil tendu que lorsque c'est nécessaire. Pour Serge, tant qu'il n'y avait pas de match, rien ne méritait qu'il se réveille. Mais une fois sur le terrain, face à des adversaires, ses qualités exceptionnelles brillaient naturellement. En dehors du terrain, aussi, sa personnalité hors normes trouvait à s'exprimer.

Pour ma première sélection, expulsé contre les Wallabies, donc, j'avais outrepassé le code. Motivé à l'extrême, remonté par l'entraîneur Jacques Fouroux qui connaissait tous les ressorts psychologiques qui tendent les joueurs, je me suis retrouvé pris dans une bagarre, et mon premier réflexe fut de marcher sur un joueur à terre. Un acte répréhensible. L'arbitre m'avait vu et me signifia mon expulsion. Ma carrière internationale pouvait s'arrêter là sans l'art consommé de Jacques Fouroux, devenu pour l'occasion mon avocat. Bien défendu par mon entraîneur, je n'avais été puni que d'un match de suspension. De retour à l'hôtel, Jacques avait décidé de faire croire au reste de l'équipe que j'avais pris six mois et qu'il me renvoyait immédiatement en France. Devant tous les joueurs, il annonce la sanction et me demande de monter dans ma chambre préparer mes bagages. Je quittais l'Australie ! C'est alors que Serge Blanco s'est levé et a dit : « Abdel, même s'il est sanctionné par six mois de suspension, il est parti avec nous, il reste avec nous et il finira la tournée avec nous ! » Sur le coup, je n'ai pas pu retenir mes larmes. J'ai chialé comme un gosse. Je venais de comprendre enfin ce que j'avais toujours soupçonné, à savoir que le rugby c'était bien autre chose qu'un sport.

*

La mythologie du rugby, j'ai commencé par me l'enfiler aux pieds. En 1983, l'équipe de France disputait les Jeux méditerranéens à Casablanca, face au Maroc. Ce jour-là, spectateur, je n'avais d'yeux que pour notre ailier, Srouti, qui vit aujourd'hui en Australie, et pour un drôle de trois-quarts centre français dont les courses irrésistibles affolaient notre défense. À la fin du match, n'y tenant plus, je me suis précipité vers ce joueur, un certain Philippe Sella, pour lui arracher sa tenue. Je tenais absolument à rentrer chez moi avec quelque chose qui lui appartienne... Devant mon insistance, il m'a offert sa paire de chaussettes et c'était pour moi le plus beau trésor du monde. Je me pose encore la question de savoir si je ne suis pas venu à Agen uniquement pour jouer avec Philippe Sella, l'idole de ma jeunesse et si, plus tard, je n'ai pas suivi la voie qu'il avait ouverte en allant jouer à Londres dans le club des Saracens. Il m'a marqué, c'est indéniable. Il a déterminé une partie de ma vie et, en tout cas, guidé ma carrière.

Il a tout donné, sans compter, sans s'économiser. Personne ne s'est jamais livré autant que lui et j'aimerais savoir quel joueur peut se permettre de le juger. Adolescent, je jouais pilier ou deuxième ligne, mais j'ai toujours aimé les joueurs rapides comme lui, ceux qui ont les cheveux au vent, feintent et s'échappent. De retour à Oujda, fier, j'ai montré immédiatement mes chaussettes aux copains mais leur attitude m'a blessé : ils s'en foutaient, ce qui était finalement assez normal puisqu'ils ne connaissaient rien au rugby ! Sella, pour eux, ne signifiait rien. Moi, en revanche, j'ai longtemps joué en portant mon trophée, des chaussettes bien épaisses, solides, qui me remontaient jusqu'aux genoux.

*

Représenter le Maroc puis la France, entrer dans Twickenham, porter le maillot des Barbarians français ou anglais : autant d'instants symboliques chargés d'émotions. Mais se retrouver devant les All Blacks au moment du hakka dépasse tout ce qu'on peut ressentir. Il ne s'agit plus de partager l'intimité d'un joueur, même le plus célèbre, ou de pénétrer dans un stade historique. Affronter l'équipe nationale néo-zélandaise, c'est jouer face à un mythe. Ce nom, All Blacks, évoque le mystère, l'intouchable. Tandis que je restais figé, incapable de respirer, ils me faisaient face, avec leurs regards durs de combattants venus du fond des temps. Ils entonnaient le chant de guerre des Maoris, ce fameux haka. Ils le dansaient, le vivaient de tout leur corps, ensemble, à l'unisson, dans une danse rituelle censée impressionner l'adversaire. Une fois qu'ils eurent fini, j'ai passé la main dans mon short afin de bien vérifier que je possédais la testostérone nécessaire. Ce jour-là, je suis resté paralysé pendant vingt minutes...

Le temps des découvertes passé, l'émerveillement a fait place à l'intérêt. Chaque rencontre était l'occasion d'en apprendre davantage sur le haut niveau, de confronter mes idées à celles des grands joueurs que j'affrontais. Je voulais savoir comment ils vivaient leur sport, comment ils se préparaient. J'avais soif de connaissance et je ne parvenais pas à l'étancher. C'est ainsi que j'ai lié des relations privilégiées avec les Néo-Zélandais Gary Whetton, John Kirwan et Michael Jones, un véritable extraterrestre, rapide, adroit, intelligent et habité d'une paix intérieure. J'ai apprécié aussi l'Anglais Will Carling, certainement pas le meilleur trois-quarts centre du monde mais un capitaine remarquable, le plus jeune d'Angleterre, forte personnalité, capable d'exister hors du rugby. Un type détesté par certains de ses partenaires et par tous ses adversaires mais assez fort pour résister à cette inimitié. En l'observant, j'ai beaucoup appris.

Je ne tiens pas, dans ce livre, à poser la question de savoir si, à mon tour, je suis entré dans ce cénacle. Je n'ai jamais joué au rugby pour la gloire et les honneurs mais parce que ce sport me donnait la possibilité d'exprimer ma vraie personnalité, d'extérioriser mes sentiments et de trouver, au contact de mes partenaires et de mes coéquipiers, la chaleur sans laquelle un homme ne se construit pas complètement. Deux sensations très fortes, inscrites à l'intérieur, difficiles à expliquer, impossibles à faire partager, m'ont définitivement convaincu qu'à défaut de me croire un géant de ce jeu j'étais simplement un enfant de la balle. Il existe deux frissons qui ne parcourent que ceux dont l'âme est entièrement ovale, deux vibrations qui n'existent qu'au cœur d'une équipe. La peur et la fusion.

Imaginez le ventre qui se tord au moment de relever un défi au fin fond de l'Afrique du Sud ou de la Nouvelle-Zélande, au moment d'affronter non seulement la meilleure équipe au monde mais toute une nation. J'ai puisé dans les tréfonds, là où je n'étais jamais allé auparavant. Je savais que seul je n'étais rien. Il me fallait faire corps avec les autres, mes coéquipiers, mes frères d'armes, jusqu'à ce que nous ne fassions qu'un malgré nos différences et nos différends. Je sentais une force en moi décuplée. J'aurais pu mourir sur place, pour un maillot ou du moins l'idée qu'on se fait de la France, cette terre qui m'avait accueilli. Ma vie aurait pu s'arrêter tellement j'avais l'impression d'avoir accompli mon chemin sur terre. J'étais déjà au-delà de ce que j'imaginais qu'il était possible de ressentir dans une vie d'homme. J'étais transporté, dans un état second, secoué par des vibrations qui allaient des orteils à la racine des cheveux. Durant ces fractions de secondes inouïes, longues comme une éternité, j'ai appris de moi et des autres. Sans le rugby, il m'aurait sans doute fallu cent ans pour découvrir par d'autres voies ce qui s'imposait naturellement. Mon esprit a été en harmonie avec mon corps et mes partenaires, autour de moi, étaient au diapason. Je me fondais en eux. Nous étions un et chacun représentait les autres. Notre équipe était un symbole sans pour autant que chacun renonce à sa propre identité. J'ai senti que nous pouvions soulever des montagnes et nous l'avons prouvé à maintes reprises. Personne ne pourra m'enlever ces minutes rares et elles suffisent à mon bonheur de joueur.

*

Ces sensations, je les ai partagées avec des joueurs hors du commun, des partenaires avec lesquels je suis lié à vie.

Des hommes comme Louis Armary, pilier de quatre-vingt-cinq kilos mais qui, à chaque mêlée, en pesait cent vingt tellement il mettait de combativité et de volonté dans l'acte de la poussée, capable de se sublimer pour mieux se fondre dans le groupe. Au talonnage, Jean-Michel Gonzalez personnifiait la force basque, fier, tenace, discret. Ollie Le Roux, fameux pilier sud-africain, m'avait avoué que, chaque fois qu'il entrait en mêlée face à « Gonzo », il sentait une vibration le secouer du sommet du crâne à la plante des pieds, comme s'il s'était cogné sur un rocher. Tel était Jean-Michel, dur comme la pierre.

Ma première ligne ne serait pas idéale sans Christian Califano, l'incontournable. Inutile de le présenter, tout le monde le connaît. Il fait partie des figures marquantes du rugby français. Corse, toulonnais, italien, dans ses veines coulent tous les tempéraments méditerranéens. Il se rêve aussi rapide qu'un ailier, aussi créatif qu'un centre et s'imagine comme le Thomas Castaignède des premières lignes, capable de jouer aux trois postes avec de l'allure et de la vista. Il est tout simplement « Cali », le premier Français de l'Histoire à avoir disputé le Super 12, avec les Auckland Blues, la plus fameuse province de l'hémisphère Sud. Il est rentré de Nouvelle-Zélande le corps recouvert de tatouages maoris, se découvrant une nouvelle famille dont il est désormais l'ambassadeur.

Une équipe de rugby ne part pas au feu sans une solide paire de deuxième ligne. Si je devais choisir, j'associerais Olivier Roumat et Fabien Pelous, deux forts pousseurs, deux excellents sauteurs, deux caractères. Olivier, de son propre aveu, a appris à s'entraîner à l'âge de trente ans. En 1991, l'équipe de France partie en tournée aux États-Unis pour écrémer les prétendants à la Coupe du monde, des clans s'étaient formés : les Béglais, les Basques et, au milieu, ceux qui ne savaient pas où se situer. Il n'a pas fallu attendre longtemps pour que les coups de poings volent. Je me suis accroché avec Olivier mais j'ai rapidement fait abstraction de sa façade pour mieux apprécier la richesse de sa personnalité. En ce qui concerne Fabien Pelous, j'avoue être bluffé par sa capacité à lire le jeu et à s'intégrer dans tous les systèmes de jeu, quel que soit l'entraîneur. Sans compter qu'il est capable d'asséner des plaquages parfaits, malgré son immense gabarit.

Parmi les troisième ligne avec lesquels j'ai joué, j'avoue avoir un faible pour les surdoués, ceux qui manient le ballon comme des trois-quarts, qui assurent le lien entre l'avant et l'arrière. Sur ces dix dernières années, Philippe Benetton, Olivier Magne et Laurent Cabannes n'ont pas eu d'égal. Ils ont parfois joué dans la ligne de trois-quarts sans jamais être ridicules, ce qui en dit long sur leur adresse et sur leur flair. Philippe a toujours eu le sens du sacrifice. Pour moi, il est à l'image de Philippe Sella : jamais fatigué, toujours disponible. Les entraîneurs lui avaient promis qu'il disputerait la Coupe du monde 1999 : ils n'ont pas tenu leur parole, une injustice dont les médias n'ont pas assez parlé. Pour ce qui est de Laurent Cabannes, j'ai toujours été impressionné par sa façon de se préparer pour un match important : tout en décontraction, en rigolade, en dérision. Et puis, au moment où l'arbitre sifflait le coup d'envoi, il se métamorphosait. Aucun troisième ligne aile n'a apporté autant de vitesse au jeu. À chacune de ses accélérations, il laissait tout le monde sur place. « Lolo » personnifie le geste pur, la classe, l'élégance. Il est le joueur de rugby que nous aurions tous aimé être. Olivier Magne, lui, avec davantage de constance, aurait pu s'inscrire dans la durée comme le meilleur troisième ligne du monde. Dès ses débuts, il est devenu le chouchou des Français. Mais pas seulement : en Angleterre, tous les clubs souhaitaient le recruter. Je n'ai jamais compris pourquoi il est resté à Clermont-Ferrand, à se morfondre. Je le compare à un André Boniface des avants : bon à la main, bon au pied, influent dans le jeu, râleur, compétiteur et parfois individualiste.

J'ai joué avec deux des plus grands demi de mêlée : Pierre Berbizier et Fabien Galthié, deux capitaines qui ont marqué le rugby français. Pourtant, si je devais élire le meilleur numéro neuf, je choisirai sans hésiter Guy Accocéberry, au risque de surprendre et de choquer. De toute ma carrière, je n'ai jamais croisé la route d'un joueur plus intelligent que lui. Il mettait en permanence cette réflexion au service de l'équipe. Faux lent, faux maigre, quand il partait autour d'une mêlée ou au ras d'un regroupement, il me rappelait par moment le grand Nick Farr-Jones, légende du rugby australien.

À l'ouverture, qui choisir d'autre que Titou Lamaison ? Il aurait mérité soixante sélections en équipe de France. Chaque fois qu'il prenait une décision, il faisait plaisir aux avants. Personne mieux que lui n'a su faire avancer le pack, ajouter les points qui comptent au tableau d'affichage. Nous savions qu'il allait passer un drop ou une pénalité qui ferait fructifier notre travail ingrat. Il rentabilisait les efforts d'une équipe et transformait notre sueur en succès.

Au centre, pas besoin d'en discuter, il y a d'abord Philippe Sella, recordman français des sélections. Un monstre d'humilité et d'authenticité. Que ce soit un entraînement de début de saison ou un match international, il jouait tout à fond, sans s'économiser. Quand on sait qu'il a disputé dix-huit saisons au plus haut niveau, on mesure sa qualité physique. Associé à Thomas Castaignède, avec lequel il n'a pourtant jamais joué, nous nous serions régalés.

« Petit Tom » est l'héritier du « French-Flair ». Il perpétue la culture française du jeu à la main, faite d'intuition et d'imagination. Dans une équipe, il faut une star, un joueur que les enfants aiment, qui fait rêver, qui réussit des coups formidables. Thomas est celui-là, comme l'était Didier Codorniou avant lui.

Aux ailes, deux extrêmes : Philippe Saint-André et Émile Ntamack, « le Goret » et « la Panthère noire », un coquin et un félin. L'un placé pour recevoir le ballon et lire les rebonds, l'autre intouchable et magnifique. Philippe a marqué des essais que lui seul pouvait inscrire, dans des trous de souris, face aux plus grands, que ce soit David Campese ou Jonah Lomu. Émile, lui, a plongé dans l'en-but en marquant les imaginations, de sa foulée chaloupée. Je respecte aussi profondément Philippe et Émile pour ce qu'ils ont apporté en dehors du terrain. Ils ont mis leurs têtes sur le billot en novembre 1995, à Toulouse, pour que l'équipe de France soit respectée par les instances dirigeantes, pour que la nouvelle donne du professionnalisme soit prise en compte par la FFR, qui en était toujours au paternalisme. Deux grands messieurs du rugby.

Pour finir, à l'arrière, en prenant la succession difficile de Serge Blanco, Jean-Luc Sadourny est parvenu à se faire une place et un nom, ce qui n'est pas donné à tout le monde. À la fois classique dans ses interventions offensives et imprévisible dans ses relances, Jean-Luc n'a jamais pensé à briller. Chacun de ses gestes se fondait dans l'esprit collectif. Il jouait pour les autres, pour animer le jeu, pour créer des espaces au profit de ses partenaires.

Telle est mon équipe de France idéale, composée avec d'anciens coéquipiers, des complices devenus des amis. Quelques-uns d'entre eux sont entrés dans la légende du rugby, toutes générations confondues. D'autres ont plus simplement marqué leur époque. Tous, en portant le maillot bleu-blanc-rouge de l'équipe de France, lui ont versé davantage que leur sueur, leurs larmes et leur sang : ils lui ont donné un sens.

Chapitre 13

NUMÉRO HUIT

J'ai mis du temps à comprendre ce que signifiait la polyvalence, quel était le sens de ce mot et ce qu'il recelait. À mes débuts, je considérais qu'un changement de poste n'avait rien de glorieux. Pouvais-je imaginer une seule seconde que le numéro porté dans le dos allait bientôt s'effacer, tendance impulsée dès la fin des années quatre-vingt par les grandes équipes de clubs et de provinces qu'étaient Bath, en Angleterre, Auckland, en Nouvelle-Zélande et le Stade Toulousain, en France ?

J'ai porté cinq numéros floqués sur mes maillots d'Agen et de l'équipe de France : quatre, cinq, six, sept et huit, ce qui correspondait à trois positions : deuxième ligne, troisième ligne aile et troisième ligne centre. Est-ce que cela fait de moi un cas à part ? Je n'en suis pas certain. Disons plus simplement que j'ai su rendre service. Suis-je pour autant un grand joueur ? Mon palmarès n'a rien d'éloquent : une finale de championnat de France avec Agen en 1990, un Grand Chelem comme capitaine de l'équipe de France en 1997 et une finale de Coupe du monde en 1999. Autant dire pas grand-chose si l'on compare ma carrière à celle de Michel Palmié, par exemple. Je m'accorde seulement le privilège de la longévité, international marocain et français de 1988 à 2001, et joueur de rugby de 1986 à 2003 du sud au nord, c'est-à-dire d'Oujda à Londres, en passant par Cahors et Agen.

J'ai su m'adapter à tous les entraîneurs et à tous les systèmes de jeu en utilisant mes atouts physiques et en cherchant à réduire mes lacunes techniques. J'ai toujours essayé de peser sur les défenses adverses sans cesser d'exprimer ma personnalité pour le bien du groupe. Résumé en une phrase simple et courte, j'ai voulu servir mon équipe.

*

À mes débuts dans le Quinze de France, je l'avoue, jouer à trois postes différents m'a posé un problème d'ego et de reconnaissance, mes deux faiblesses. J'avais envie de m'affirmer, prouver que l'on pouvait me faire confiance, que je méritais ma place. Mais, quand j'étais repris, c'était avec un nouveau maillot, un nouveau numéro dans le dos, un rôle différent, comme si je n'avais pas assez convaincu les sélectionneurs au match précédent. Changer de position au gré des rencontres me faisait l'effet d'une sanction. Je me sentais ballotté. Être titulaire, s'inscrire dans la durée, garder son poste, voilà des attributs forts. Pour le reste du groupe, tout d'abord, cela donne un signal d'importance : le joueur repris en l'état conforte sa position de leader. Il a respecté les consignes tactiques et techniques de l'entraîneur et rempli son contrat. Il est donc indiscutable. Sa sélection ne soulève aucune polémique.

En équipe de France, à l'évidence, je ne répondais pas à tous les critères. Après chaque performance en troisième ligne centre, c'est-à-dire avec le numéro huit, j'étais remonté en deuxième ligne, poste moins exigeant techniquement et tactiquement. Appelé seulement à pousser en mêlée comme un sourd et sauter en touche, je pouvais donc, ces tâches simples remplies, m'exprimer dans le jeu, hors de toutes contraintes, quand l'occasion se présentait. Du coup, je brillais et les sélectionneurs, séduits, me replaçaient en troisième ligne, et ainsi de suite de test en test. Pour ajouter à mon inconfort, chaque entraîneur, que ce soit Jacques Fouroux, Daniel Dubroca, Pierre Berbizier, Jean-Claude Skrela ou Bernard Laporte, cadrait mon jeu dans les domaines particuliers qui correspondaient à sa mise en place tactique, que ce soit en pénétration, dans le défi physique, pour les phases statiques, au large, au près, au ras, en soutien...

Aveuglé par mes à-priori, je n'ai pas saisi sur le moment que la polyvalence était un gage de longévité. Il suffit de compulser une encyclopédie du rugby pour constater que rares sont les joueurs qui sont restés à un poste. Même Philippe Sella, Monsieur cent onze sélections, a joué ailier, centre et arrière, tout en rêvant de se retrouver un jour troisième ligne aile... Pour reprendre à mon compte la philosophie de la bouteille à moitié pleine, quel que soit le poste, j'ai joué soixante-dix-huit fois en équipe de France. Ce chiffre parle de lui-même. Il se trouve que personne, parmi les entraîneurs qui se sont succédés, ne savait vraiment quel était le poste où je pouvais le mieux m'exprimer. Ils me donnaient toujours une deuxième chance quand ma performance n'était pas aussi bonne qu'attendue.

*

Dire que durant mes premières années d'international j'étais perturbé par ces changements incessants de poste serait mentir : j'étais littéralement dévasté. Rien d'autre ne pouvait autant me dévaloriser à mes propres yeux et, pire, dans le regard des autres. J'en serais resté à cette idée du « prêt à tout, bon à rien » assez désobligeante si le jeu, par chance, n'avait pas évolué lui aussi.

Dans les années quatre-vingt-dix, des techniciens comme l'Écossais Ian McGeechan et le Français Pierre Villepreux se sont rendu compte que, mis à part pour les phases statiques – touches et mêlées –, le poste initial importait peu une fois le jeu lancé. L'important consistait à adapter les gestes et les attitudes en fonction de l'action, ce que Pierre Villepreux appellera « l'intelligence situationnelle »... À titre personnel, au carrefour des évolutions, je suis passé de la polyvalence du poste à la polyvalence du rôle, un glissement qui finalement convenait parfaitement à mes qualités. Et aussi à mes défauts.

*

Cela dit, qu'est-ce que j'ai aimé le poste de troisième ligne centre, avec son fameux numéro huit ! Le roi des postes... Tous les ballons passent par lui. En Afrique du Sud, les Springboks ont l'habitude de placer en numéro huit le meilleur joueur de l'équipe, quel que soit son gabarit. En France, aussi, le numéro huit a toujours été un joueur très technique, un manieur de ballon capable de relancer de jeu, de le lire à pleine vitesse. Un guide.

*

Il m'a fallu du temps pour me sentir enfin à l'aise dans la peau d'un deuxième ligne, joueur de devoir s'il en est. Fort heureusement, les sélectionneurs et les entraîneurs de l'équipe de France avaient bien structuré la troisième ligne, positionnant des joueurs coureurs parfaitement synchronisés en défense. Ainsi j'ai pu, durant les cinq dernières saisons de ma carrière, malgré les blessures, donner la pleine mesure de mes capacités physiques. Je n'avais plus à monter en pointe en défense. Une fois assurées les tâches naturelles d'un deuxième ligne, je vivais le reste du jeu comme un supplément fort agréable, sans contrainte ni schéma particulier à suivre.

Jouer deuxième ligne, c'est d'abord combattre et, d'entrée, pousser en mêlée, acte fondateur. En particulier dans les années soixante-dix, quatre-vingt et quatre-vingt-dix, en gros sous l'ère de Jacques Fouroux joueur-entraîneur, la France s'est forgé une identité dans cette épreuve de force collective. En effet, la mêlée n'a pas son pareil pour donner la température d'une équipe et briser les velléités adverses. Mais la poussée demande une préparation physique particulière. Il ne s'agit pas d'un geste sauvage. C'est même tout le contraire. Entre deux mêlées, jeu oblige, il faut courir sans laisser trop d'énergie dans la poussée, sans pour autant tricher. Le pilier derrière lequel pousse un deuxième ligne a besoin de sentir un soutien et, quoi qu'on en dise, ce sont de belles exigences qui forgent la considération et l'estime réciproque.

Mais les beaux sentiments n'évitent pas la fatigue. De la répétition des mêlées, un deuxième ligne sort éprouvé. Surtout si quatre ou cinq mêlées se sont successivement écroulées sans qu'il puisse sortir de l'étau. Quand je parvenais à m'extraire du magma, j'étais souvent pris de vertiges pendant quelques secondes. Ma tête tournait comme un manège, et mes jambes tremblaient, tétanisées par l'effort. Enchaîner sans temps de repos le feu roulant des mêlées et la brûlure des courses au large me demandait une condition physique irréprochable. Et pas seulement cardio-vasculaire : il me fallait, rude école, me faire violence mentalement, c'est-à-dire ne jamais céder à l'abattement, à la fatigue, au renoncement. Auquel cas, j'avais trahi.

Un deuxième ligne n'est jamais seul. Ce qui a des bons et des mauvais côtés. J'étais lié au propre comme au figuré par mon frère, l'autre deuxième ligne, et impliqué dans la poussée de mon pilier placé devant moi comme la proue d'un navire. Tout donner signifiait tout donner pour les autres, mon frère et ma proue. En plaçant mon dos bien droit, je ne pensais pas à moi mais à bien transmettre à mon pilier les forces de la poussée collective afin qu'il sorte vainqueur de son duel. Lui seul savait ce que j'avais mis dans ma poussée et la petite histoire des équipes de rugby regorge d'anecdotes où il est dit que les piliers, d'une moue, pouvaient faire ou défaire la carrière d'un seconde ligne.

Pour son dernier match international, Pascal Ondarts m'avait « aux fesses ». Le dimanche précédant le test, j'avais marqué un essai en position d'ailier, courant comme un cabri. Alors lui, pilier basque de devoir, m'avait pris à part et m'avait dit : « Écoute, je ne te connais pas. Je vais terminer ma carrière, tu vas commencer la tienne. Je ne voudrais pas garder un mauvais souvenir de toi, tu comprends ? » Inutile de vous dire que, ce jour-là, j'ai poussé comme une bourrique.

D'ailleurs, l'âge d'or du rugby français correspond à une période bien précise : celle où l'arrière venait s'intercaler, où les centres croisaient leurs passes et où le troisième ligne centre rayonnait. Disons l'époque où Pierre Villepreux, Jo Maso, Jean Trillo et Walter Spanghero se retrouvaient ensemble, à la fin des années soixante, sous le même maillot. Puis Jean-Michel Aguirre, Roland Bertranne, François Sangalli et Jean-Pierre Bastiat en 1977 et, plus près de nous, Serge Blanco, Philippe Sella, Denis Charvet et Laurent Rodriguez dix ans plus tard... Les caractéristiques fondamentales du rugby « à la française » sont tout entières regroupées dans cette alchimie. Le « French Flair » a révolutionné ce jeu conçu par des Anglo-Saxons en apportant une touche tactico-technique, l'art de la passe devenant premier.

*

Enfant, j'aimais toucher le ballon, le sentir tourner dans mes mains, m'évader avec. En grandissant, rien n'a changé. La balle est toujours indissociable du plaisir de jouer. Et quel poste est mieux situé que le troisième ligne centre pour saisir ce bout de cuir tant convoité ? Je ne pensais qu'à courir en le portant. Je me grisais, emporté par mes pulsions individualistes. Je privilégiais trop souvent le défi individuel au détriment du combat collectif, la rage à la lecture du jeu. Les saisons marocaines, pleines de naturel, revenaient au galop. Alors, entre le poids de l'abnégation et les éclats, entre deuxième ligne et troisième ligne centre, le meilleur compromis de la raison et du cœur m'a poussé à l'aile de la troisième ligne, dans ce côté fermé qu'il faut verrouiller, en complément de coureurs comme Laurent Cabannes, Philippe Benetton ou Marc Lièvremont, capables mieux que moi de passer la balle ou de sprinter vers les ouvreurs adverses afin de bloquer l'attaque menaçante.

Je n'avais qu'un petit rayon d'action à couvrir du mieux possible, sentinelle de l'espace restreint entre le bord de la mêlée et la ligne de touche, quinze mètres à garder avant d'imaginer quoi que ce soit d'autre. Cette période durant laquelle je me suis le mieux exprimé a correspondu aux années où Pierre Berbizier, mon ancien partenaire du SU Agen, entraînait l'équipe de France, c'est-à-dire entre 1993 et 1995, mes années les plus abouties. Avec Pierre, nous communiquions beaucoup. Je ne crois pas qu'il focalisait son système sur moi, mais ce qu'il avait mis au point me facilitait considérablement la tâche. Il savait que je ne m'exprimais jamais aussi bien qu'en étant libre. Je me plaçais systématiquement dans le côté fermé sur les mêlées adverses et systématiquement sur le côté droit sur nos introductions afin de caler ce côté de la mêlée. En dehors de cela, j'avais pour objectif de capter les renvois avec la plus grande détermination possible et de me placer derrière les trois-quarts pour perforer la défense sur quelques bonnes combinaisons. Pour le reste, carte blanche, tout à l'inspiration, dans l'instant. Un pur bonheur. Il me restait assez d'énergie après les phases de conquête pour intervenir dans la ligne, pénétrer, fixer les défenses, libérer le ballon et recommencer à la première occasion. En retrouvant mon naturel, j'étais devenu l'électron libre, le libero du pack.

L'expérience n'a pas de prix. Il m'a fallu attendre plusieurs saisons avant de comprendre combien, jeune international ambitieux, j'avais fait preuve d'arrogance. L'orgueil m'avait corrompu. Qui étais-je pour choisir mon poste ? Un gamin aveuglé par ses certitudes et finalement fragile, en quête permanente d'affirmation. Il m'aurait fallu abandonner toute prétention d'évoluer au poste de troisième ligne centre. Au moins, me donner du temps pour apprendre, surtout en regard du niveau technique qui m'était demandé. Peut-être, avec cinq ou six matchs d'affilée porteur du numéro huit, aurais-je pu m'améliorer. Mais qui peut se payer le luxe de demander quoi que ce soit en équipe de France ?

Comme l'ouvreur ou le demi de mêlée, le troisième ligne centre est avant tout un stratège. Il joue pour les autres. Après Walter Spanghero, je me demande souvent lequel a marqué son époque en tant que numéro huit ? Il y eut de bons joueurs, Jean-Pierre Bastiat, Jean-Luc Joinel, Laurent Rodriguez... mais peut-on dire qu'ils resteront dans la mémoire collective comme Walter ? Imanol Harinordoquy en prend le chemin mais la route est longue. De tous ceux qui sont passés à ce poste, Walter Spanghero demeure la figure la plus charismatique et la personnalité la plus attachante. Comme lui, le numéro huit reste mythique. Pas besoin d'aller chercher plus loin, c'est uniquement pour cette raison que j'ai voulu absolument y jouer.

Mon frère Youssef, avec une de mes tantes, Fatiha, lors d'une fête religieuse à Oujda, en famille. J'ai deux ans. Pour ma mère, qui la garde précieusement, cette photo est un véritable trésor.

Dans le patio, durant la cérémonie, mon père Mohammed, entre l'aîné Abdelkader et moi, lors du mariage de mon frère, en 2000. En regardant cette photo, j'ai à chaque fois la gorge nouée. Les mains de mon père sont dans les miennes. Ses doigts parlent et racontent son amour.

Reda, Khalid, Youssef, moi, Siham et Abdelkader. Seul manque Ahmed. Frères et sœur au rendez-vous, sur la place de Saïdia, à cinquante kilomètres au nord d'Oujda. Enfants, nous y passions les trois mois d'été.

Avec l'équipe nationale marocaine, à Tunis, pour un match FIRA. Mes amis sont là, Zaoui, Benchik, Mesror et les Marrakchis.

En 1986, lors du derby d'Oujda entre l'USO, mon club, et le MCO. En action lors d'une touche. Avec Abassi, Basri et Ouchen.

Lors de la finale de championnat à Oujda, en 1987, contre le Casablanca Olympique Club.
La photo est prise à la mi-temps, et je suis entouré de Benchik, Ouchen et Mocktani

26 mai 1990, avant le coup d'envoi de la finale du championnat de France entre mon club, Agen, et le Racing CF, au Parc des Princes. Je ne suis en France que depuis deux ans et je serre la main du président de la République, François Mitterrand. Ce jour-là, j'ai été frappé par la magie du sport qui relie les hommes, d'où qu'ils viennent.
Je me sentais à la fois consacré et touché.

9 avril 1993. Footing de pré-saison à Saïdia. L'Algérie commence dans les montagnes situées derrière moi.
Ma mère y a encore des parents et des cousins.
Pour embrasser la famille, il nous arrivait de payer le garde-frontière pour qu'il nous laisse passer derrière le grillage.

Noël 1993. Les retrouvailles à Oujda, lors d'une séance d'entraînement. J'écoute Souilmi, mon éducateur de toujours. Mes racines sont ici, dans ce club qui m'a formé.

Page de droite :

1- 3 juillet 1994. Dans le vestiaire, après notre victoire en série de tests contre les All Blacks. Un moment historique. Ce groupe, c'est mon équipe du cœur. Nous sommes davantage qu'une équipe, plutôt une bande de copains. On se retrouve tous les ans pour fêter cette tournée de 1994 en Nouvelle-Zélande. Nous sommes liés pour la vie.

2- 17 juin 1995. La fameuse demi-finale de Coupe du monde Afrique du Sud - France, à Durban. Il n'y a pas dix centimètres entre le ballon et la ligne. Pas cinq, pas un. La ligne, elle est là, devant moi, et le ballon est posé dessus. Ça se voit à l'œil nu. Mais cet essai a été refusé. On ne réécrit pas l'Histoire.

3- 6 juillet 1996. Avec Philippe Sella et Philippe Saint-André, durant le match de gala entre l'équipe de France et une sélection mondiale. Pour ses adieux à Armandie, Philippe Sella m'a fait l'honneur de me compter dans son équipe. Un choix qui signifie beaucoup pour moi.

4- 15 mars 1997. Nous venons de décrocher quelque chose de fort, à savoir un Grand Chelem dans le Tournoi. Le sixième de l'histoire du rugby tricolore. Cela faisait dix ans que l'équipe de France attendait ce moment. C'est tellement fort ! Je suis fier d'être le capitaine de cette équipe. Surtout pour le dernier match international disputé au Parc des Princes. Le stade méritait bien ce trophée.

5- 25 octobre 1997, à Tarbes, à l'occasion d'un test contre l'Argentine, en Coupe Latine. Cette action symbolise mon jeu. J'ai toujours cherché à avancer. Je suis à cinq mètres de la ligne d'essai adverse et je ne la quitte pas des yeux. Il me semble bien que sur cette action, je vais marquer.

6- 6 novembre 1999, à Cardiff, face à l'Australie. L'action qui peut changer le cours de cette finale de Coupe du monde ! J'ai marqué l'essai en coin. Mis à part deux Australiens interloqués, tout le monde est en joie autour de moi. J'aime le geste de Raphaël Ibanez. Même les supporters néo-zélandais, vêtus de noir, applaudissent. Cette photo résume ce qu'est le rugby, c'est-à-dire une communion. C'est pour des moments comme celui-ci que l'on joue. Malheureusement, l'arbitre va me refuser cet essai.

2

4

6

6 novembre 1999, à l'issue
de la finale remportée
par les Wallabies, 35-12.
L'angoisse m'étreint.
Je sens un grand vide derrière
cette finale. J'avais peur de rentrer
chez moi et de retrouver la solitude.

9 mars 2000. Martine Aubry
me remet la Légion d'honneur,
au titre de membre du Haut Conseil
à l'Intégration. Moment de fierté
et de bonheur, entouré de Faudel,
mon ami Zaoui, Martine Aubry
et Cheb Mami.

20 mars 2000. Le lendemain
de France-Irlande. J'ai l'impression,
très modestement, d'être un trait
d'union entre la France et le Maroc.
Il s'agit de la première visite,
très symbolique, du jeune
roi Mohammed VI. Je suis comblé,
rempli de paix, de sérénité et d'union.
Tout passe dans les regards.
Je me souviens encore de chaque
instant. Même si la cérémonie
a duré deux heures, pas une seconde
ne m'a échappé.

25 août 2001, au stade Armandie d'Agen.
J'ai beaucoup de respect
pour François Pienaar, l'ancien capitaine
des Springboks champion du monde,
devenu mon entraîneur à cette époque.
Ce respect est mutuel.
Dans mon contrat, j'avais demandé
à ce que soit organisé un match de gala
entre les Saracens et Agen,
au profit de mon ancien club.

13 octobre 2001, à Londres.
J'ai le sentiment de commencer
une nouvelle vie, de trouver enfin
l'équilibre. Pour la première fois,
le rugby n'est plus ma priorité.
Deux ans plus tard, Sandrine
et moi allons nous marier.
Cette photo me plaît car
c'est une des rares où je montre
mes sentiments, moi qui suis
d'habitude très pudique et discret.

Saracens-Leicester. 27 octobre 2002.
Face au deuxième ligne et capitaine
du Quinze d'Angleterre, Martin Johnson,
ici avec son club, Leicester.
Je n'ai pas été surpris que les Anglais
deviennent champions du monde
l'année suivante. Ils ont préparé
leur affaire dès 2001. Le rugby anglais
est basé sur la puissance.
Il faut beaucoup de force morale
pour s'imposer. C'est un rugby propre,
intense mais sans violence.

Mon dernier match de rugby. Je viens de mettre un terme à ma carrière. Je porte le fez, ce couvre-chef d'origine turco-mauresque sur lequel est inscrit : « Abdel, all the best ». Nous sommes tous réunis dans le club-house des Saracens. Sandrine, dans un bel élan d'amour, a organisé une fête pour marquer l'événement.
Mes amis d'enfance et ma famille ont fait le déplacement. Sous l'émotion, je craque.
Une période de ma vie se termine, une autre commence.

Chapitre 14

L'HOMME DU DÉSERT

À trois cents kilomètres au sud d'Oujda, Figuig abrite les plus belles palmeraies du Maroc, là où s'ouvre la porte du désert. Dans cette enclave difficile d'accès, inconnue des touristes et oubliée des autorités, se trouvent les origines de la famille Benazzi. Étendue parsemée de hameaux distants les uns des autres de quelques kilomètres seulement, cette constellation de villages n'a pas de véritable unité. Un chef spirituel règne sur chaque petite communauté, laquelle se flatte de posséder ses particularismes et son identité. Pour la plupart, ces hameaux sont construits sur des hauteurs. Ainsi, le voyageur peut profiter d'une vue sans pareille sur l'immensité qui commence à ses pieds.

Au fil du temps s'est formée une relation intime entre le paysage et les êtres qui vivent sur cette terre. Au gré de mes retours de France au Maroc et de mes voyages vers Figuig, j'ai apprécié des beautés particulières, une forme de pureté que je n'ai jamais trouvée ailleurs. À cet endroit, l'humain se fond avec la terre, l'épouse, en recueille l'essence. De nombreux sites archéologiques laissés à l'état sauvage et naturel parlent de nos ancêtres. Dans la continuité de cette communion, les habitants se recentrent sur des valeurs portées par la famille, sur leurs convictions religieuses, et cette façon de vivre débouche sur un des piliers de leur société, à savoir la solidarité devant le dénuement. Ici, elle atteint des paroxysmes, ancrée dans les mentalités. Les gens de cette région se débrouillent seuls. Parfois, à intervalles réguliers, un chef spirituel apporte sa sagesse, venue d'ailleurs, de plus loin, et repart. Mais la vie quotidienne déroule son fil dans l'intimité des hameaux excentrés.

D'une grande modestie, d'une touchante humilité, l'habitant de Figuig est fidèle à ses racines. Ceux qui quittent le pays n'oublient jamais leur région. Ils envoient régulièrement des dons, ou récoltent des fonds pour aider leur communauté, ce qui correspond parfaitement à la façon qui leur a été enseignée de pratiquer la solidarité.

Pour se rendre à Figuig, il n'existe qu'une seule route, grande ligne droite goudronnée par endroits mais garnie d'ornières, à n'emprunter que l'été, car l'hiver, à cause des crues, le chemin est souvent coupé. Pas question alors d'avancer, de se risquer à braver le sort contraire : il est plus sage d'attendre et de prendre son mal en patience jusqu'à ce que quelqu'un se porte à votre secours, alerté de votre infortune ou passant par chance.

On ne rejoint jamais Figuig par hasard, car ce voyage, volontaire, tient d'abord de l'expédition. Avant de m'y rendre, mon père m'avait tellement parlé de ses expériences que j'en étais imprégné. Je connaissais le moindre recoin, j'avais mémorisé le trajet. Quand j'y suis enfin allé par mes propres moyens, j'ai découvert autre chose que ce que j'avais imaginé. Même par cœur, je ne savais rien... Rien ne vaut nos propres rendez-vous.

*

En juin 1992, j'aurais dû m'envoler pour l'Argentine avec l'équipe de France, en tournée. Mais j'en étais privé, puni pour avoir voulu me faire justice sur un terrain de rugby. L'épisode est connu. Lors d'une demi-finale de challenge Du-

Manoir, compétition censée valoriser le fair-play, nous affrontions Toulon et, copieusement insulté par un de mes anciens coéquipiers en équipe de France, je n'ai pas pu résister à l'envie de lui flanquer mon poing dans la gueule. Sur le coup, l'arbitre nous expulsa tous les deux. Pour mon adversaire, cette sanction n'avait pas grande importance. Pour moi, si ! Pierre Berbizier, alors entraîneur des Tricolores, me priva d'équipe de France. Les circonstances ne pouvaient pas lui donner tort, même si c'était à mon détriment. Après l'expulsion de Vincent Moscato et de Grégoire Lascubé au Parc des Princes contre l'Angleterre dans le Tournoi 1992, Pierre souhaitait plus que tout redorer l'image du rugby français en renforçant la discipline. À ses yeux, les internationaux devaient donner le ton. Nous étions prévenus et, pris par la patrouille, j'ai servi d'exemple, contraint de rester à quai. Même si je n'ai rien laissé paraître, cette double sanction m'avait profondément vexé. Pour ne pas ruminer devant ma télévision en regardant les deux test-matchs, je suis venu me ressourcer au Maroc, accompagné par un de mes frères et deux cousins. Nous avons décidé de partir à l'aventure découvrir de nouveaux paysages et de pousser notre voyage jusqu'à la porte du désert.

J'avais choisi cette destination pour oublier mes mésaventures, effacer de mon esprit la sanction sportive qui me privait de ma passion pour n'avoir pas accepté l'injure raciste. Je me sentais victime d'une injustice, une de plus, et il n'y avait qu'un retour au pays pour me remettre d'aplomb. Mais pas n'importe quel voyage. Nous sommes donc descendus du Nord pour finir au Sud en nous arrêtant un peu partout en chemin, en prenant le temps de flâner, le temps de la paresse, le temps de sentir et de nous imprégner.

Nous avons roulé vers Zagoura, au sud de Ouarzazate, après avoir suivi les vallées. Après Marrakech, il nous fallait traverser un bout de l'Atlas pour atteindre la dernière et immense vallée, à l'est, au-delà de laquelle, au terme d'une journée et demie de voiture, se dessinait l'immensité.

Sans prévenir, le sable est devenu rouge. Puis, comme s'il était âgé et fatigué, la teinte tourna au roux. Je n'avais jamais vraiment accordé d'importance à ce changement. Mais rien d'autre, désormais, n'accaparait mon attention. Je me suis mis, sans m'en rendre compte, à regarder ce sable, jadis tellement proche qu'il me semblait invisible à force d'omniprésence. Il avait toujours été autour de moi, ses couleurs inscrites dans mes rétines. Revenu, à la faveur de ce voyage vers le désert, je redécouvrais donc une partie de ce qui m'avait été tellement familier.

Nous avons commencé par traverser d'immenses champs désolés de pierres. Rien d'autre que des cailloux, gros et petits, à perte de vue. Et cette impression d'abandon. Une terre oubliée devenue sèche et aride où plus aucune végétation ne poussait. Quelques arbres rabougris luttaient pour survivre. Leurs corps, tordus, témoignaient des efforts consentis. Un tas de sable s'élevait au détour du chemin. Puis deux. Une première dune montait devant nous, puis une autre, sans que nous y prêtions attention. La route et le paysage ondulaient.

La voiture tanguait et se mit à ralentir au milieu d'une poignée de palmiers. Quelques kilomètres plus loin, l'horizon se remplissait de sable. Nous étions enfin dans le désert. Happés. Avalés plutôt. Sans pouvoir ni vouloir en partir. C'est alors qu'un berger croisa notre chemin.

Cet endroit ne correspondait pas à l'idée qu'on se fait du désert central, qu'il soit africain ou australien, où le voyageur ne voit pas âme qui vive pendant des jours et des jours. Le nôtre est peuplé de nomades, habitants itinérants et inlassables, véritables propriétaires des lieux, impressionnants de calme et de lenteur maîtrisée. L'univers qui les entoure dépasse la simple vision. Tous leurs sens sont imprégnés et passent par-dessus des plans successifs pour entrer dans cette autre sphère qu'est la spiritualité. Du moins est-ce l'impression qui s'en dégage. Ils peuplent ce désert et ne font qu'un avec lui. Ils portent en eux l'immensité de cet océan sec. Ce qui n'est pas le cas de ceux d'entre nous qui, n'ayant jamais vu le désert, ni senti sa brûlure, encore moins frissonné à la fraîcheur du soir, saoulés par l'infini déposé devant leurs yeux, écrasés par le silence, se retrouvent littéralement dévorés par l'immensité, absorbés par le mystère de cet univers incomparable.

Mon enfance avait été bercée par des récits où il était question de merveilles, d'oasis, de sites naturels enchanteurs. Mais je n'avais jamais eu l'occasion de les admirer. Il me fallait combler ce vide. À moi donc les montagnes, les vallées et les déserts ! Mais davantage que des paysages, j'avais envie de rencontres. Regarder ne pouvait plus me satisfaire pleinement. Je savais, fort de mon expérience de joueur de rugby itinérant, que le plus important n'est pas de voir mais d'écouter.

Dans ce désert, ultime destination de notre voyage, nous n'étions pas seuls. Sortis du sable, les nomades nous accompagnaient en silence de leurs gestes lents. Ils se déplaçaient à la recherche d'un nouveau point d'eau et d'un peu de nourriture pour leurs animaux. Ils installaient leurs tentes et, sans forcer l'harmonie des choses, nous signifiaient que notre place était auprès d'eux. Un accueil simple, chaleureux, sans aucune arrière-pensée, qui nous frappait par son naturel. Il nous a suffi de croiser une famille pour être entraînés dans une nouvelle direction. Dans ce sillage ainsi tracé suivaient des chameaux, des chèvres et des ânes chargés de bagages. Nous ne voulions pas gêner, juste observer. Mais, ce soir-là, nous nous sommes surpris à aider, à planter les tentes. Et nous sommes restés trois jours.

*

Après s'être occupé de ses animaux, peu avant le coucher du soleil, l'homme s'est enfin assis à même le sol, pour la première fois de la journée, entouré de ses enfants. Il nous servait le thé, noir, sans menthe. Un thé macéré, au goût très fort. Une parole amenait l'autre et je l'écoutais. Je le regardais. Ses mots glissaient, faciles. Comme si tout ce qu'il avait absorbé en lui pendant des années, dans un long silence, trouvait l'occasion, à notre contact, de ressortir. Les phrases s'enchaînaient, bien liées. Il sentait nos envies, notre soif de partage, de la même façon qu'il devinait ce qui se passait de l'autre côté de la Méditerranée sans jamais y avoir mis les pieds, sans savoir à quoi pouvait bien ressembler la partie du monde où il n'était pas. Des ondes venues du nord, de l'Occident, des échos diffus lui parvenaient le soir des quatre coins de la planète et lui apportaient des éléments de réflexion. Nous le questionnions et ses réponses nous étonnaient par leur limpidité.

Avec des phrases brèves, apaisantes, dépouillées, il nous parlait de la sagesse de l'homme qui doit toujours prendre le dessus sur les problèmes, les soucis, les conflits. Analphabète, sans instruction et illettré, il nous fascinait par sa connaissance des êtres et de la nature qui l'entourait. Sans efforts apparents, laissant glisser sa pensée, il apportait une réponse immédiate à mes interrogations existentielles. Comme s'il lisait à l'intérieur de mon esprit. À son seul contact, je me sentais apaisé. La déception née de ma mise à l'écart, les plans que j'échafaudais pour revenir en équipe de France, les remords que je traînais derrière moi me rongeaient mais il me recentrait sur l'essentiel. J'aurais peut-être pu trouver la sérénité seul, confronté à la nature, mais mon manque d'expérience de la vie – en 1992, je n'avais que vingt-quatre ans – ne me permettait pas de faire le point avec moi-même et, d'une simple remise en question, de descendre dans les profondeurs de mon être. Je ne possédais pas les outils pour trouver les bonnes réponses. Avec mon vécu bien mince, il fallait donc que je m'assoie aux côtés d'un homme de plus de soixante ans, jeune d'âme, bon, généreux, dont la seule occupation consistait à faire vivre sa famille en trouvant à manger au jour le jour et qui communiquait avec des mots simples en regardant le ciel et les étoiles.

*

En sortant du désert, constater combien j'avais relativisé les petits tracas de mon existence est peu dire. Je venais de respirer une formidable bouffée d'oxygène et de prendre une magnifique leçon de vie. Bien sûr, en revenant dans le monde que j'avais quitté, la force de l'habitude a retrouvé rapidement son cours. Mais il m'est souvent arrivé de repenser aux instants passés avec cet homme et sa famille, dans le désert, surtout lorsqu'il me fallait puiser un peu de sagesse et prendre du recul. Ce voyage et cette rencontre restent un des moments les plus importants de mon existence. Ils m'ont beaucoup servi quand la saison de rugby a repris. Je devais trouver la bonne attitude et me positionner comme titulaire dans une équipe de France que j'avais quittée par la petite porte. Je m'apprêtais à vivre une période particulièrement importante de ma carrière : en octobre, la France accueillait pour la première fois depuis presque vingt ans les Sud-Africains et mes anciens coéquipiers sortaient en cette année 1992 d'une victoire en série de tests contre les Pumas en Argentine, un exploit suffisamment rare pour être signalé. Je n'étais pas seul en lice pour briguer un poste de seconde ligne, Olivier Roumat, Thierry Devergie et Christophe Deslandes comptaient eux aussi s'imposer.

À la lumière de ce que j'avais vécu et entendu dans le désert, j'ai décidé de garder de la réserve et de l'humilité, de ne rien affronter de façon impulsive. J'ai compris qu'il ne suffisait pas de jouer sur la force. Que je ne maîtrisais pas mon environnement et les choix des sélectionneurs. Qu'une carrière internationale monte et descend à toute vitesse et que je devais me préparer à encaisser de la même façon les honneurs et les déceptions.

Je me souvenais de la joie immense de cet homme sous le ciel étoilé, et de son dénuement. Il avait sorti pour nous son unique richesse : une théière en argent. Notre repas du soir se composait de légumes et de pain cuit dans le petit four qu'il avait construit à même le sol, des mets simples d'un goût fabuleux ! Ce repas était avant toute chose un supplément à la vie car nous mangions d'abord ses paroles, avant de boire le calme de cette nuit.

Les quêtes sont souvent les mêmes, quel que soit l'endroit où nous les effectuons. J'en connais qui traversent l'Atlantique à la voile ou descendent dans le Grand Canyon du Colorado. Le désert, lui aussi, recèle des mystères. J'ai voulu m'y perdre, en tout cas laisser couler mon âme entre les dunes, me placer en situation d'absence totale et peut-être ne pas repartir. Me faire oublier, disparaître. J'avais surtout besoin de retrouver le calme et la sérénité qui m'avaient déserté. Entre 1988 et 1992, ma vie s'était accélérée sans que je puisse vraiment maîtriser ce qui m'arrivait. Plus tard, quand il a fallu traverser de nouvelles épreuves, j'ai imaginé revenir au même endroit puis m'enfoncer plus loin, explorer davantage l'intérieur jusqu'à ne plus retrouver mes traces. Mais j'ai renoncé à cette fuite en avant. Je me sentais capable de puiser en moi assez de sagesse et de force pour faire front. Ce qui est sûr, en revanche, c'est que je repense à cette rencontre chaque fois que je retourne au Maroc. Je me demande ce qu'est devenu cet homme du désert. Je le revois encore assis devant le feu, sa théière d'argent à la main. Digne et silencieux.

*

Il descendait des ambulants. Originaire de Mauritanie, pas loin de la frontière du Mali, il se déplaçait en suivant son inspiration, à la recherche de nourriture, d'eau et de végétation. Partir était inscrit dans ses gènes, et devenait un besoin vital. Il était père de trois enfants et son épouse le suivait comme son ombre. Derrière eux, un troupeau de chèvres, deux dromadaires et des ânes. Que pouvait-il bien trouver dans ces champs de pierres et de sable ? L'espoir, nous avait-il répondu. La force de croire qu'un peu plus loin, ailleurs, il pourrait continuer à nourrir sa famille. Chaque jour était pour lui un don et, humble, il n'attendait rien d'autre de la vie. En se déplaçant ainsi, régulièrement, il ne faisait pas que chercher, il s'imprégnait aussi de ce qu'il voyait et s'en inspirait. De temps en temps, il trouvait un marché sédentaire, vendait quelques chèvres et achetait de la nourriture. Voilà ce que nous savions de lui, mes cousins, mon frère et moi.

Il n'était pas curieux de nous. Il nous posait peu de questions et n'avait pas envie de savoir avec précision ce qui se trouvait de l'autre côté de son univers. Au fil de la discussion, ce sont ses paroles à lui qui nous absorbaient. Les nôtres n'attisaient pas sa curiosité. Il parlait doucement, lentement, entrecoupant ses phrases de longs silences que nous ne voulions pas rompre. Son monologue nous berçait. Il nous faisait partager sa vision de l'univers, une logique simple et juste au contact de laquelle nous avons compris combien nous avions accepté de compromis, à quel point nous avions laissé les gens piétiner certaines de nos valeurs sans nous en offusquer. Soudain, ce qui avait de l'importance à mes yeux devenait facultatif. J'ai pris conscience que la corruption et la tentation, par exemple, avaient effrité les fondations de la société idéale dont j'avais rêvé.

Je me suis longtemps demandé si l'homme du désert, placé dans le contexte qui est le mien, aurait été capable de rester lui-même. Mais c'était une mauvaise question : il n'était pas à la recherche de ce qui me paraissait, à moi, important. Il n'était pas du tout attiré par ce que nous vivions. Il était à mes yeux au-dessus de nous justement parce qu'il vivait dans son désert. Il avait décidé de garder la même existence qu'avaient eue ses parents et se promettait de l'offrir en retour à ses enfants. Parachuté dans une société occidentale, il n'aurait pas pu trouver les sources d'inspiration qui étaient les siennes. Sans doute en aurait-il trouvé d'autres, mais pas celles qui assuraient la continuité de sa lignée.

Par curiosité, j'ai parlé de tout cela avec lui. Je lui ai même demandé : « Pourquoi ne vas-tu pas t'installer dans la ville proche ? » Il m'a répondu qu'il s'y sentait perdu, qu'il pourrait se laisser mourir dans un coin de rue. L'éducation que ses enfants pouvaient recevoir n'était pas une perspective assez forte pour l'obliger à quitter le désert et sa vie nomade. Ses enfants, disait-il, étaient instruits d'autres connaissances que celles que l'on enseigne sur les bancs d'une école. Et la nature qui l'entourait, encore intacte et inconnue de la plupart des hommes, lui permettait de construire son existence. Il craignait seulement qu'un jour ce monde du désert commence à son tour à être pollué. Alors les hommes comme lui et ceux qui suivraient derrière, c'est-à-dire ses enfants, ne pourraient plus puiser dans ce qui fait leur richesse, ce rapport d'équilibre avec le milieu naturel. Il souriait de savoir que les endroits très retirés où il s'installait pour quelques jours n'intéressaient heureusement que les amoureux du silence.

Les hommes des déserts, sur tous les continents, tissent sans bruit le lien des civilisations. Ils nous demandent en retour de ne pas troubler leur tranquillité. Quand, chargé de tracas, je suis allé vers lui, j'avais envie d'apprendre et, à aucun moment, je n'ai souhaité lui imposer mon point de vue, affirmer que mon mode de vie était meilleur que le sien. Je ne voulais pas dominer sa pensée. C'est d'ailleurs pour cela que nous nous sommes si facilement trouvés après nous être rencontrés. Nous étions assis entre l'Orient et l'Occident, ce qui m'a ramené à ce que je vivais au carrefour de sociétés différentes. Il m'a donné la force de croire que le brassage des civilisations est inéluctable, au prix de beaucoup de sacrifices et de douleur, certes, mais qu'il ne peut pas en être autrement. Derrière les catastrophes que nous vivons, ces guerres et ces morts, se trouve un message, forcément. Rien de ce qui blesse n'est vain. La finance, l'économie et la politique ne sont pas les seuls critères de jugement. À un moment ou à un autre, l'universel l'emportera. Quand on aura compris qu'il n'y a pas plus dangereux que de regarder le monde avec les yeux d'une seule culture.

Chapitre 15

AUJOURD'HUI, LE MAROC

Les pays du Maghreb, issus du même creuset, se distinguent par de subtiles particularités, de minces divergences et je pourrais facilement me sentir partout chez moi puisque celui qui a posé ses pieds sur tous les continents fait tomber facilement les barrières. Mais plus je reviens au Maroc, maintenant que le rugby ne me retient plus en France onze mois sur douze, plus je me rends compte combien ce pays est ancré en moi et coule dans mes veines. J'ai vécu longtemps en Europe, je suis français de cœur, mais une partie de mes racines profondes ne peut s'arracher et reste en terre.

Même lorsque j'étais loin du Maroc, je n'ai jamais perdu le contact avec mes origines. C'est ainsi que j'ai vu le pays évoluer, lentement certes, mais évoluer tout de même. L'arrivée au pouvoir du prince héritier Mohammed VI, le 30 juillet 1999, a ouvert la voie à de nombreuses avancées sociales et politiques, comme la création de l'Instance de l'Équité et de la Réconciliation, la reconnaissance du mouvement berbère, l'élection de trente-cinq femmes au Parlement en septembre 2002, les lois antiterroristes de mai 2003 et le Code de la famille voté à l'unanimité en janvier 2004, qui instaure l'égalité juridique de la femme et de l'homme.

Ces développements, jugés naguère impossibles, ouvrent

des brèches intéressantes pour l'avenir en même temps qu'ils expriment la forte volonté royale de placer le Maroc entre l'Occident et l'Orient, comme un trait d'union. Depuis que le monde s'est de nouveau embrasé, secoué par des attentats terroristes un peu partout, que ce soit à New York, Casablanca, Madrid, mais aussi en Arabie Saoudite et en Irak, le Maroc, qui a payé son tribut de victimes dans cette flambée de violence aveugle, devient plus que jamais une porte ouverte entre deux mondes.

Timide au départ, ce changement s'est affermi, et son principal mérite est de maintenir à l'intérieur du pays un équilibre vital entre la tradition et le modernisme, douloureux à assumer parfois, mais nécessaire. Nous ne pouvons pas gommer d'un seul coup notre passé, il nous revient toujours au visage. Et pour ceux que le futur inquiète, les valeurs anciennes sont un refuge qu'il faut savoir aussi respecter. Évolution ne veut pas dire révolution. Au Maroc, la religion demeure présente à chaque heure de la journée, ancrée dans les gènes, presque institutionnalisée. C'est pourquoi des décisions modernes comme le droit de vote, la place des femmes dans la société, la pluralité politique, l'accueil de capitaux et de compagnies étrangères, les choix industriels, économiques et financiers heurtent de plein fouet certaines de nos traditions et génèrent de ce fait des comportements de rejet ou, au mieux, des tiraillements.

Le Maroc est actuellement partagé entre le respect du passé et le regard vers l'avenir : il ne veut pas trahir son histoire mais souhaite aussi entrer dans le cercle des grandes nations de progrès. Les cassures, si maîtrisées soient-elles, ne se font pas sans douleur. C'est le prix à payer de l'ambition. Le Maroc est un chantier formidable qui doit montrer au monde qu'il est possible de rapprocher les cultures. Mon pays négocie en ce moment un tournant économique majeur. C'est pourquoi il est impératif de gommer les intérêts particuliers au profit de la flamme nationale. Notre jeunesse demande à s'impliquer, à s'engager, à s'investir. Elle n'en peut plus de se sentir étouffée. De mon côté, je ne peux pas me contenter de voir le Maroc confiné dans le tourisme. J'aimerais que tout le monde sache que mon pays est beau, fort d'une histoire millénaire et d'une culture remarquable. J'aimerais que toutes ses richesses soient partagées en proportions équitables, en fonction du niveau économique et social de chacun. Mais pour que le pays grandisse, les moyens financiers ne suffisent pas, ils doivent être guidés par une volonté faite de force et d'ouverture d'esprit, par une réflexion capable de peser l'importance et l'intérêt des actions à mener. Si le Maroc, comme il le prouve depuis 2001, est capable d'emprunter la voie maîtrisée du modernisme, d'autres pays musulmans suivront son exemple et toute la gloire retombera sur le roi.

*

Ceci étant, je ne tiens pas à leurrer qui que ce soit : le Maroc, tout le monde le sait, est encore une nation modeste qui commence juste à se placer sur l'échiquier à la faveur de contacts noués avec de grandes puissances mondiales, sur un plan essentiellement politique. Cela ne peut faire oublier que six Marocains sur dix sont des jeunes désœuvrés ou isolés dans les campagnes, illettrés, et que plus de la moitié du pays n'a accès à l'eau qu'en allant aux sources naturelles. Cette pauvreté, comme l'ont démontrée les enquêtes menées dans les banlieues au lendemain de l'attentat de Casablanca, sert de terreau au terrorisme. En réponse à ces constats inquiétants, de vastes chantiers sociaux et urbains ont été lancés. Mais ils visent le long terme et il n'est pas certain que l'on puisse en cueillir les fruits tout de suite. Des domaines essentiels pour le développement de notre nation, comme l'éducation et la culture, doivent rester prioritaires, mais il faudra attendre au moins une génération pour que ce travail de fond puisse payer.

Certains réformateurs n'ont pas de critiques assez dures pour expliquer que ce processus de construction sociale n'aura pas d'effets palpables tant que les vraies richesses du pays ne seront pas redistribuées, la plupart des investissements actuels profitant seulement à une élite de nantis protégés par le pouvoir. Réduire les privilèges, favoriser l'émergence d'une classe moyenne et bien partager les fruits de la croissance ne se fera pas du jour au lendemain. Je peux comprendre l'impatience des uns et des autres, voire le scepticisme d'une certaine partie de la classe politique marocaine, mais si, aujourd'hui, la mise en place effective de ces trois piliers semble floue, je suis persuadé qu'il s'agit d'une question de temps, et non d'une inertie volontaire.

De mon point de vue, la propension de certains Marocains à flamber dans les affaires, à brasser de l'air et du vent, me semble bien plus dangereuse. L'homme de la rue, lui, aime les résultats concrets : il préfère les choix sûrs aux spéculations. Alors, quand des capitaux étrangers s'investissent, quand la bourgeoisie marocaine frileuse continue d'être attirée par l'épargne, ceux qui ont entre leurs mains l'avenir du pays se doivent d'ériger la précision, le professionnalisme, la rigueur et la vigilance en principes cardinaux. Heureusement, quand certains se gargarisent de promesses, d'autres, que je connais, travaillent dans la discrétion, et je veux croire en eux.

Chapitre 16

Meet Mister Mandela

Mon père, s'il ne s'exprimait pas souvent, n'a cependant jamais eu de mots assez respectueux pour évoquer la monarchie et son histoire, intimement liée à celle du Maroc. Cet amour s'exprimait aussi dans toute la maison. Enfant, j'étais frappé par le nombre de photos de Mohammed V et de son fils, Hassan II. La télévision et la radio diffusaient régulièrement un bulletin d'information, des reportages et les discours du roi. Nous devions alors impérativement faire silence et rien ne pouvait, à cet instant, distraire mon père.

Je l'ai toujours porté en très haute estime, et j'imagine que tous les enfants font de même. Mon père possédait un port altier qui lui donnait l'allure d'un aristocrate. Et quand les sujets de discussions évoquaient la politique, il se montrait dur avec ceux de ses interlocuteurs qui critiquaient la monarchie, sujet sacré auquel il ne fallait pas toucher. Je ne dis pas qu'il avait raison mais il ne me serait jamais venu à l'idée, de son vivant, d'émettre le moindre doute sur ses convictions profondes.

Comme il se doit, je respecte moi aussi la monarchie. Elle est le garant de la sécurité et de la pérennité du Maroc. À l'intérieur de notre histoire, ancrée dans le passé, elle pèse de tout son poids. Le gouvernement peut être autonome et la démocratie régner, la monarchie sera toujours le ciment de notre société tout en assurant l'identité du pays. Je ne peux pas imaginer une autre voie pour les décennies à venir. Ce n'est pas tant une question de pouvoir que de représentation et d'image du Maroc.

*

Le « passeport diplomatique » que confère le statut de joueur de rugby international, et plus précisément de capitaine du Quinze de France, facilite les rencontres dans les plus hautes sphères politiques mais aussi dans des univers aussi disparates que le show-biz, l'industrie, l'art... Incidemment, alors que je demandais un jour à mon père, au bord de la plage, quel était son rêve le plus cher, il me répondit : « Avant de mourir, j'aimerais rencontrer et saluer le roi... » J'en avais pris bonne note et, quelque temps plus tard, je reçus une invitation pour la venue du prince héritier en France, dans le cadre du « Temps du Maroc en France », au château de Versailles. Tout naturellement, je m'empressai d'inviter mon père à m'accompagner à Paris. J'avais fait en sorte de lui offrir un beau costume sombre Eden Park, choisi chez mon ami Franck Mesnel.

Depuis le matin, mon père fumait cigarette sur cigarette. Je le sentais heureux comme un enfant mais tendu comme un fil. Le protocole voulait que nous fassions une haie d'honneur pour saluer l'arrivée du prince. Au moment où il s'avança, entouré de sa famille, et passa à hauteur de mon père, celui-ci, pris d'émotion, manqua de s'évanouir. Il fallut que je le soutienne afin qu'il ne tombe pas. Le malaise passé, je me suis enhardi à demander audience. Je ne le quittais pas des yeux et quand le futur monarque s'est adressé à lui, j'ai vu le visage de mon père se transformer. Il ressemblait à un gosse émerveillé et n'a pas pu fermer l'œil de la nuit. Il revoyait, j'en suis sûr, le prince Mohammed VI et toutes les personnalités marocaines qui l'accompagnaient, visages connus à travers la télévision. Tout ceci lui apparaissait irréel, magique, et je suis content d'avoir exaucé au moins un de ses souhaits.

*

J'ai beau garder, par nature, un regard distancié sur les ors de la République ou de la monarchie, l'émotion déborde la raison. Les chefs d'État, individus hors du commun, font l'Histoire. C'est leur privilège et leur fonction. Certains décident de réformes profondes qui engagent l'avenir de la société, et les plus grands d'entre eux œuvrent même pour l'humanité. Mais ce ne sont que des êtres avec lesquels il est possible d'échanger et de concevoir des projets. Lors d'une première rencontre, je le concède, leur dimension nous chavire parfois, de la même façon qu'un haka entonné par les All Blacks peut déstabiliser un joueur. Il suffit ensuite de bien comprendre la signification de ce chant guerrier, d'avoir en tête la réalité du monde maori, pour voir les choses différemment, s'inspirer de la force qui émane de leur culture et la transformer en sérénité. Il n'en est pas autrement dans le champ politique. Le masque des émotions fausse les perceptions.

Lors des nombreux voyages que j'ai effectués grâce au rugby, je ne me suis jamais senti étranger au monde, ni impressionné par qui que ce soit. Mon esprit et mon regard étaient capables d'appréhender ce qui les entourait. Sauf à une reprise, en Afrique du Sud, devant Nelson Mandela où, pour la première fois, je me suis senti petit, débordé, bouleversé. Son parcours, son charisme, ce qu'il dégage de sagesse et de gentillesse, sa dimension, sa stature, ses souffrances passées, tout en lui me chavire.

*

Avant de me rendre pour la première fois en Afrique du Sud durant le mois de juin 1993, j'avais dévoré son autobiographie. Et quand une visite informelle au siège du gouvernement fut organisée, en petit comité, au Cap, j'ai immédiatement accepté d'en être. Une blessure m'avait privé de match mais j'avais encore assez de force pour me rendre dans ce que je considérais comme un lieu béni. Je ne savais pas si nous devions rencontrer le président de la République sud-africaine. Rien n'avait été dit à ce sujet. Mais découvrir l'endroit où il travaillait suffisait à mon bonheur. Je me suis donc greffé à ce petit groupe, en compagnie de quelques membres de l'encadrement du Quinze de France. Nous sommes arrivés devant un grand bâtiment de style colonial qui devait être le Parlement ou la maison de la Présidence, je ne sais plus, situé sur les hauteurs du Cap, aux pieds de la Table Moutain. J'étais déçu de n'avoir pas pu disputer les tests et cette visite éclair, que je pensais n'être qu'un cocktail diplomatique comme il y en a une demi-douzaine chaque fois que l'équipe de France se déplace dans un pays étranger, brisait la monotonie de l'inaction qui me pesait.

Nous sommes entrés, entourés par plusieurs personnalités politiques sud-africaines, passant d'une pièce à l'autre, écoutant poliment les explications d'une sorte de guide, quand soudain il est arrivé. Dès que je l'ai vu s'approcher de nous, mon corps s'est mis à trembler. Une onde m'a traversé. Un regard, une poignée de main, il était là, devant moi... La rencontre a certainement dû être, en réalité, très brève et moins personnalisée que je ne le crois, mais, pour moi, elle a duré tellement longtemps que je ne peux pas oublier son visage et son sourire. Il illuminait ceux qui l'approchaient. Un homme épanoui, reposé, serein, ce qui est d'autant plus étonnant quand on sait ce qu'il a enduré. Il était en paix avec lui et avec les autres, et portait cette paix sur son visage. Il l'offrait autour de lui. À ce moment-là, il n'y avait plus de musulman ou de chrétien, plus de religion ou de croyance : se présentait un être humain dans toute sa majesté.

Deux ans plus tard, en 1995, le voir descendre sur la pelouse de l'Ellis Park, à Johannesburg, le jour de la finale de la Coupe du monde, revêtu du maillot des Springboks, et entendre le public scander son prénom, avait guéri mes plaies. J'étais abattu après notre défaite en demi-finale face à ces mêmes Springboks, mortifié de m'être vu refusé l'essai de la victoire pour dix centimètres. Je culpabilisais. Mais quand j'ai ressenti la joie d'une nation autour de son leader spirituel, quand j'ai entendu François Pienaar, le capitaine bok, lui dédier le titre mondial et prononcer cette phrase désormais célèbre « Ce que j'ai fait n'est rien en regard de ce que vous avez réalisé. Ce n'est pas la victoire de quinze joueurs mais de quarante-deux millions de Sud-Africains », un baume est venu cicatriser mes blessures toutes fraîches.

*

Je suis très porté sur les symboles. En 1993, lors de ma première visite, même si des réformes commençaient à poindre, j'avais été choqué de voir que la justice n'était pas la même pour tous, que les discriminations raciales n'avaient pas été effacées. Il restait encore des plaques « Whites only » à l'entrée de certains bars, tout comme persistait l'arrogance des Afrikaners sur le terrain. Les Blancs ne parvenaient pas à imaginer que les Noirs et les métisses étaient, comme eux, des êtres humains, avec les mêmes droits. Ce n'était pas de la haine, plutôt la force de l'habitude, celle de voir des esclaves dans leur jardin et de préserver des endroits où la population de couleur ne doit pas aller. L'apartheid était ancré dans les esprits et chacun avait du mal à s'en détacher, à l'effacer d'un seul coup. Il avait suffi que Nelson Mandela, élu président à l'issue d'un vote démocratique, porte le maillot springbok et embrasse les joueurs qui, à l'exception notable de Chester Williams, étaient tous blancs, pour qu'un tabou tombe. Il avait été emprisonné pendant plus de vingt ans, torturé. Il avait haï les Afrikaners, détesté les Blancs, vomi le rugby, et voilà qu'il montrait la voie...

Dans les tribunes, des milliers de Sud-Africains chantaient

et dansaient ensemble, sans se soucier de la couleur de leur peau. Beaucoup pleuraient de joie. Nous nous étions levés, Philippe Saint-André, Pierre Berbizier et moi, au milieu d'une poignée d'internationaux australiens. Je regardais ce stade en ébullition en me disant que décidément le rugby avait de bien beaux messages à faire passer, qui n'étaient ni ceux de la victoire ni ceux de la défaite. Ce jour-là, même si tout n'a pas été parfait par la suite, même si après la fête allait venir la gueule de bois, en devenant championne du monde l'Afrique du Sud avait gagné vingt ans de réconciliation nationale. Le vrai pouvoir était encore aux mains d'Afrikaners qui bloquaient la libération définitive des énergies, mais Nelson Mandela était au-dessus d'eux. Depuis ce jour, j'ai eu beau chercher, je n'ai pas trouvé son égal.

Chapitre 17

Mes taxis de banlieue

Après avoir remporté le Grand Chelem en 1997, je me suis investi dans la vie publique. Mes rencontres avec les présidents François Mitterrand et Jacques Chirac, avec Lionel Jospin, alors Premier ministre, Valéry Giscard d'Estaing et Martine Aubry, qui ont tous un faible pour le rugby, furent déterminantes. Il faut savoir que la Fédération Française de Rugby, facile d'accès, est très courtisée. Sans doute parce que ce sport véhicule de multiples symboles forts, comme la solidarité, la fraternité, l'engagement, le combat, beaucoup de politiciens se retrouvent dans les valeurs du rugby.

*

Ma vie a toujours été guidée par la passion de ce jeu et ma récompense, je l'ai reçue à l'Élysée, distingué par la Légion d'honneur. Jamais je n'aurais imaginé une telle reconnaissance. Cette distinction ne m'a pas changé pour autant. Mon regard est resté horizontal, à hauteur d'homme. La France a éradiqué, au sens propre comme au sens figuré, une partie de son patrimoine à travers la Révolution. Des têtes sont tombées. La République est née dans la difficulté mais ses symboles forts sont devenus les flambeaux d'autres nations, à savoir la Liberté, l'Égalité et la Fraternité.

Parler de la République me ramène aux notions de choix et de liberté de parole. En France, chacun, c'est-à-dire tout le monde, s'il le désire et s'il s'en donne les moyens, peut contribuer à faire évoluer la société. Chaque Français est le maillon d'une chaîne. Que l'un de ces maillons faiblisse et, tout de suite, le malaise est palpable. Chaque citoyen construit le pays avec ses compatriotes. Il est ainsi lié aux autres. Bâtir est un désir qui s'accomplit si la volonté est commune, dans le bon timing, avec la même force. C'est une volonté individuelle conjuguée au pluriel. Et il s'en dégage une grande force. C'est aussi pourquoi la société française a besoin d'équilibre, de tolérance, d'altruisme, afin que les paroles, les actes et les décisions soient pleinement partagés à la faveur d'élections, mais surtout grâce à l'implication de chacun dans le monde associatif et la vie sociale.

Posséder la double nationalité franco-marocaine ne m'a pas troublé, d'autant que je pense avoir un sens aigu des responsabilités. Je déteste rester immobile. J'aime construire, regarder loin, et pas seulement pour moi, pour ceux qui m'entourent, que ce soit dans la vie familiale, sportive, sociale, culturelle et professionnelle. Au Maroc ou en France, mon pouvoir n'est pas confisqué. Vivre en exemple donne aujourd'hui du sens et une harmonie à mon existence désormais loin des terrains, où que je sois.

La foi reste la vertu la plus importante à mes yeux. Pas la foi au sens religieux du terme, non, la foi de croire en soi, de rester fidèle à ses principes de réflexion et d'action. Je pense qu'il faut posséder au plus profond de soi des convictions. La foi, concept large, regroupe l'harmonie et l'honnêteté. Il suffit de se rendre utile en gardant présent à l'esprit la notion de plaisir, en refusant d'être un bouchon ballotté sur l'océan. La foi, c'est aussi sentir la façon dont les autres me perçoivent et la façon dont moi je les regarde.

En respectant ces principes, j'ai pu apporter ma pierre à la construction d'un pont entre deux cultures, entre Orient et Occident, monarchie et république, monde chrétien et musulman. Une construction quotidienne, souvent difficile, car j'étais tiraillé d'un côté ou de l'autre par des forces qui m'échappaient.

*

J'ai essayé, sur la fin de ma carrière, de m'éloigner de la famille du rugby pour voir ailleurs, me recentrant sur ma vie personnelle et familiale, imaginant le mariage, la paternité et l'éducation que je pourrais donner à mes enfants.

J'avais occulté tout cela durant de nombreuses années. Je l'avais remisé derrière le rugby pour ne me consacrer égoïstement qu'à ma carrière sportive. Et quand j'ai voulu sortir du cocon ovale, j'ai pris une grande claque. Ce fut un choc terrible, bien plus fort que les crampons d'un pack néo-zélandais qui vous passe sur le ventre. Dépouillé, je me suis isolé, enfermé en moi-même. Je cherchais un côté où me situer. Je voulais être certain de savoir d'où je venais, qui j'étais, où j'allais. J'ai compris, après maints tourments, qu'il n'y avait pas de côté particulier, pas de choix à faire. J'ai compris que je portais en moi des valeurs qui, mises en pratique, pouvaient me permettre de m'adapter à toutes les situations.

Ma carrière sportive, en accéléré, me cachait la vraie vie. Je me demande si je n'avais pas envie d'éviter de réfléchir, peur de me mettre à nu. J'étais perdu, sans savoir quoi faire. En étant de partout à la fois, j'avais peur de n'appartenir à aucune communauté. J'ai vite senti qu'il était impératif de ne pas rester seul, de partager ma vie avec quelqu'un, de fonder un foyer. Pendant trop longtemps, j'avais vécu comme un électron libre et à l'heure de vivre en famille, de poser une réflexion à deux avec des mots simples, ne serait-ce que pour choisir l'éducation que nos enfants devaient recevoir, j'avais moins de facilité. Je n'étais pas préparé au doute. Il me faisait peur. J'étais parti pour me construire à travers diverses expériences enrichissantes et voilà que je régressais, voilà que j'allais m'autodétruire en recherchant un mariage musulman. Je ne m'acceptais pas tel que j'étais, à la charnière des cultures et des sociétés. Je n'avais pas fait le tri de ce que je transportais, je n'avais pas su garder ce qui m'avait construit. Je me suis retrouvé uniquement guidé par ma foi dans le Créateur. Dans cette situation, j'ai bien vu que la tentation communautaire se profilait devant moi, dangereuse. Je voulais m'isoler, on allait m'isoler. J'étais affaibli, dépendant de ceux qui m'expliquaient quoi faire désormais. Influençable, je recevais sans écouter, j'imitais sans comprendre comme s'il ne s'était rien passé pendant quinze ans, comme si je n'étais pas parti. Voilà que je redevenais tributaire de ma famille, touché par le jugement d'autrui.

J'aurais dû tout de suite me demander pour quelles raisons je devais vivre en fonction des autres ? Est-ce qu'il était nécessaire de se composer une façade ? Après tout, il suffisait que je me regarde dans une glace pour voir un homme libre, indépendant, honnête, plein d'amour et de passion.

Tracer sa voie, c'est peser ses actes avant de les jeter dans la bataille, s'éloigner des débats stériles, sacrifier parfois un peu de sa vie personnelle et familiale. Moi, je voulais tout saisir d'un seul coup. J'ai insisté, en vain, jusqu'à ce que je comprenne qu'il n'y avait pas de réponse à toutes les questions que je me posais. Il n'y a pas toujours de pourquoi ni de comment. À la place subsistent des failles, et nos fragilités. Il m'a fallu du temps pour qu'apparaisse enfin une lumière. Elle éclairait le chemin le plus simple, celui que je n'avais pas su voir. Des clés, des mots, des concepts et des symboles pouvaient nous réunir. Il me suffisait donc d'un petit vocabulaire mis en commun pour être compris, quels que soient les croyances, les credo et les philosophies. Il n'y a qu'un seul Créateur et plusieurs manières de prier.

*

Confronté à un trouble d'identité, je profitais d'une position sociale et vivais protégé. Je ne savais plus vraiment qui j'étais, français ou marocain, quelles étaient mes racines. Mais jamais je ne me suis senti en danger. Ce qui n'était pas le cas de mes compatriotes immigrés comme moi, que la société n'aidait pas à terminer un cycle d'intégration. Nous connaissons tous les dangers de l'exclusion ; chaque famille, de près ou de loin, est touchée par le chômage et sait ce que ce fléau peut avoir de destructeur. Il est clair que les exclus se regroupent et rejoignent des communautés, pas seulement religieuses mais aussi politiques, des factions parfois violentes, armées. Les remèdes ne sont pas ignorés : seuls l'éducation et l'emploi sont de vrais recours. Une société qui recherche la paix et l'harmonie sociale ne peut pas fonctionner uniquement en termes de profits et de rentabilité du capital. Elle doit plonger ses citoyens dans un bain mais penser à les en ressortir, sinon ils coulent.

La société française, modèle de beaucoup d'autres pays, peut régler sans heurts le problème de l'immigration par l'emploi et une vraie politique scolaire. Beaucoup de personnes en difficulté n'ont pas assez de recul et de connaissances pour se défaire du poids de la tradition afin de se construire en tant qu'individus libres. Les valeurs de la famille musulmane, par exemple, servent de base à beaucoup de mes compatriotes. Mais aujourd'hui, en tenant compte de la vitesse à laquelle la société évolue, ce ciment peut devenir un fardeau pour certaines filles, traitées avec davantage de sévérité que les garçons. Elles en souffrent et peinent à s'émanciper.

La France, pendant presque trente ans, a complètement négligé d'anticiper les effets de l'immigration. L'étranger sert à faire peur. Les médias, à la suite de la dernière élection présidentielle qui a vu la montée du Front national, diffusent désormais des reportages qui n'occultent rien, ne déforment rien, comme c'était malheureusement le cas auparavant en ce qui concerne des grands pans de l'histoire du colonialisme et de l'islam. Les débats se sont enrichis de multiples points de vue. Les gamins des banlieues, hier confinés dans leurs barres, sur leurs dalles, se retrouvent désormais à Paris, loin de leurs zones et viennent se balader sur les Champs-Élysées. Pourquoi n'en avaient-ils pas le droit, auparavant ? Pourquoi aucune ligne directe de bus, de métro ou de RER ne desservait leurs quartiers excentrés ? Pourquoi les parquer dans des ghettos ? Les architectes de ces cités n'imaginaient sûrement pas, au début des années soixante, qu'une communauté d'immigrés venus du Maghreb et d'Afrique noire pour travailler en France allait s'installer durablement, fonder des familles, que de très nombreux enfants allaient grandir, passer le bac, entrer à la fac et en politique. Il fallait méconnaître le Maghreb pour imaginer une seule seconde que, une fois leurs années de dur labeur terminées, les immigrés de la première et de la deuxième génération allaient repartir d'où ils étaient venus...

Aujourd'hui, quelques vieux parents ont rejoint le bled, mais les enfants sont là, bloqués dans des dortoirs, enfermés entre eux dans des prisons de béton. Belles initiatives, les musées viennent à leur rencontre, décentralisent, montrent, incitent à la découverte en même temps que les confinés découvrent le centre-ville, les magasins de luxe et les terrasses ensoleillées des cafés. J'ai bien entendu certaines personnes s'offusquer de ce qu'elles appellent l'invasion des beaux quartiers par des bandes au teint mat et aux cheveux frisés. Mais je veux croire qu'il s'agit simplement d'un mouvement qui exprime et symbolise l'appartenance au sol, pour peu qu'on puisse proposer quelque chose à ceux qui veulent faire l'effort de s'intégrer tout en aidant ceux qui n'ont pas encore cette démarche de comprendre que s'il a des droits, un citoyen a aussi des devoirs à remplir envers la société. Il est impératif de ne pas manquer la bascule de cette génération en l'incitant du mieux possible à être partie prenante du monde dans laquelle elle évolue.

*

Chaque année, durant le Tournoi des Cinq Nations, j'avais l'habitude de terminer la troisième mi-temps sur les Champs-Élysées avec quelques-uns de mes coéquipiers. À cinq heures du matin, même en smoking, il est toujours très difficile de trouver un taxi libre. Alors, ce sont les enfants des banlieues qui me ramenaient dans leurs voitures à l'hôtel de l'équipe de France. À l'époque, pas si lointaine, où je jouais, je profitais de mes passages à la télévision pour glisser une allusion, parler de leur quartier, de leur ville ou de leur cité. Il m'arrive encore aujourd'hui, certains dimanches d'hiver et de Tournoi, au petit jour, de compter sur mes compatriotes que surveille la police d'un œil pour rentrer chez moi autrement qu'à pied...

Chapitre 18

De la mairie à l'Élysée

Le destin des républiques passe par l'élection d'hommes politiques de conviction et ne peut être mis entre les mains de faire-valoir manipulés. Le peuple vote pour élire ses représentants. Comme dans les familles, où l'attitude des enfants dépend en grande partie de l'éducation que leur donnent les parents, les citoyens ont les hommes politiques qu'ils méritent. Ce choix, dicté par la loi du plus grand nombre, déchire parfois les pays. Il arrive que les citoyens exigeants soient déçus. J'ai pu le ressentir à plusieurs reprises en France, et je ne peux pas leur donner tort. Dans le monde, la France a un rang à tenir. Et pas seulement politique. Mère de la pensée républicaine, elle a une obligation d'excellence.

Dans une équipe de rugby, si le capitaine, le manager et l'entraîneur montrent l'exemple, les joueurs suivent. La France attend que des politiciens dignes et humbles, charismatiques et exemplaires, choisissent des orientations à long terme en privilégiant les intérêts collectifs. Le Quinze de France n'a jamais été aussi fort que lorsqu'il avait le dos au mur, obligé de franchir l'obstacle qui se présentait devant lui. La France, me semble-t-il, traverse une période de doute, ce qu'on appelle une crise de confiance. Les indicateurs économiques ne sont pas tous au vert et ce pays a besoin de réformes pour continuer à avancer, et non de luttes intestines pour le pouvoir, de dissensions, de querelles de boutiquiers. Où est le grand projet qui redéfinit l'homme dans le travail, retisse les liens familiaux, renforce la place de l'éducation et du civisme ?

Quel que soit le système, il n'est pas infaillible. Les hommes et les femmes qui le veulent peuvent changer les choses. Les administrations ne détiennent pas toutes les réponses. J'ai malheureusement l'impression que chacun s'en remet à la politique afin de ne pas avoir à s'impliquer personnellement dans ces sphères sociales, professionnelles, familiales, dans les associations. Commençons par faire revivre la proximité. Que les citoyens se responsabilisent au lieu de toujours tout attendre de leurs hommes politiques.

Je déteste la mécanique politique, cette façon de fabriquer des messages comme des slogans publicitaires, comme s'il s'agissait de promouvoir des élus de la même façon que les grandes marques lancent des produits de consommation. La politique utilise le concept publicitaire de « campagne ». Et pour ajouter au trouble ambiant, la dimension surnaturelle de l'homme politique, personnage placé au-dessus de ses concitoyens et, parfois, au-dessus des lois, le coupe des citoyens. J'ai malheureusement rencontré beaucoup de personnes qui se disaient impressionnées par la dimension excessive prise par l'homme politique, présenté comme intouchable.

Dans le même temps, l'impatience prévaut. Chacun voudrait que le changement qui l'intéresse s'effectue dans l'instant ; chacun voudrait toucher du doigt, immédiatement, les résultats d'une politique. Et quand il ne peut pas jauger un changement, l'électeur sanctionne le gouvernement, ce qui oblige le nouvel élu à repartir de zéro. Tout cela me donne l'impression de patiner. La France, comme d'autres nations d'ailleurs, est partagée en deux par des forces contradictoires qui s'opposent depuis toujours, la droite et la gauche, antagonistes, adversaires. Au début, n'étant pas habitué à cette dichotomie, j'ai regardé les duels. Est-il possible d'affirmer que tel ou tel parti politique détient la vérité ? Et d'ailleurs, y a-t-il aujourd'hui une vérité en politique ? À ce titre, on m'a souvent posé la question : suis-je de droite ou de gauche ? Je n'ai jamais pu y répondre de façon tranchée car je partage les valeurs sociales, humanistes et progressistes de la gauche et je me retrouve dans les exigences économiques de la droite, ce qui fait de moi un homme en équilibre sur des sentiments complexes.

*

Aurais-je voulu éviter la politique, en tant que sportif de haut niveau, qu'elle m'aurait de toute façon vite rattrapé. Dès mon arrivée à Cahors, en 1988, à vingt ans ans, l'adjoint au maire chargé des sports m'a été présenté. Puis le maire lui-même, quand nous avons été finalistes du championnat de France. Je le considérais à l'égal de mon président de club, sauf que lui s'occupait de toute une commune. J'ai découvert à cette occasion les salles de réception de la mairie, les tableaux des Illustres, ces grands personnages qui ont marqué l'histoire de France. J'étais sorti de l'hôtel de ville fier de cette intronisation.

L'année suivante, installé à Agen, j'ai fait la connaissance du préfet. Puis ensuite du président du conseil général, ancien ministre. Tous me félicitaient pour avoir réalisé quelque chose d'important, c'est-à-dire avoir fait parler de ma ville, de mon département et de ma région. C'était quand même mieux que de rencontrer un préfet pour qu'il me signale mon expulsion du territoire français...

*

Investi dans les activités sportives proposées aux quartiers défavorisés d'Agen, j'étais à la fois impatient et stressé d'être en présence du maire pour lui soumettre un projet. Au fil des années, j'ai gagné en expérience. J'ai côtoyé de plus en plus d'hommes politiques, des ambassadeurs lors des tournées de l'équipe de France à l'étranger, parfois des présidents, comme à l'occasion du Grand Chelem en 1997, reçu dans la maison des Français, l'Élysée, en tant que capitaine des Tricolores. Ce jour-là, Jacques Chirac m'a bien fait ressentir la portée de ce que j'avais accompli et ce que cela représentait pour la nation. Il m'a pris à part, m'a serré la main, regardé dans les yeux et remercié d'avoir soudé l'équipe de France autour d'un projet.

Bien sûr, remporter le Tournoi des Cinq Nations en gagnant quatre matchs, c'est un exploit, mais ne voulait-il pas dire autre chose ? Effectivement, le lendemain, Jean-François Lamour m'annonçait que le président de la République souhaitait que je participe à une réflexion dans le cadre du Haut Conseil à l'Intégration. Étais-je prêt à accepter ? La proposition me tombait dessus d'un seul coup. Je ne savais pas en quoi ma présence pouvait être utile, en quoi consistait exactement ma tâche... Ma seule expérience était mon vécu. À vrai dire, je n'ai pas réfléchi longtemps : même si le rugby, devenu professionnel, me prenait beaucoup de temps, j'ai accepté. Symboliquement, siéger à cette assemblée m'apparaissait un signe fort. Je me suis même fendu d'un mot de remerciements.

En temps ordinaire, les rencontres entre hommes politiques et sportifs sont brèves et rares. Une accolade, un petit tour au vestiaire pour célébrer une victoire devant les caméras, une médaille, un cocktail et à la prochaine fois ! Là, le président Chirac me proposait un rendez-vous mensuel, et j'ai dû jongler avec mon agenda. Le Haut Conseil, présidé par Mme Simone Veil, consistait en une cellule apolitique formée par des personnalités venues d'horizons très divers. J'ai ainsi fraternisé avec un curé lyonnais, le père Delorme, habitué à fréquenter les banlieues. Nous avons par la suite écrit un petit livre ensemble. Le président du tribunal de Bobigny, le juge Rosenberg, s'est avéré être un passionné de rugby. Le maire de Roubaix, armé de convictions humanistes, avait particulièrement attiré mon attention. Et, bien entendu, Mme Simone

Veil, très impressionnante eu égard à son histoire personnelle. Nous devions remettre un rapport annuel, ce que nous avons fait, notre souci principal étant l'intégration de citoyens issus de l'immigration dans la société française.

*

L'année suivante, pour la Coupe du monde en France, Martine Aubry m'a invité à assister à un match de football. J'ai appris par la suite qu'elle avait demandé pour moi la Légion d'honneur. Du coup, j'ai véritablement fait sa connaissance après la remise du petit ruban rouge. J'ai découvert une femme remarquable. Elle était amoureuse du Maroc et son père, Jacques Delors, avait même été le maître de thèse du prince héritier Mohammed VI au Parlement européen.

*

Quand il parle de notre sport, Jean-Pierre Rives dit : « Le rugby passe et restent les hommes. » L'aphorisme vaut aussi pour la politique : les gouvernants passent mais restent les rencontres, simples, profondes, franches. Sans que jamais le pouvoir, quel qu'il soit, vienne polluer les relations entre les êtres. Il est détestable que trop de gens se servent de leurs positions dans les sphères politiques à des fins personnelles. J'ai l'exemple d'un des employés du palais, au Maroc, capable de terroriser un village entier simplement parce qu'il a ouvert, un jour, devant les caméras de télévision, la portière de la voiture du roi...

Chapitre 19

L'AMOUR, COMME UNE LIBÉRATION

Une carrière n'est jamais extensible. Survient toujours un moment où il faut se résoudre à lâcher prise. Je n'en étais pas encore là au coup de sifflet final de la Coupe du monde 1999. Pourtant, pour la première fois, un immense gouffre s'ouvrait devant moi. Tandis que l'Australie championne du monde exultait, chancelant, je me suis assis par terre, inquiet et malheureux. Je ressentais un grand vide tout autour. J'avais bâti ma vie de façon monomaniaque sur la réussite sportive, l'intégration, le respect de mes convictions religieuses et la fidélité. Mais, malgré toutes ces précautions, le syndrome de l'après-rugby me frappait au visage avant même de toucher mon dernier ballon. Je sentais mes tripes se nouer. Certes, il y avait bien la famille et les amis pour m'entourer, mais, au cœur de la défaite, aucune main secourable ne parvenait à me relever.

Prisonnier, abattu, enfermé entre les tribunes du Millennium Stadium, je n'avais aucun moyen de sortir du stade. J'aurais voulu quitter cette pelouse, m'enfuir pour me blottir contre l'être aimé. J'avais envie de dire « je t'aime », de prendre une femme dans mes bras, d'être cajolé. Seul l'amour pouvait me transporter et m'emmener ailleurs. Je ne voulais surtout pas rester à l'abandon.

Qu'avais-je, à cet instant, à partager ? Et avec qui ? Il ne me restait que mes coéquipiers, arrivés comme moi au bout d'une aventure de deux mois. Nous allions repartir vers nos vies respectives, et la mienne n'avait rien de bien formidable. J'étais célibataire, parfois accompagné mais souvent seul. Je n'avais su que me rattacher aux objectifs sportifs que je m'étais fixés. Ma carrière rugbystique était plutôt réussie, mais ma vie d'homme était désespérément plate. Je ressentais le besoin de puiser une autre énergie dans le cœur d'une femme.

Me l'avouer n'a pas été une chose aisée : j'avais eu peur de construire une famille. J'avais craint de ne pas être suffisamment fort pour mener de front les impératifs sportifs et les obligations de mari et de père. Aimer, c'était me compromettre et cesser de fonctionner en égoïste. J'avais mis du temps à comprendre que partager n'est pas diviser mais multiplier.

Tout ce qui n'était pas rugby pouvait être un frein à ma réussite, c'est du moins ce que j'avais longtemps cru. Les sportifs, pour atteindre leurs rêves, vivent souvent sur leur petite planète, à l'étroit, concentrés, recroquevillés. Ce qui ne se rapporte pas à leur premier cercle, celui du sport, ne peut que les perturber. Je ne sais pas si cela est valable pour tous, mais, en ce qui me concerne, je vivais dans la crainte de ne pas pouvoir tenir mes engagements sportifs. Chacune de mes performances, bonne ou mauvaise, m'aidait à franchir un cap. Je ne vivais que dans un monde ovale. Mes moments de calme et de réflexion étaient tournés vers mon sport et mes propres performances. Bien évidemment, dans ce contexte très particulier que j'avais bâti pour me protéger, le mariage n'avait pas sa place. J'allais même jusqu'à galvauder l'amour. Et d'ailleurs, qu'est-ce que je connaissais de l'amour ? Rien.

En ne pensant qu'au rugby, en m'isolant dans la compétition de haut niveau, je n'étais pas capable de créer une relation profondément amoureuse. Sans doute étais-je arrivé trop vite dans la société française, en grillant les étapes, en passant d'un seul coup du statut de visiteur à celui d'acteur, au premier plan de l'actualité.

Ce gouffre, ouvert devant mes pieds, sur la pelouse de Cardiff, me semblait impossible à franchir. Je n'en voyais pas le fond. Ma carrière sportive touchait maintenant à sa fin, sans doute dans deux ou trois années je devrais arrêter de jouer, et je comprenais dans la douleur que le rugby ne pourrait plus continuer à remplir mon existence comme avant. J'avais tenté, tant bien que mal, de rester fidèle à mes principes religieux, sans trahir l'idée que je me faisais de ma vie que j'avais voulue droite et limpide. Les préceptes du Créateur me semblaient toujours aussi clairs mais cette fois-ci, l'idée du lendemain sans rugby, qui ne m'avait jamais effleuré jusqu'alors, devenait cruellement d'actualité. J'avais beau tourner la tête, regarder autour de moi, je ne trouvais pas le visage de l'amour. J'ai alors pensé à mon copain Zinédine Zidane, né en France et marié à l'âge de vingt ans. Il a pu profiter de l'équilibre familial durant toute sa carrière. Moi pas. Je n'avais rien construit de solide à long terme. J'avais vécu inquiet de l'amour.

Demeurer auprès des diverses communautés qui balisaient mon existence, celle du rugby et celle des musulmans marocains d'Agen, suffisait à mon petit bonheur, ce confort moral et affectif minimal qui me permettait de mener ma vie. Il faut faire preuve d'égoïsme pour réussir une carrière, c'est même une des conditions du succès. Mais il arrive un moment où on ne peut plus vivre replié sur soi. J'ai cru pourtant qu'il était possible de se forger une existence uniquement en suivant certaines règles, en adoptant des valeurs, sans chercher à élargir son champ de vision. De façon inconsciente, rester en vase clos avait pour moi une signification. Ce n'était pas un choix innocent. Je pensais pouvoir revenir aux sources de ma première vie, en tant que musulman déclaré. Je me voyais épouser une femme qui aurait, elle aussi, les mêmes convictions religieuses, les mêmes valeurs et les mêmes racines que moi. Cela me paraissait la base saine d'une vie commune.

*

Deux ans plus tôt, j'avais rencontré une jeune femme, Sandrine, et ressenti des émotions fortes en sa compagnie. Nous avions vécu des moments exceptionnellement riches et atteint des profondeurs que je ne connaissais pas. Mais, immédiatement, j'ai eu peur de ce que j'avais vécu, de ces vibrations inconnues, de ces sentiments qui mettent les hommes sens dessus dessous. Alors, j'ai freiné mes élans et je suis parti dans une autre direction. Je me suis échappé, pour reprendre un vocabulaire de rugby. Je n'ai pas fait face.

Pour me consoler, du moins trouver une explication à mon comportement, je me suis dit que cette amie ne pouvait pas entrer dans mon univers puisqu'elle ne partageait pas mes convictions religieuses. Avec le recul, je m'aperçois combien j'étais borné. J'avais tracé des traits partout, monté des barrières. J'aurais pu être différent, à cette époque-là, mais non, je rentrais dans le moule de la majorité des gens de culture maghrébine et musulmane qui pensent que la relation homme-femme doit exister en suivant les principes religieux et que le reste, l'amour, l'affinité, le partage, tout cela se construira après, plus tard, avec le temps.

*

J'ai appris, tout au long de mon adolescence au Maroc, que les contacts entre les êtres sont plus faciles s'ils suivent le Coran. Mais plus tard, arrivé en France, j'ai pu constater que la romance comptait davantage que ce que j'imaginais, que le charme et la séduction n'étaient pas superflus, au contraire ; qu'il ne suffisait pas de dire « je t'aime » à quelqu'un, encore fallait-il en apporter des preuves. Qu'en amour rien n'est jamais acquis, et que l'attention portée à l'être cher n'est jamais de trop.

Je voyais mes coéquipiers de club, à Agen, vivre en famille

ou en couple. La façon qu'ils avaient de se comporter avec leur femme ou leur compagne contrastait avec ce que j'avais connu au Maroc. Un peu désarçonné, je me suis rassuré en me disant que tout ceci ne me concernait pas. Je refoulais ce qui m'était étranger, tout comme je refusais la moindre relation stable et durable en prétextant qu'il m'était impossible de mener de front famille et carrière, surtout avec une non-musulmane.

J'aurais dû me rendre compte que si mes coéquipiers pouvaient conjuguer famille et rugby, il pouvait en être de même pour moi. Il faut croire que j'ai manqué de lucidité, mais aussi de franchise avec moi-même. Certes, je pouvais présenter un beau palmarès sportif, ma carrière avait atteint les objectifs que je m'étais fixés, mon nom signifiait quelque chose dans le monde du sport, je participais à la vie associative et sociale française, je m'impliquais hors des sphères rugbystiques classiques pour m'élever vers d'autres dimensions, j'étais resté fidèle à mes principes de vie et je m'étais accommodé de la religion pour en faire un guide, mais qu'était-ce, finalement, en regard d'une vie remplie d'un simple et véritable amour ? Trop égocentrique, je ne m'étais pas aperçu que les habitudes et les rituels avaient pris le pas sur le sens profond qu'un homme donne à sa vie. J'étais devenu aveugle et hypocrite, certain que le reste de mon existence suivrait le chemin déjà tracé sans difficultés.

*

De relations chaotiques en émotions retenues, me voilà donc sur la pelouse du Millennium Stadium de Cardiff, au terme de la finale du Coupe du monde 1999, avec l'envie de pleurer. Dans mon esprit, ce jour-là, ma carrière internationale s'est arrêtée avec la fin du match contre l'Australie. Je me disais que tout le reste ne serait que du bonus. Le rugby évolue à grande vitesse et cette mutation m'a finalement donné envie de continuer encore quelques saisons, quatre ans, en fait. Mais par excès de précipitation et pour trouver rapidement ce qui m'avait manqué, j'ai commis une grave erreur : celle de vouloir me marier vite !

Trop vite... Je voulais combler un manque. J'avais besoin d'être aimé et d'aimer, tout de suite, sans attendre. J'ai revu une amie d'enfance, Lamia, voisine d'Oujda que je connaissais depuis vingt ans et qui poursuivait ses études à Bordeaux. Nous communiquions parfois par téléphone, nous correspondions, nous évoquions de loin en loin le Maroc, nos familles respectives, et je me suis rapproché d'elle. À ses côtés, j'avais l'impression de revenir aux sources.

Alors, après l'avoir élue, j'ai franchi le pas et je me suis marié. Rassurante, elle me ramenait vers ma culture, vers mon histoire, ce bout de moi que j'avais mis entre parenthèses pendant quinze saisons de rugby. Je l'adorais, cette culture maghrébine, et je n'avais pas pu lui consacrer autant de temps que j'aurais voulu. Voilà pourquoi j'ai fait passer mes envies avant le vrai désir. Je me suis marié avec ma religion, mes racines et cela devait suffire à mon bonheur. J'avais imaginé que nous apprendrions petit à petit à mieux nous connaître, en vertu des principes communs qui nous animaient, que nous allions nous comprendre sans difficulté pour ensuite construire notre couple. Nous avions grandi tous les deux dans l'idée que la relation entre un homme et une femme passait par les préceptes religieux. Mais nous avions évolué, chacun de notre côté. Et nous faisions fausse route ensemble.

Dans l'islam, aux XIIIe et XIVe siècles, les sultans érigeaient des palais pour leurs épouses. Considérons ces constructions comme un acte noble. En disant cela, je ne me sens pas machiste, et je ne veux pas rabaisser les femmes, je cherche simplement à montrer la fossilisation de certains comportements à travers la religion. Il n'y a pas d'homme sans femme. Dieu nous a créés différents pour nous unir et nous construire. Il a fallu du temps pour que, dans l'islam moderne, la femme trouve sa place. Les privilèges que les sultans lui octroyaient, dans le monde traditionnel et religieux, ne lui permettaient pas de se trouver à égalité avec l'homme. Elle participait à la vie sociale, mais selon les désirs de son époux, auprès de lui, parce qu'elle lui appartenait. Elle ne devait pas regarder ailleurs. Moi, dans ma famille, j'ai vu les hommes et les femmes vivre parfois séparément, ce qui était leur façon de préserver leur intimité, et ce n'est pas pour autant que les femmes ne prenaient pas part aux décisions importantes. Au contraire, elles avaient voix au chapitre, mais les discussions demeuraient dans le cercle intime, loin des regards. Jamais elles n'intervenaient par la parole devant une assemblée d'hommes.

Je peux me tromper mais je ne crois pas qu'il existe de femmes imam et, à quelques rares exceptions près, pas de chef de village de sexe féminin. Les sociétés maghrébines fonctionnent dans la répartition des tâches, mode accepté, et en particulier pour tout ce qui touche au domaine religieux. Dans les sociétés arabes, la femme suscite le désir, en tout cas elle rappelle que l'homme est parfois faible devant la chair. Elle peut facilement, au milieu d'une assemblée masculine, détourner l'attention par sa beauté. Je sais les hommes sensibles à un parfum, à la douceur d'une peau, aux cheveux d'une femme, fragiles face au désir. En revanche, dans l'intimité d'un couple, rien ne permet de penser qu'il y a une préséance, qu'une femme, plus sereine et plus posée qu'un homme, n'est pas consultée pour donner son avis quand il faut prendre des décisions importantes. Dans les sociétés maghrébines, et par extension méditerranéennes et latines, il y a ce qu'on voit, la façade, et le reste, l'intime. Ce ne sont pas des clichés mais une réalité. La religion, dans ce qu'elle a de plus extrémiste, s'est servie de ce mode de fonctionnement pour maintenir des comportements et des archétypes qui assurent la prédominance de l'homme, ce qui me semble être une déviation de sens.

*

J'aime me livrer à Dieu et lui dire que mes actes sont commandés par ma conscience. Réfléchir sur le mariage m'a ainsi emmené au confluent des cultures. Au Maroc, il arrive parfois qu'un époux découvre celle qui va devenir son épouse la veille de son mariage. La polygamie n'est pas encore interdite et retarde une plus grande avancée législative. Avant d'entamer ma propre remise en question, j'en étais malheureusement resté à une autre idée arriérée, celle qui veut que le divorce ne soit pas concevable. Dans ma famille, je n'avais jamais entendu qui que ce soit en parler. C'était un mot tabou, une décision bannie. Avoir vécu quinze ans en France m'a fait prendre conscience qu'il existait une autre façon de concevoir l'amour, le couple et la famille. Un peu lentement, certes, mais mieux vaut tard que jamais. J'ai compris qu'il me fallait construire autrement, que je devais impérativement trouver le moyen de marier deux cultures, l'européenne et la maghrébine, mais aussi les deux pays, France et Maroc, dans lesquels j'avais vécu, transpiré, vibré, des pays où j'avais été entouré de chaleur humaine, où j'avais été transporté par l'amitié.

À ma grande honte, je dois avouer que je n'ai commencé à réfléchir aux implications de mes convictions et mis en œuvre cette remise en question qu'une semaine avant mon mariage. J'étais envahi par les doutes, mais, une fois encore, je ne souhaitais pas m'épancher. J'avais fait un choix, je pressentais qu'il n'était peut-être pas le bon mais je fonçais tête baissée. Après, après... Voilà ce que je me répétais sans cesse. Comme les enfants qui poursuivent leurs rêves le matin pour ne pas avoir à affronter la réalité, je m'imaginais la vie en songe, je rêvais éveillé. Je refusais ce que j'avais vraiment vu, ce que je ressentais au fond de moi.

J'allais être fidèle, attentionné, honnête, clair, doux, disponible. Et je me forçais à croire que ce comportement pourrait suffire. Je ne savais pas que la vie de couple va au-delà de l'attitude qu'on peut avoir, chacun de son côté. Il y a des regards, des vibrations, des gestes et des envies qui ne se commandent pas. C'est une véritable union. Une communion. Comme disait le poète, un et un font un, et non pas deux. Découvrir cette équation, plus tard, m'a bouleversé.

*

Pour en revenir à mon premier mariage, après quelques mois de vie commune, je n'étais toujours pas prêt à accepter la réalité, à savoir que je n'étais pas fait pour construire une vie de couple et une famille sur des préceptes qui n'étaient plus complètement les miens. Je n'étais plus seulement un Marocain ou un Maghrébin : j'étais au cœur de deux courants, j'étais un homme bipolaire, désormais enrichi par une nouvelle culture.

Pour ajouter à ma confusion, j'avais convié les médias à mon mariage. J'en avais fait un événement en proposant à Martine Aubry d'être mon témoin, ce qui était une façon amicale de la remercier de m'avoir proposé pour la Légion d'honneur au titre de ma mission au Haut Conseil à l'Intégration. J'avais mis ma vie privée en avant, je l'avais mise en scène et ça ne me ressemblait pas.

Au bout d'un certain temps, quand j'ai accepté l'évidence, nous nous sommes séparés. Nous n'étions pas faits l'un pour l'autre.

*

Je suis entré alors une nouvelle fois sur un terrain glissant, une pente dangereuse. Moralement mais aussi physiquement, puisque j'ai perdu quinze kilos. Effondré au point de remettre en question mon implication de quinze ans au SU Agen mais aussi dans cette ville. Je ne savais plus d'où j'étais. Je n'adhérais plus complètement au mode de vie marocain et je ne me sentais pas complètement accepté en France. Quand je me retrouvais à Oujda, j'étais miné. Quand je revenais à Agen, rien n'allait. Mon divorce avait attisé de nouvelles rumeurs. Que me restait-il ? Vers où pouvais-je me tourner ? Comment rebondir, repartir ? Famille, femme, enfants et même ma ville et mon club : rien n'était au rendez-vous...

J'aurais aimé laisser tomber le rugby, mais j'étais encore sous contrat une saison avec Agen et malgré la crise que je traversais, je n'avais pas le droit de craquer. Je gambergeais, néanmoins, au point de me demander à quoi servait le rugby, pourquoi il fallait se rentrer dans la gueule... Je passais ainsi mon temps à souligner les absurdités de l'existence. J'en bavais. Jamais je n'avais touché le fond de cette façon. Je voulais qu'on m'aide, je voulais qu'on m'aime. Heureusement, dans ces moments, j'ai pu m'apercevoir du nombre de personnes qui m'ont témoigné leur affection quand je me suis retrouvé désemparé. Ils m'appréciaient pour ce que j'étais et non pour ce que je représentais. Ils étaient disponibles pour moi, pour m'éclairer. J'ai trouvé mes frères, tout d'abord, mais aussi des gens d'autres obédiences, d'autres cultures, d'autres confessions, ou bien encore athées. J'avais peur que mes problèmes existentiels se répandent sur la place publique. Mais chacun est resté discret, même si les spectateurs agenais, au stade Alfred-Armandie, voyaient bien à quel point j'étais absent du jeu. Je préférais être remplaçant ou dans les tribunes plutôt que de continuer à errer sur le terrain. Je n'avais plus de réflexes, j'étais chaque fois à la merci d'un mauvais coup, d'un accident qui pouvait mettre un terme définitif à ma carrière. Cette saison 2000-2001 fut un calvaire. J'ai dû disputer huit ou dix rencontres, pas plus. J'acceptais mon déclin. Jouer au rugby n'avait plus aucun sens. J'y avais consacré ma jeunesse, mon adolescence, mes plus belles années de jeune homme et pour quoi ? Pour constater un échec.

*

Je ne pouvais évidemment pas continuer à me morfondre. J'avais besoin de retrouver des sensations positives. Je me suis souvenu des bons moments, j'ai cherché des lueurs. Dans ces instants de désespoir, je me remémorais les heures de plaisir et de bonheur que j'avais connues auparavant et, en revivant mon histoire personnelle à rebours, je voyais toujours le même visage, celui d'une jeune femme aimée, cette amie, Sandrine, pour laquelle j'avais ressenti quelque chose de fort. Elle m'avait fait frissonner. Pourquoi donc avais-je refusé l'évidence ? Pourquoi avais-je refusé l'amour qu'elle voulait me donner ? Parce qu'elle était chrétienne ? Parce qu'elle ne partageait pas ma confession religieuse ? Cela ne pouvait en aucun cas être de bonnes raisons... Quel idiot j'étais ! Elle m'aimait, je l'aimais et ce devait être suffisant. Heureusement, nous étions restés en contact, même si chacun avait poursuivi son chemin. Je savais pourquoi j'avais fui : j'avais eu peur de mes sentiments. J'ai donc décidé d'appeler Sandrine et d'aller la rejoindre en Andalousie, où elle vivait.

En ce printemps 2001, j'avais pris un coup sur la tête, au sens propre, lors d'un Agen-Perpignan à Toulouse où je m'étais retrouvé K-O. À la demande du corps médical, j'ai dû prendre deux semaines de repos. Je me suis donc rendu dans le sud de l'Espagne, avec un peu d'appréhension. J'attendais de Sandrine qu'elle m'aide. Nous avons beaucoup parlé, échangé, d'autant plus facilement qu'en plus des sentiments que nous avions l'un pour l'autre elle est imprégnée de culture mauresque. Je me suis laissé aller à m'épancher. Au fil de nos discussions, je me suis senti de mieux en mieux. J'avais envie de laisser tomber définitivement le rugby mais Sandrine ne comprenait pas comment j'avais pu consentir autant de sacrifices pour terminer ma carrière aussi petitement. Nous marchions sur le pont de Guadalquivir, à Séville, quand mon téléphone portable se mit à sonner. À l'autre bout du fil, Nigel Wray, le patron des Saracens de Londres.

Pourquoi m'appelait-il ? Blessé à l'épaule, j'avais raté les tests de l'automne avec l'équipe de France. Sans doute restait-il marqué par mes performances durant la Coupe du monde 1999, et en particulier la fameuse demi-finale contre la Nouvelle-Zélande à Twickenham. Les entraîneurs nationaux, Bernard Laporte et Jo Maso, comptaient eux aussi sur moi. Je m'étais retrouvé remplaçant dans le Tournoi des désormais Six Nations. Je me sentais inutile, guère rentable pour l'équipe de France, mais eux tenaient absolument à ce que je reste dans le groupe. J'entrais en fin de parties et cela m'avait aidé à maintenir intacte mon image. Je serais toujours très reconnaissant à Jo et à Bernard d'avoir gardé confiance en moi à ce moment-là. Par correction, j'avais failli renoncer à ma sélection contre l'Angleterre à Twickenham, mais Bernard Laporte avait tenu à ce que je reste jusqu'au bout, me jurant de me faire partager l'aventure de la Coupe du monde 2003. Après une fin de saison catastrophique avec Agen, je reçois donc cet appel de Nigel Wray. Une certitude, l'entraîneur des Saracens, François Pienaar, champion du monde 1995 avec les Springboks, tenait absolument à me compter dans son équipe, et c'était un honneur pour moi que d'avoir ainsi la considération d'un tel personnage. Nigel Wray me propose un contrat de deux ans... Que faire, que choisir ?

Nous marchions sur ce pont, à Séville, Sandrine et moi, en évoquant cette opportunité. Une bénédiction, me disait-elle, que de partir loin d'Agen pour découvrir un nouveau monde. Effectivement, je venais de recevoir un signe fort, l'occasion de reconstruire ma vie. Pour cela, il fallait que Sandrine m'accompagne et, pour la première fois, les deux pôles, hier opposés, de ma vie, se mêlaient intimement : l'affectif et le sportif.

*

Nous allions tourner ensemble une page et en commencer une autre. Grâce au rugby, certes, mais surtout avec la force que m'insufflait désormais Sandrine. Nous sommes donc partis à la conquête de nouveaux territoires, pour découvrir, nous ouvrir, démarrer une autre vie. Oujda, Agen et maintenant Londres, troisième pilier de ma construction. Parti du Maroc pour aller en France, j'avais envisagé de construire une carrière sportive. Quitter la France pour me rendre en Angleterre, effectuer un voyage supplémentaire, me permettait maintenant de bâtir mon couple. Je savais que j'allais trouver à Londres la paix intérieure qui me manquait. L'homme du sud que je suis partais encore une fois chercher la lumière au nord, en toute humilité, seule façon de progresser. J'acceptais de descendre en moi pour mieux remonter, et Sandrine me donnait cette force qui m'avait manqué jusqu'alors. J'apprenais à marcher à deux, pas à pas. Et chaque seconde passée ensemble, chaque heure, chaque jour était un pur bonheur.

Que dire de l'amour qui ne soit pas banal ? Que je n'étais moi qu'avec elle, qu'une puissance nouvelle m'habitait. Cet amour m'avait enlevé les poids que je portais sur les épaules, tous les fardeaux que je m'étais mis sur le dos. Il n'était plus question de tâche à accomplir ou d'objectif à remplir. J'étais transporté. Nous partagions sans un mot les mêmes idées, un regard suffisait à faire passer nos sentiments. Sandrine était mon oxygène, elle me remplissait d'air pur. Je ne pouvais plus rien concevoir seul, il fallait que nous soyons deux. Le rugby était loin de mes préoccupations premières, de mes priorités. Je construisais une vie d'homme dans une vie de couple, au tournant de mon existence.

Sandrine a fait émerger de moi tellement de sensibilité et d'amour que je n'imaginais pas en contenir autant. Avec elle, tout, autour, me paraissait nouveau. Mon enfance, les premières années déraciné en France, mon premier mariage, beaucoup de choses m'avaient empêché de me libérer complètement. Finalement, j'étais mon propre point de départ, sans avoir à me référer au passé, à rester trop ancré dans les racines qui parfois me retenaient prisonnier. Par mon histoire, mes trajets, j'avais quelque chose de particulier et de personnel à créer. Elle m'a apporté lucidité, calme, sérénité et je me suis laissé guider. Elle m'a compris, a vu qui j'étais. Nous vivons dans une réciprocité naturelle, une grande confiance.

À mes yeux, Sandrine personnifie la femme dans toute sa splendeur, au sens large du terme, c'est-à-dire la beauté, la sensualité, l'intelligence, la profondeur, l'allure et la présence, l'esprit critique, l'ouverture d'esprit, la pureté, nimbée du mystère des Orientales. Quand son regard se pose sur moi, quand je la regarde dormir, le soir, auprès de moi, je me dis qu'elle est ce qui pouvait m'arriver de mieux.

J'éprouve des difficultés à parler des choses qui me sont intimes. On le voit, Sandrine, je l'admire et n'imagine pas une seule seconde la vie sans elle. J'ai envie de la choyer, car l'amour est une chance. Comme une fleur, il faut l'entretenir, le protéger et, chaque jour, lui porter attention.

Chapitre 20

« ALLONS ENFANTS... »

Le mois de juin 1990 a changé le cours de ma vie. Jacques Fouroux, alors sélectionneur et entraîneur de l'équipe de France, m'avait remarqué lors d'une demi-finale de championnat où mon club, le SU Agen, affrontait l'AS Montferrand au stadium de Toulouse sous une pluie battante. Après avoir suivi ce match que nous remportâmes, il décida que j'étais assez mûr pour rejoindre l'équipe de France à la veille d'une tournée en Australie. À l'époque, pour être autorisé à représenter une nation, il suffisait d'en disputer le championnat. C'est ainsi qu'un pilier argentin sélectionné pour les Pumas, Topo Rodriguez, pouvait porter ensuite le maillot de l'équipe nationale australienne, et qu'une flopée de Sud-Africains et de Néo-Zélandais, universitaires à Oxford et à Cambridge, jouèrent au début du siècle dernier pour les équipes d'Angleterre et d'Écosse.

En ce qui me concerne, j'étais arrivé en France en août 1988 et, tout en possédant un passeport marocain, rien ne m'empêchait donc de porter le maillot bleu-blanc-rouge. Depuis 1871, le rugby n'avait accordé qu'une importance relative à la nationalité de ses serviteurs. On était rugby, quel que soit le pays d'où l'on venait. Ainsi l'Anglais William Crichton et l'Américain Allan Muhr représentèrent la France lors du premier match international des Tricolores, le 1er janvier 1906. Mais jamais aucun Maghrébin n'avait eu cet honneur.

À cette époque, le règlement de l'International Board, organisme qui régit le rugby dans le monde, ne reconnaissait pas le Maroc comme une nation majeure. Comme je n'avais jusque-là disputé que des matchs sous l'égide de la FIRA et aucune rencontre officielle dans le cadre des éliminatoires de la Coupe du monde, mes sélections marocaines n'étaient pas vraiment comptabilisées.

Mais les choses allaient changer à l'orée de la deuxième Coupe du monde. Au printemps 1990, se profilait pour le Maroc un match contre le Zimbabwe, à Harare, qualificatif pour le Mondial 1991. Je reçus ma convocation et à l'instant où je l'ouvrais, Albert Ferrasse, président de la FFR, et Guy Basquet, président d'Agen, insistèrent pour me préciser un point important : j'allais désormais devoir choisir entre le Maroc et le France. Clairement, ils me signalèrent que si je répondais à cette convocation, j'allais être définitivement considéré comme international marocain à part entière par l'International Board, et donc non sélectionnable pour une autre nation. Eux pensaient que mon avenir de joueur de rugby passait par la France, que j'avais le potentiel pour être titulaire dans l'une des meilleures équipes du monde, et qu'il était dommage de gâcher cette opportunité. Mais à aucun moment ils ne me forcèrent la main. Ce choix m'appartenait, disaient-ils. Pas question pour eux d'interférer dans mes décisions. Ils souhaitaient seulement que j'aie présente à l'esprit la perspective d'une sélection en équipe de France et la promesse qu'ils m'avaient faite de m'aider à obtenir la nationalité française, si je le souhaitais.

J'ai donc décliné ma sélection avec le Maroc, ce que les membres de ma fédération n'ont pas du tout aimé. Ils m'ont fait passer pour un traître à la patrie, alors que pour moi il ne s'agissait nullement d'arracher mes racines et de gommer ma fierté d'être marocain. Je souhaitais simplement progresser pour devenir un grand joueur de rugby. Évoluer en équipe de France me semblait la meilleure opportunité possible. Ce différend franco-marocain fut rapidement aplani par l'intervention du président Albert Ferrasse, et c'est ainsi que je me suis retrouvé un beau jour de juin 1990 dans le groupe France embarqué pour l'Australie.

*

Dès ma première sélection s'est posé le problème de *La Marseillaise*... Comment chanter un hymne que je ne connaissais pas ? Plusieurs joueurs de l'équipe de France étaient aussi dans ce cas-là, pour d'autres raisons. J'étais sauvé ! Mais pas pour longtemps. Le soir, j'appelai mon père au téléphone pour lui faire part de mon tracas. Représenter la France et ne pas chanter son hymne me gênait. J'avais l'impression d'être un intrus. Je portais un maillot bleu et j'avais besoin de donner du sens à mon implication dans cette équipe. Comment faire ? Comme je lui posais la question afin qu'il m'aide, voilà qu'il se mit à me tancer. « Tu veux savoir ce que tu dois faire ? Eh bien, tu chantes *La Marseillaise* ! Même si tu ne comprends pas toutes les paroles, même si tu ne saisis pas complètement la signification de cet hymne, tu la chantes, mon fils ! Chante et pense aux gens que tu aimes... Pense à ta famille, mais chante fort ! Pour le reste, tu verras par toi-même, plus tard. »

J'étais abasourdi par ce que j'entendais. Mon père, au téléphone, depuis Oujda, m'encourageait à me sentir français. Une nouvelle aventure commençait pour moi et j'ai suivi son conseil. Je me suis dépêché de donner à l'hymne français, au moins au début, ma propre signification. J'ai donc appris les paroles, j'ai chanté fort et j'ai pensé à ma famille. Mais petit à petit, une transformation s'est opérée.

Au fil des matchs, j'ai compris le véritable sens de cet hymne. Chanter *La Marseillaise* en portant le maillot bleu et représenter la France n'est pas un acte ordinaire. Chaque mot, chaque phrase de cet hymne ramène à l'histoire de la France, à la défense des idéaux de la Révolution française, à l'idée de la souveraineté nationale face à l'envahisseur. Je pensais toujours à mes parents au moment de la chanter, mais elle pesait désormais d'un autre poids. À travers elle, j'ai ressenti le privilège qui était le mien de représenter un pays aussi emblématique que la France.

J'aime particulièrement la première strophe : « Allons enfants de la patrie, le jour de gloire est arrivé ! » Cette première phrase est rentrée directement en moi. La suite, je l'ai murmurée en improvisant, mais pas cette première phrase, que j'ai immédiatement gueulée fort. Elle colle à ce sport de combat collectif qu'est le rugby. « Aux armes, citoyens ! Formez vos bataillons. Marchons, marchons... » Jusqu'au paroxysme. Ce n'est pas une image, c'est une réalité.

En juin 1994, alors que nous étions en tournée en Nouvelle-Zélande, quelque chose s'est produit en moi. Nous allions disputer le premier des deux tests contre les All Blacks et, au moment de chanter *La Marseillaise*, je me suis rendu compte que je pourais mourir sur le terrain, s'il le fallait, emporté par un mélange de peur et d'héroïsme. Représenter la France à l'autre bout de la planète et affronter la meilleure équipe du monde méritait un sacrifice. Ensemble, nous étions forts. Je n'étais plus seulement un homme au milieu des autres, j'étais soudé dans un tout qui s'appelait « équipe de France », plus important que la somme des individus qui la composaient.

*

Mon père n'est jamais venu me voir jouer au rugby. Pas davantage quand j'ai porté le maillot tricolore. Jusqu'à un jour de novembre 1996. Je venais d'être nommé capitaine de l'équipe de France et nous allions affronter les Springboks à Bordeaux. Au cours d'une interview, j'avais regretté son absence, soulignant les difficultés qu'il rencontrait pour obtenir rapidement un visa. Nous avions perdu le premier test et nous devions jouer le deuxième la semaine suivante au Parc des Princes.

Au moment des hymnes, alors que je regardais la tribune d'honneur, surprise, j'aperçois mon père debout en face de moi ! Je ne pouvais plus respirer et mon cœur battait fort, serré par l'émotion. J'ai appris plus tard que je devais cette surprise à l'un des directeurs d'Air France qui, après avoir lu l'article publié, avait fait le nécessaire pour que mon père puisse obtenir son visa. Il l'avait même accompagné jusqu'au Parc des Princes. Ce jour-là, pour la première fois, je l'ai vu pleurer... Nous avons perdu d'un point à la dernière minute, mais j'avais le sentiment d'avoir remporté une grande victoire.

Il a pourtant fallu qu'un abruti du service d'ordre de la FFR, placé à l'entrée du vestiaire, en interdise l'accès à mon père. J'étais pourtant le capitaine de l'équipe de France mais il n'a rien voulu entendre, utilisant même des expressions vexantes et des prétextes minables pour me faire comprendre que mon père n'avait pas le droit de me suivre. J'ai bien failli lui mettre mon poing dans la gueule. Je m'étais ouvert de cet incident auprès du président de la FFR, Bernard Lapasset, et plus jamais je n'ai revu ce grossier personnage, ancien pilier landais, dans l'entourage du Quinze de France.

*

Mon père avait trouvé les mots pour m'éclairer dès le départ de l'aventure. Il était admiratif et fier que je représente la France. Quel que soit le maillot, je serais toujours son fils. J'ai trouvé, malheureusement, des personnes au Maroc qui racontaient que j'avais changé de camp, sans s'imaginer une seule seconde que je m'inscrivais, à titre personnel, dans la durée d'une vie et pas seulement d'une carrière sportive. Ma chance, c'est d'avoir joué pour deux pays similaires, en tout cas unis par des liens très forts. J'étais devenu le trait d'union entre la France et le Maroc. Je n'étais pas d'un pays ou d'un autre, je n'étais pas au milieu non plus, j'étais celui qui les réunissait. Cela dit, ils ne sont pas loin l'un de l'autre, et assez faciles à rapprocher.

Habitant la France, il suffisait que je revienne au Maroc pour vivre au rythme maghrébin. Je retrouvais mes souvenirs intacts et même s'ils tendaient petit à petit à disparaître, je les recréais. À Oujda, j'étais marocain, pas de doute. Mais il suffisait que je croise un Français dans la rue pour que tout se mêle en moi. Il m'a fallu un peu de temps avant de parvenir à maîtriser ces changements de repères incessants. Désormais, tout est rentré dans l'ordre et je ressens un plaisir pur à osciller sans crainte ni tracas entre deux cultures. Au début, j'avais besoin de trois jours pour m'acclimater mais, à force de voyager, ce « calage » s'effectue maintenant sans heurts. J'ai surtout la chance d'être accompagné de mon épouse, Sandrine. Ses grands-parents sont originaires de Guadalcanal, une région très imprégnée de culture mauresque, et elle comprend la dualité qui m'habite, retrouvant au Maroc l'ambiance des villages du sud de l'Espagne, ce qui ajoute à mon bonheur.

Je n'ai jamais limité mes perceptions à deux pays. Posséder une double nationalité et s'en enrichir au quotidien n'est pas une fin en soi. J'ai envie d'aller au-delà. Je suis un citoyen du monde. J'existe partout et rien ne se ferme. Ne pas résumer mon existence à deux périmètres, Maroc et France, c'est aussi adhérer aux valeurs universelles. Pour cela, je l'avoue, il a fallu que je m'extraie de mon milieu familial, que je sorte de mon pays d'origine, que je continue à voyager. À ce titre, partir pour Londres participait de cette volonté d'ouverture. Ne pas se fermer est une lutte permanente. Je me souviens avoir passé des nuits blanches à tenter de comprendre certaines choses, j'ai réfléchi sur bien des sujets, j'ai beaucoup lu, je me suis nourri de conseils avisés et je dois humblement reconnaître que s'il n'y avait pas eu dans ma vie autant de contacts et d'échanges, je ne serais pas arrivé là où je suis aujourd'hui.

Chapitre 21

POUR UN ISLAM DES LUMIÈRES

Reconnaître que Dieu est unique, prier, observer le ramadan, offrir une partie de nos richesses à ceux qui sont démunis et se rendre en pèlerinage à La Mecque constituent les cinq piliers qui assurent la fondation du Coran, dont la lecture régulière permet à ceux qui s'en écartent de retrouver le droit chemin. Il contient, entre autres, une philosophie de vie dans laquelle on se replonge à l'occasion de rendez-vous particuliers comme le ramadan, censé marquer le jour où ce livre sacré nous a été livré. Cette fête nous rappelle la tolérance, le pardon, l'altruisme et la générosité. Notre quotidien nous éloigne de ces valeurs, mais, au moment de la rupture du jeûne, repasser par la Mosquée permet à chacun de se plonger dans les préceptes oubliés. Le Coran y est récité pendant des heures, véritable bain vivifiant.

Le ramadan n'est pas facile à gérer pour un sportif de haut niveau et j'ai travaillé à me construire. En aucun cas, la religion n'a été un frein à mon évolution sportive. Par moments, je veillais à ne pas déranger ceux qui ne partageaient pas mes convictions religieuses. Je faisais partie d'une équipe et c'était à moi de m'adapter au groupe et non l'inverse. L'équipe à laquelle j'appartenais, que ce soit Agen ou le Quinze de France, n'était tournée que vers un seul but : gagner ! Il fallait alors que je fasse preuve de discrétion et que je laisse la religion dans mon cercle intime. Lors de nos déplacements, je profitais toujours de l'opportunité qui m'était donnée de dormir seul dans ma chambre pour prier, sans parvenir à le faire cinq fois par jour, comme il est demandé. Mais le Coran est tolérant. Du coup, je m'arrangeais pour tout regrouper le soir, en une seule fois.

De la même façon, à l'époque du ramadan, il n'était pas question que je risque ma santé en pleine période d'entraînement intensif. Je choisissais donc mes jours dans l'année afin d'effectuer ce jeûne, ce qui n'a jamais affecté ma démarche religieuse. Durant ma première année en France, j'ai voulu tout mener de front, ce qui était incompatible, et j'ai été puni par une déchirure de quinze centimètres à la cuisse. À dix-neuf ans, il fallait que je me brûle. J'ai constaté que la France n'était pas un pays musulman... Au Maroc, en période de ramadan, tout est fait pour que les heures de jeûne ne soient pas pénalisantes. Mais, en France, rien ne s'arrêtait. C'était donc à moi de m'adapter.

*

« Les hommes sont nés différents afin que chacun puisse enrichir l'autre. » Cette phrase tirée du Coran fait partie de celles qui m'ont profondément marqué. Le temps d'en maîtriser tous les sens et me voilà déjà adulte, c'est-à-dire engagé sur un chemin. Ai-je consenti assez d'efforts pour me rapprocher de mon prochain ? Et aurai-je devant moi le temps suffisant pour aller vers lui ? Il n'y a qu'au moment du Jugement que je saurai si j'ai marché assez longtemps, si je suis allé assez loin... Et c'est pourquoi je continue à avancer, sans me préoccuper de savoir combien d'années durera la vie que j'ai devant moi. Quand bien même, vingt siècles ne suffiraient pas à compléter une quête.

Trente ans de vie m'ont été nécessaires afin de parvenir à lire entièrement les textes du Coran. Enfant, je devais avaler les mots, apprendre des passages entiers par cœur pour ensuite les réciter. Puis, ce cap franchi, le Coran m'est apparu comme un guide. J'ai commencé par communier, ressentir de façon diffuse l'intensité qui se dégageait de ce livre sacré. J'ai pu, petit à petit, m'accaparer chaque mot, lui donner une définition et mettre du sens derrière les symboles qui se détachaient. Ma propre réflexion s'est construite au fil de mon évolution personnelle. J'étais poussé, attiré, happé. J'avais envie d'aller plus loin dans la pensée. Entrer dans ce livre sacré, c'est prendre l'oxygène nécessaire à l'accomplissement d'une vie. J'ai saisi l'importance que l'écriture, l'art de la rime et la façon musicale avaient pour souligner des significations profondes, mieux faire résonner les idées.

J'ai pu frotter mes sensations avec les textes comme on frotte deux silex pour faire du feu. Je l'ai donc finalement lu en entier. Mais j'ai l'humilité d'avouer que je n'ai pas encore tout saisi. Le mystère reste vaste et l'interprétation de ce livre m'oblige à une descente en profondeur extrêmement difficile. Il permet à chacun d'entre nous d'en avoir une perception différenciée, en fonction de nos vécus respectifs, de notre vision des choses et du monde en perpétuelle évolution. C'est pourquoi, au premier abord, j'avais beaucoup de retenue et de pudeur à l'idée d'évoquer le Coran tellement il appelle à l'humilité, au respect, à l'intériorisation.

J'ai besoin d'écouter d'autres opinions que les miennes pour enrichir ma pensée et parvenir à construire mes idées. J'avoue sans honte que certains versets ne me sont pas accessibles. Je n'en saisis pas la portée. Bien présomptueux est celui qui peut dire qu'il a entièrement cerné le Coran. Je ne suis pas assez cultivé et sans doute pas assez intelligent pour tout comprendre. J'entends ce que m'en disent des doctes et des érudits. Je n'adhère pas obligatoirement à tout ce qu'ils m'expliquent mais, au moins, je les écoute, ce qui me permet de me faire ma propre opinion, doucement, à mon rythme. C'est pour cela que je trouve dangereuse la démarche de ces imams qui prennent la parole afin d'influencer les illettrés et les analphabètes.

*

La dernière étape de ma démarche, celle de l'osmose, m'a apporté beaucoup de sérénité. J'ai pu établir, dans le silence et la paix intérieure, un rapport personnel avec les textes sacrés. J'aime les lire à la lumière des questions existentielles que je me pose régulièrement ou, plus simplement, pour le plaisir de me plonger dans une philosophie de vie. Mis à part les moments de prières ou le temps des fêtes religieuses, je lis sans obligation, comme je le sens. Quand la journée se termine, que le tumulte s'apaise, dans une ambiance douce, tamisée, dans le calme et la pureté du corps et de l'esprit, j'ouvre alors les pages du Coran. Il s'agit toujours d'un moment choisi, qui ne dure parfois qu'une demi-heure, pas davantage, mais intense, profond et protégé.

*

Certains des mots qui traversent cet ouvrage vont me suivre pendant toute ma vie. C'est un étonnement renouvelé que d'y trouver des exemples précis, guère transposables à la première lecture. Au début, ils paraissent évidents, simples et clairs, mais petit à petit, à force de réflexion, leur accès devient de plus en plus difficile. En effet, d'autres sens apparaissent. Il me faut alors aller derrière la façade pour dénicher le ou les sens qui s'y trouvent. J'ai aussi compris que certains versets ne sont pas vraiment en phase avec le monde actuel et qu'il est impossible de les mettre en rapport avec mon quotidien. Les connexions, et elles existent, se situent plus loin que l'endroit où je me trouve, ce qui me pousse à explorer ce que je ne connais pas.

Ce livre sacré garde sa part de mystère. Il demande toute une vie à qui veut le résoudre, ou du moins tenter d'apercevoir un bout de réponse. J'imagine que cette part qui ne se montre pas n'est pas un hasard. Elle participe d'une démarche. Ce qui se dérobe est fait exprès afin que le Coran réveille mon imagination, stimule ma réflexion. Je ne peux pas rester en surface, j'ai besoin d'aller puiser au fond de moi pour débusquer une vérité. Il n'est d'ailleurs pas certain que je puisse la trouver. La réponse, dans son intégralité, nous sera donnée le jour du Jugement et, contrairement à ce que beaucoup de personnes pensent, cette perspective n'a rien d'effrayant. Au contraire, elle m'apporte la paix dont j'ai besoin et m'aide à cimenter les pierres qui construisent ma personnalité.

*

Un passage du Coran met sur un pied d'égalité Jésus, Moïse et Mahomet et donc aussi ceux qui les écoutent. Tel est le message de tolérance dont on ne parle malheureusement pas assez. Et si le Coran incite à la rencontre, il incite de la même façon à découvrir ce qui différencie chacun d'entre nous. Dans le monde troublé où nous vivons, cette invitation constitue pour moi un véritable apaisement.

Le monde, la vie et la religion évoluent. Oulémas et théologiens de l'islam doivent en tenir compte et s'accorder d'une modernité en marche en trouvant leur propre mode opératoire. Les sociétés occidentales ont brisé des traditions ancestrales, à commencer par la féodalité, pour accéder assez récemment à la laïcité et à la démocratie, entre autres. Les sociétés musulmanes, afin d'avancer vers plus de lumière, peuvent difficilement reconnaître leurs racines dans la violence et la rupture définitive. De la même façon qu'il est vain de jeter à la face de l'Orient les modèles de l'Occident. En effet, les musulmans considèrent que l'État est le garant de l'ordre moral imposé de façon séculaire par la religion. Sauf qu'il est risqué, comme c'est malheureusement le cas un peu partout, de remédier aux problèmes modernes en restaurant un ordre ancien. Seules les aspirations démocratiques les plus vives et des lectures nouvelles du Coran peuvent changer les choses. Nous avons nos propres voies à trouver pour progresser et il suffit de regarder le choix du Maroc concernant le Code de la famille pour s'en convaincre. Voilà, il me semble, une décision courageuse, digne et logique. Nécessaire, surtout, car que ce soit entre Maghrébins ou, plus largement, entre sunnites et chiites, du fait de nos différences culturelles, traditionnelles et religieuses, nous divergeons, nous ne sommes pas d'accord sur l'interprétation de certains textes fondamentaux, nous ne partageons pas les mêmes points de vue. Ce qui est aussi valable pour les diverses sensibilités chrétiennes, catholiques, protestantes, évangélistes qui, elles aussi, se déchirent.

Allah a dit : « Je vous ai créés peuples et tribus différents pour que vous vous connaissiez. » Et finalement, ce sont des fossés que les humains creusent. Les populations grandissent, les êtres cherchent à s'élever, leurs besoins évoluent, et des pays comme l'Algérie et le Maroc auraient pu se condamner eux-mêmes s'ils ne s'étaient pas ouverts à d'autres mondes, à d'autres façons de vivre et de voir. Quand les comportements changent, les lois elles aussi doivent changer. Prenons l'exemple des droits de l'homme : ils doivent être reconnus partout à la surface du globe, sinon régnera le chaos politique et économique, un déclin qui mène tout droit à ce que l'on voit aujourd'hui en Irak, en Afghanistan, mais aussi aux États-Unis, à savoir l'exclusion, les attentats, l'impunité, jusqu'à bafouer le droit des nations à se gouverner.

La France, en 1905, a voté la séparation de l'Église et de l'État, un acte extrêmement courageux qui a propulsé la liberté de conscience en avant pour guider l'homme hors des dogmes. Mais en ce qui concerne l'évolution politique du Maroc, ma réflexion ne peut pas être purement républicaine. Le changement, dans le croissant du Maghreb, ne sera jamais radical et brutal. Il s'agit plutôt d'une mise à niveau progressive, d'un travail réel sur le terrain, dans les familles et dans les esprits. Le Coran a mis vingt-six ans pour parvenir à sa forme finale, telle que nous la connaissons aujourd'hui. Je ne pense pas, comme beaucoup de religieux, qu'il soit incréé. Il a plutôt été créé petit à petit, en fonction des besoins et de la réalité d'une époque. Un problème se posait, le prophète questionnait et la réponse se trouvait dans un verset. Le Coran est notre fil conducteur sur une durée déterminée, mais c'est à nous d'aller chercher des réponses appropriées au contexte dans lequel nous vivons. Il n'est pas question de remiser le Coran mais de le lire de façon plus moderne, de tenir compte de l'environnement, de l'évolution des mentalités.

Il n'est pas concevable de porter le voile à l'école de la République, laïque. Je peux considérer qu'un adulte soit libre de ses choix, encore que ce soit un peu plus complexe que cela, mais un enfant, sous la coupe de ses parents ou de ses grands frères, influencé par sa communauté, n'est pas responsable de ses actes... Et ce n'est pas uniquement valable pour le voile mais aussi pour d'autres signes religieux ostensibles. Il faut absolument, pour ceux qui vivent en France, respecter l'histoire laïque de cette institution scolaire. Encore que pour ce que l'on a pu en voir, seuls une centaine de cas isolés ont été recensés, ce qui, vu le nombre d'établissements scolaires concernés, est relativement faible, voire anecdotique. Qu'en entreprise ou à l'université une population composée d'individus majeurs choisisse de porter le voile est un autre débat qui touche à la liberté de chacun de sortir habillé comme il l'entend. Il suffit de se remémorer la prise en otages des deux journalistes français, Christian Chesnot et Georges Malbrunot par des milices extrémistes en Irak dont la première revendication fut, on l'a oublié, de demander l'annulation de la loi sur le port du voile à l'école...

*

Faut-il réformer l'islam ? La question revient sans cesse. Et si les musulmans commençaient par prendre connaissance par eux-mêmes du Coran plutôt que de se laisser guider par les théologiens et les petits imams de quartier ? Pourquoi continuer à voir les choses en blanc et en noir, en fonction du bien et du mal, du permis et de l'interdit. Pourquoi ne pas apporter, enfin, d'autres lumières pour éclairer les Hadith ? Parmi les nouveaux philosophes musulmans qui cherchent à faire bouger les choses, je me sens particulièrement en phase avec l'écrivain Malek Chabel. Il milite pour un islam des lumières qui renouerait avec une pensée critique qui fait sienne les valeurs de notre époque et ouvre la voie à la modernité. J'apprécie qu'il se batte pour que nous distinguions l'histoire symbolique de l'islam et l'histoire réelle, pour que nous mettions à profit les sciences sociales et politiques, la psychologie et l'anthropologie afin de mieux étudier la pensée islamique.

La langue arabe a été longtemps porteuse d'une culture profonde et riche. C'est par elle qu'ont été transmis, entre autres, l'algèbre, la géométrie, les mathématiques, l'astronomie, la composition musicale, la pharmacie, l'architecture, la navigation, la philosophie. À nous de la valoriser. De rappeler qu'avant Diderot et Voltaire les premiers grands esprits critiques étaient des penseurs musulmans, intéressés par ce qui était compris entre les lignes du Coran.

Personne ne peut parler en notre nom à nous, individus libres, et je supporte mal qu'on fasse de l'islam, qui est une grande religion, porteuse d'une immense culture humaniste, un creuset d'intolérance, d'exclusion et d'oppression de la femme. Je suis blessé quand le monde musulman est perçu comme un foyer de despotisme. Il est temps que les prédicateurs cessent d'imposer leurs vues au reste des musulmans et arrêtent de parler en notre nom. Cultivons plutôt l'intelligence, la curiosité, l'esprit critique et le plaisir au travail, exploitons nos potentialités, cultivons les valeurs de respect de la dignité humaine, renforçons les rapports sociaux et professionnels entre hommes et femmes à l'intérieur du monde musulman, entre filles et garçons, entre l'État et les citoyens, développons le savoir et la connaissance qui sont les seules vraies richesses, sortons définitivement des visions étriquées qui nous sont imposées.

*

Personnellement, je me reconnais aussi dans certains textes de la Torah ou de la Bible, lesquels, ce n'est un secret pour personne, ont beaucoup de points communs avec le Coran. Je me suis enrichi à la lecture de tous ces livres sacrés. À l'homme de choisir, de vivre, de suivre son chemin. Il est dangereux de dépendre d'une volonté politique, d'une communauté, d'une tradition et d'une culture. L'homme libre ne doit pas se laisser conduire. Les plus faibles et les plus fragiles, ceux qui ne sont pas capables de s'assumer seuls face au Créateur, écoutent trop souvent de mauvaises paroles. Finalement, livré à lui-même, l'homme doit être capable d'être son propre prophète en pleine lumière, c'est en tout cas de cette façon que je comprends le Coran. Comme dans toute pensée écrite, l'interprétation domine. Un philosophe des Lumières, Montesquieu, a écrit une phrase sur laquelle nous devrions tous méditer et que je livre à votre réflexion : « La lettre tue mais l'esprit vivifie. »

Chapitre 22

Passions et vocations

Pourquoi aimer la musique classique plutôt que le jazz, les montres davantage que les tableaux ? Pourquoi suis-je fasciné par la médecine ? Ma personnalité s'est façonnée lentement, à partir de morceaux d'existence, petites touches d'envies et d'attirances. Ainsi, ma passion pour les montres, par exemple, me vient directement de mon père. Il possédait une élégance naturelle, cette allure aristocratique que tout le monde lui enviait. Il ne portait pas de bijou. Alors il s'achetait des montres extraordinaires qu'il mettait à son poignet et parfois, ces amis, lorsqu'ils revenaient de voyages à l'étranger, ne manquaient pas de lui en offrir une. Il se rendait aussi dans l'enclave espagnole de Melilla afin de se procurer celles qui n'étaient pas vendues au Maroc, et qu'il assortissait aux magnifiques costumes qu'il portait. Mon père ne dépareillait pas aux côtés des nombreux coopérants qu'il côtoyait. J'étais quasiment hypnotisé par sa prestance, incapable de le quitter des yeux. Je crois bien que le plus important n'était pas ce qu'il portait ou ce qu'il aimait, mais ce qu'il était. S'il avait eu une passion pour les chaussures ou les chapeaux, j'aurais eu la même. J'avais tout simplement envie de le copier, de lui ressembler, d'avoir son allure.

Le jour de mes seize ans, il s'est approché de moi et m'a

offert une grosse Tissot, avec un chrono, une montre rare pour l'époque. Je l'essuyais en permanence. Je passais mon temps à la regarder. Non pas pour connaître l'heure mais parce qu'elle était belle et que j'en étais fier. Elle m'aidait à m'évader et un tas de choses me traversait l'esprit. Comment mettre une mécanique si fine et si précise dans un si petit objet ? Comment parvenir à installer autant de ressorts à la main ? Ce travail méticuleux, cet exploit technologique m'impressionnaient. L'artisanat est une part importante de l'expression marocaine, pas seulement une économie. Des hommes habiles travaillent la terre, l'argile et les métaux. Je possède des plateaux et des théières magnifiques, fabriquées à petits coups de marteaux. Mais qu'un tel mécanisme d'horlogerie miniature puisse fonctionner à mon poignet demeurait un mystère.

Une grande complicité s'est établie entre mon père et moi sur ce sujet. Il m'a prêté une Seiko, puis une Citizen et une Omega, c'est-à-dire les montres à la mode de l'époque. J'ai eu l'impression qu'en partageant avec moi sa collection mon père m'adoubait. Il me montrait que j'étais devenu, à ses yeux, un adulte. J'avais avec lui non seulement une complicité mais aussi des points communs physiques. Il était grand et costaud, et moi j'étais le plus imposant de ses fils. Il pesait cent quatre kilos pour un mètre quatre-vingt-six et j'allais sur ses traces. J'avais du mal à m'habiller à ma taille dans la mesure où la majorité des Marocains mesure un mètre soixante-dix. Chaussures, costumes, tout était trop petit pour moi. Soit je devais me procurer des vêtements dans l'enclave espagnole, soit il me fallait porter les siens. C'est ainsi que j'ai mis une veste en daim à dix-sept ans, des pantalons rayés en Tergal, une parka, un imperméable, tout ce dont un adolescent a besoin quand il veut ressembler à un adulte.

En 1990, dès que j'ai eu un peu d'argent, j'ai pu commencer ma propre collection de montres. Tous les trois mois, j'achetais une Swatch. Je voulais attirer l'attention en portant quelque chose que les autres n'avaient pas. Une montre ajoute à l'élégance d'une tenue. En 1991, pour mes premières sélections en équipe de France, j'ai acheté une Breitling, un gros investissement à l'époque, même si j'étais bien rémunéré avec Agen et l'équipe de France. Pour la petite histoire, je me suis arrangé pour qu'un ami me la rapporte de Dubaï où tout est nettement moins cher...

Mon père possédait une dizaine de montres et j'en ai gardé deux, celles qu'il m'a données. Je regarde cette collection avec nostalgie car j'y retrouve l'image de mon père disparu. Quand il venait me rendre visite en France, il admirait mes montres et nous en parlions à sa façon, c'est-à-dire avec peu de mots. Je voyais son regard briller et mesurais ainsi l'admiration qu'il avait pour mes acquisitions. Je lui ai fait cadeau, un jour, d'une Beaume et Mercier, ce qui était ma façon de revenir au point de départ, puisqu'il m'avait offert l'une des siennes...

Aujourd'hui, je possède une quarantaine de montres. Certaines, de grande valeur, sont assurées. En particulier celle que Serge Kampf offre aux Barbarians français, une Patek Philipe en or fin que je garde précieusement dans un coffre. Elle est un peu petite pour moi, mais reste un beau souvenir. Son histoire mérite d'être racontée. Je l'avais vue au poignet de certains joueurs de l'équipe de France et de quelques anciens. Une montre racée, magnifiquement dessinée. Admirable. Mais jamais je n'aurais osé porter la même. Durant l'été 1991, nous étions au Cap d'Agde afin de préparer la Coupe du monde. Je rentre dans ma chambre et je trouve un paquet posé sur mon lit. J'ouvre l'écrin et découvre cette Patek Philipe, gravée à mon nom. Un peu plus tard, quand il a fallu changer la pile, j'ai trouvé la note salée. Ce que je ne savais pas, et l'employé de la bijouterie non plus, c'est qu'en plus de la montre Serge Kampf avait aussi pris à sa charge toutes les réparations. Semblable mésaventure est arrivée à l'ancien kinésithérapeute de l'équipe de France, Antoine Galibert, quand il a voulu la faire réparer. Les travaux étaient tellement coûteux qu'il a préféré la laisser deux ans en dépôt chez l'horloger... Jusqu'à ce qu'il se ressaisisse et la récupère !

J'aime l'objet, le bijou, le défi technologique, mais une montre marque d'abord le temps qui s'écoule, toujours trop vite. Quand je suis entré dans la vie active, j'ai appris à maîtriser mon agenda. Chaque minute était précieuse. Je voulais exploiter au mieux ma journée. Et, du coup, je passais mon temps à regarder ma montre.

Je suis parvenu à me détacher de l'idée qu'une montre est utile pour n'en voir que sa beauté, mais cela n'a pas été facile. J'ai longtemps été esclave du temps. J'ai eu beaucoup de mal à comprendre que l'existence ne se conçoit pas uniquement en fonction des rendez-vous inscrits sur un agenda. Je culpabilisais à l'idée de me laisser vivre, de rester contemplatif. Je suis trop formaliste. Je calcule beaucoup, basculant vite dans les à-priori. Heureusement, mon épouse veille sur moi. Elle me rappelle en permanence à plus de souplesse et de calme. J'ai besoin d'être apaisé. Je ne suis pas naturellement serein. Je tombe facilement dans le piège du sur-régime. J'ai toujours un projet en tête, j'ai envie de le voir terminé et je me fixe des dates butoirs. Pourtant, ce qui importe dans une vie, c'est son contenu, pas les repères qui la balisent. J'aimerais pouvoir faire l'éloge de la paresse, vider mon esprit, être définitivement zen. Seul le golf parvient vraiment à me détendre.

J'ai en fait peur de me retourner sur ma vie et d'avoir la désagréable impression que le plus important ne consistait qu'à être ponctuel aux rendez-vous sans que les actes aient un sens. Autour de moi, les gens regrettent le temps qui passe trop vite. Ils peuvent avoir réalisé des choses exceptionnelles mais, arrivés à l'automne de leur vie, ils paraissent soudain tendus et stressés. L'angoisse les marque au corps. Ils n'ont pas pu voir et saisir les choses simples qui parsemaient leur existence. Personnellement, je n'ai pas envie, quand viendra mon tour, de vivre cette détresse.

*

Durant mon enfance au Maroc, la musique a toujours été très présente. Au moment de la sieste, mes parents écoutaient des airs andalous, héritage des migrations mauresques, une mélodie douce ancrée dans le nord du Maroc. Je n'aime pas particulièrement le raï, sauf à l'occasion des fêtes. Je préférais cette musique calme jouée sur des instruments typiques à cordes. Elle incitait à la méditation, au repos. Quand je suis arrivé en France, je n'ai pas eu le temps de rechercher l'équivalent de cette musique dans les magasins de disques. J'étais coupé de mes habitudes. Alors, je me suis mis à écouter la radio, appréciant de plus en plus la musique classique. J'ai acheté quelques CD de Bach, de Vivaldi et de Mozart. J'y ai trouvé douceur et subtilité. Ces harmonies nouvelles pour moi m'apaisaient. Un peu plus tard, j'ai découvert que Jean-Sébastien Bach était une source d'inspiration pour de nombreux musiciens jazz mais aussi des compositeurs africains contemporains, dont je possède de nombreux enregistrements récents.

Il m'est arrivé des expériences douloureuses, comme par exemple de perdre un coéquipier de l'équipe de France, Dominique Bouet, mort dans des circonstances dramatiques lors de la première tournée que j'effectuais, en Australie, en juin 1990. Lors de son enterrement, je suis entré dans une église. J'ai alors ressenti des émotions auxquelles je ne m'attendais pas en écoutant l'orgue et les chants durant la messe donnée à sa mémoire. J'étais bouleversé. La perte d'un camarade, associé au recueillement qu'inspirent l'intérieur d'une église et la richesse de la musique classique, suscitait en moi des émotions extrêmement profondes.

Par la suite, je suis revenu dans une église à l'occasion de mariages, de célébrations et malheureusement aussi de disparitions. Chaque fois, j'ai retrouvé cette forme d'apaisement. L'église, comme la mosquée, ressemble à un îlot de calme au milieu d'une tourmente. Cela dépasse l'idée que l'on se fait de la religion et de la façon dont chacun vit le culte. Il y fait frais, le silence règne. Ces endroits dégagent une sérénité universelle. Chaque fois que je suis entré dans un de ces lieux de recueillement, j'ai senti quelque chose changer en moi. Sans doute parce qu'il me faut me dépouiller de mes pensées ordinaires. L'esprit seul doit entrer, nu. Cela prend du temps et beaucoup d'efforts de concentration. Mais le silence aide à se fixer sur l'essentiel. C'est le moment de l'introspection, du retour à l'intérieur, l'occasion d'explorer notre sphère intime.

S'il existe une forme musicale qui résume à la fois l'expression heureuse de l'homme, l'harmonie entre les êtres, la richesse d'écriture et la sérénité d'un lieu, c'est bien le chant choral. Quelle beauté... Mon épouse chante, et c'est une chance pour moi. J'ai été invité plusieurs fois à l'écouter mais rien ne remplacera ce que j'ai ressenti quand elle m'a avoué qu'en 1999, avant la demi-finale contre la Nouvelle-Zélande à Twickenham, elle avait prié pour moi en chantant. Ce jour-là, contre les All Blacks, j'étais poussé par une énergie incroyable. Je veux et j'aime croire que ses pensées et sa voix ont décuplé mes forces.

Parmi tous les grands sports, il n'y a que le rugby pour exprimer autant d'émotions à travers les chants. Il suffit d'écouter *Flower of Scotland* et *Land of My Fathers* pour le comprendre. Je n'avais jamais imaginé à quel point des hymnes pouvaient transporter les foules. Le chant écossais est assez nationaliste, mais l'hymne gallois, dont certaines paroles évoquent la poésie et l'art, crée une ambiance unique. Il faut d'abord imaginer le joueur de rugby sortant de son vestiaire, motivé, entouré de ses coéquipiers, prêt à aller au combat, et sur le terrain l'état d'excitation naturelle qui prélude à ce genre d'affrontement. Chacun représente ses couleurs, une nation, et soudain monte du stade *Land of My Fathers*, chanté par soixante mille personnes. C'est alors que se produit l'impensable, c'est-à-dire que même les Français communient avec le public gallois. Cela n'a rien à voir avec la technique ou la tactique. Ce chant transcende ceux qui l'interprètent comme ceux qui l'écoutent. Quand j'affrontais les Écossais ou les Gallois, j'avais envie de chanter leurs hymnes. J'étais tellement concentré et remué par *La Marseillaise* que je ne me rendais pas compte de ce que je faisais. Je me soupçonne, deux ou trois fois, à la suite de l'hymne français, d'avoir aussi fredonné celui de mes adversaires.

Maintenant que mon expérience de la musique s'est enrichie et que j'ai davantage de connaissances dans ce domaine, l'opéra me paraît tout réunir, c'est-à-dire à la fois les chœurs et la ferveur du public qui communie. C'est une forme d'écriture musicale très particulière, et la mise en scène lui donne cette force que j'ai ressentie, debout, au milieu du stade de Cardiff, pendant que les Gallois chantaient. Par chance, j'ai pu assister à plusieurs représentations d'opéras à Paris, à Londres, à Versailles et à Lille et j'avoue avoir été étonné par les points communs qui existent entre cette forme musicale et le rugby international, quand il est joué à Cardiff ou à Édimbourg. Je comprends que ceux qui associent l'architecture, la ferveur des passionnés et la voix humaine, c'est-à-dire le lieu, le public et les chœurs, apprécient l'opéra. Cela dit, tout le monde n'a pas besoin d'avoir disputé le Tournoi pour écouter Verdi ou Puccini. Et réciproquement.

*

Si je ne m'étais pas destiné très jeune au rugby, j'aurais certainement suivi la voie tracée par mon oncle Ahmed. Tous les frères de mon père avaient choisi le commerce, sauf lui. Il a mis du temps avant d'obtenir son diplôme de médecin et mon père l'a beaucoup aidé à poursuivre ses études, que ce soit à Rabat, à Montpellier puis à Bordeaux. Faire médecine, comme on dit, a été vécu par la famille comme une cassure, un choix iconoclaste. Quand mon oncle a commencé à exercer à Oujda, il s'est régulièrement fait engueuler par ses frères et surtout par mon grand-père parce qu'il refusait de faire payer les malades qui n'en avaient pas les moyens. Il n'acceptait pas l'idée que les plus démunis ne puissent pas être soignés.

Pour lui, un médecin ne devait pas penser à s'enrichir quand ceux qu'il souhaitait aider n'avaient pas de quoi vivre. Il avait choisi la médecine pour soulager son prochain. Par vocation. Sa secrétaire téléphonait régulièrement à mon grand-père pour lui signaler qu'il continuait à recevoir des patients sans dirhams. Mais rien ni personne n'aurait pu l'empêcher de continuer à avancer sur la voie qu'il s'était tracée.

Je débordais d'admiration pour lui. Il distribuait gratuitement des médicaments, et sa générosité lui donnait une telle dimension que j'ai eu envie, à mon tour, de devenir médecin. J'aimais sa démarche : elle tranchait avec celle du reste de la famille, toujours soucieuse de gagner de l'argent et de s'enrichir. Conquérir son diplôme dans la douleur, en luttant, sourd aux critiques, lui conférait une dimension particulière. Sa part d'humanisme m'inspirait. Il me parlait souvent de la France, des amis qu'il avait là-bas et ses lectures du Coran étanchaient ma soif de savoir.

Ahmed a toujours été une de mes références. J'ai eu envie de suivre ses traces. Mais ce n'était qu'un rêve. Je n'avais pas le niveau intellectuel suffisant pour décrocher un diplôme de médecine. Si le rugby ne m'avait pas happé, je me serais rabattu, en fonction de mes capacités scolaires, vers une profession paramédicale, toujours dans le souci de m'occuper de mon prochain. J'ai vu beaucoup de pauvreté autour de moi, au Maroc. En sortant de mon cocon familial pour aller me frotter à la vraie vie, j'ai pris conscience de ce qui m'entourait. C'est à ce moment que j'ai compris, dans la religion, le sens du partage. Mes parents ont toujours été très attachés à ce geste. Ils n'ont jamais refusé de donner une partie de ce qu'ils possédaient aux associations et aux nécessiteux. Et même si aujourd'hui ce don est institutionnalisé, il consiste toujours à aider les êtres qui en ont besoin.

Pour ma part, j'ai toujours cherché à rendre à ceux qui m'avaient donné. Partager, c'est tendre un fil personnel et intime qui nous relie au Créateur en soulageant du malheur et de la peine. Une générosité dont on ne se vante pas, par pudeur, par respect. Par conviction aussi.

Chapitre 23

Le tour du monde en ballon

Même en dépensant des centaines de milliers d'euros, jamais je n'aurais pu effectuer les voyages que le rugby m'a permis de vivre dans plus de quarante pays. Partir à l'étranger, ce n'est pas seulement visiter, photographier, envoyer des cartes postales et rentrer chez soi la tête pleine de paysages, c'est d'abord ressentir des émotions, s'intégrer, rencontrer et échanger. Ainsi, pendant vingt ans, le rugby m'est apparu comme une suite magique et inespérée d'opportunités de découvrir le monde et les êtres qui le peuplent. J'ai commencé par les pays de l'Est et Bruxelles alors que je n'étais qu'un adolescent. Comme mes coéquipiers, je ne pensais qu'à prendre des photos, rapporter des souvenirs et noter des adresses. Forcément, l'esprit ailleurs, nous revenions avec de mémorables défaites.

À partir de 1990, au sein de l'équipe de France, les choses ont pris une autre tournure. Il fallait impérativement gagner les matchs et pour cela se préparer sérieusement. J'ai donc expérimenté l'entraînement en tournée qui était, sous la baguette de Jacques Fouroux puis celle de Pierre Berbizier, parfois plus rugueux que les matchs internationaux. Ce n'est qu'après avoir sué sang et eau qu'il nous était permis de prendre du plaisir en découvrant le pays. À de rares exceptions près, comme le Canada et les États-Unis, l'équipe de France se dirigeait régulièrement vers les nations de l'hémisphère Sud, c'est-à-dire la Nouvelle-Zélande, l'Australie, l'Afrique du Sud et l'Argentine ; ce qui, il faut l'avouer, n'a jamais limité nos champs d'expérience...

*

J'ai eu la chance de débuter alors que l'inénarrable Jacques Fouroux entraînait l'équipe de France. Un personnage hors du commun, truculent, meneur d'hommes, hâbleur, drôle et coléreux dans la même minute et qui avait pour lui une connaissance inestimable du rugby international et des ressorts humains. Il faut avoir vécu de l'intérieur ses entraînements commandos, ses séances jusqu'à la nuit tombée, les centaines de mêlées recommencées pour savoir qu'il pouvait parfois nous pousser jusqu'en enfer. Sans oublier la motivation d'avant-match, toujours musclée, guerrière et patriotique. En dehors de cela, nous nous amusions... Il suffisait simplement de ne pas perdre de match.

Il a commencé sa carrière d'entraîneur en 1981 et au moment où j'ai rejoint l'équipe de France, en juin 1990, il était sur le point de démissionner, ce qu'il fit un mois plus tard, à l'automne, remplacé par Daniel Dubroca et Jean Trillo. Je dois avouer que de ne pas avoir connu un petit bout de l'ère Fouroux, avec le recul, m'aurait manqué.

En 1990, pour mes débuts, je n'ai pas vraiment profité de mon voyage en Australie. La première semaine, Jacques était piqué à vif parce que l'équipe de France avait perdu contre la Roumanie à Auch, chez lui, dans son fief. Dès la descente d'avion à Sydney, nous avons connu l'apocalypse. Les entraînements se succédaient, plus terribles les uns que les autres, sans que cela nous permette pourtant de battre les Wallabies.

*

L'année suivante, en 1991, la tournée aux États-Unis, plutôt courte, tourna à la foire d'empoigne. Nous étions partis à cinquante et il ne devait rester qu'une trentaine de sélectionnés pour préparer la Coupe du monde. Les règlements de compte se multipliaient durant les entraînements, les clans s'étaient formés et de ce capharnaüm je garde seulement le souvenir d'un deuxième test arrêté à la mi-temps à cause de la foudre qui tombait sur un terrain gorgé d'eau. Nous avions atterri dans le Colorado et nous n'avions pas pu nous balader et découvrir les immensités américaines. Ce n'est donc qu'en 1993, trois ans après mes débuts internationaux, que j'ai commencé à profiter du rugby pour voir le monde. Nous étions en Afrique du Sud, juste après la fin de l'apartheid, et je pouvais sentir la difficulté qu'avait ce pays à panser ses plaies pour tenter d'avancer sur la voie de la démocratie multiculturelle. Je m'étais blessé au genou et ce contretemps m'avait permis de profiter de mon séjour pour mieux connaître les gens, percevoir leur réalité et, à ma grande surprise, comme je l'ai raconté plus haut, rencontrer le président Nelson Mandela. De toute façon, même sans cela, j'aurais trouvé des opportunités pour m'échapper et tenter de comprendre ce pays étonnant qu'est l'Afrique du Sud.

Durant cette tournée particulière, nous nous sommes retrouvés à Kruger Park, la plus grande réserve animalière du monde, d'une superficie égale à deux régions de France, c'est dire l'immensité du site. Les guides nous avaient prévenus : il était fortement déconseillé de sortir des voitures lorsque nous roulions dans le bush. Il n'y a que Jeff Tordo, ami des animaux et de la nature, qui se risquait à braver régulièrement l'interdit, ce qui lui permit un jour de s'approcher à moins de quatre mètres d'un énorme alligator. Nous nous sommes entraînés plusieurs fois dans la réserve. Pierre Berbizier avait déniché, en guise de terrain, un champ boursouflé sur un tapis d'herbe sèche. Réserve animalière ou pas, le coach ne perdait jamais de vue l'objectif sportif. Mais le terrain de rugby rudimentaire sur lequel nous courions devenait, le soir, le terrain de chasse des hyènes et des lions. Alors que nous prolongions la séance autour d'un barbecue improvisé à la tombée de la nuit, des hippopotames se mirent à traverser devant nous et un groupe d'hyènes s'installa à quarante mètres de notre brochettes-party ! Olivier Merle, qui ne craint personne, tenta de les déloger en gesticulant, mais pas un seul charognard ne bougea.

Plus tard, nous avons appris que, non loin de là, dans un petit village, les gens se déplaçaient la nuit en voiture de peur de se faire déchiqueter par les grands fauves qui chassaient juste devant leurs maisons. Cette information n'a pas refroidi nos envies. Convaincus de notre invulnérabilité, nous avons voulu pousser plus avant nos explorations. Nous avions vu tous les animaux de la savane sud-africaine sauf les lions, ce qui générait dans le groupe une grande frustration. Venir de si loin et manquer le roi des animaux ! À cette époque de l'année, les lions boudaient le bush. Pourtant, un soir, par chance, alors que nous étions une fois de plus réunis autour d'un barbecue, un de nos guides raconta qu'il venait de croiser plusieurs lions sur son chemin. Sans hésiter, nous partîmes en 4 x 4. Dans ma voiture se trouvaient Philippe Saint-André et Olivier Roumat.

Au bout de quelques kilomètres, nous apercevons un énorme lion, assis. Nous arrêtons notre véhicule et voilà qu'Olivier Roumat se met à appuyer sur le Klaxon pour exciter l'animal qui se lève brusquement, en colère. Nous faisons demi-tour sur-le-champ mais ce que nous ne savions pas, c'est que l'encadrement de l'équipe de France, c'est-à-dire Pierre Berbizier, Guy Laporte, Hervé Didelot et tout le staff technique, venait de tomber en panne dans le bush, à plusieurs centaines de mètres, hors de notre vue. Leur voiture avait rendu l'âme alors qu'ils quittaient le chemin de terre balisé. Ils étaient désormais condamnés, en pleine nuit, à rejoindre le camp situé à trois kilomètres seulement, armés de leurs couteaux suisses, au milieu des lions irrités par leur présence. Je ne sais plus qui a eu l'idée, mais pour dissuader les fauves de s'approcher d'eux, ils se sont mis à hurler *La Marseillaise*. Nous n'avons pas pu réprimer un fou rire quand nous les avons vus revenir en file indienne, chantant à tue-tête, soulagés d'apercevoir les feux de notre campement.

*

Il m'a fallu attendre 1994 pour découvrir, enfin, le vrai pays du rugby. Un endroit unique au monde. D'ailleurs, pour se considérer comme un authentique joueur de rugby international, il faut avoir disputé un test contre les All Blacks, en Nouvelle-Zélande. C'est en tout cas ce que j'ai ressenti. Au lieu de recevoir des colliers de fleurs autour du cou à ma descente d'avion, comme à Tahiti, j'ai été accueilli par cinq mille gamins qui chantaient et dansaient le haka sur le tarmac avec, en toile de fond, un nuage bas, très noir, qui fonçait sur nous. « Bienvenue aux Français », avaient-ils inscrit en toutes lettres au-dessus de l'entrée de l'aérogare. En fait de Français, les deux premiers tricolores à emprunter la passerelle étaient un Basque et un Marocain...

Le rugby, en Nouvelle-Zélande, est une religion. Tout le monde y joue, dans la rue et les cours d'école, pieds nus dans les parcs, garçons et filles mélangés... Autour de moi, je ne voyais que le noir du maillot des All Blacks, jusqu'à saturer mon cerveau.

Notre programme de visites et d'excursions commençait par une balade en bus le long des côtes sauvages découpées au burin dans la roche, mélange de falaises abruptes, de montagnes qui descendent directement dans la mer, de fjords verts et de baies enchanteresses. Nous en avions déjà plein les yeux quand tout à coup, devant nous, une baleine a surgi de l'océan. Un phénomène courant pour les Néo-Zélandais mais irréel pour nous. Personnellement, je n'avais vu cet animal que dans les émissions télévisées du commandant Cousteau ! Chaque jour apportait son lot de surprises et de découvertes et notamment ce moment fort de notre séjour, au cœur du pays maori, à Rotorua. Nous nous sommes retrouvés au milieu des geysers et des sources bouillonnantes, plongés dans une culture séculaire préservée. Nous étions muets d'admiration.

Pierre Berbizier savait parfaitement doser détente et rugby. Nous nous impliquions à fond sur le terrain mais, en contrepartie, il nous laissait des moments de loisirs afin que nous rechargions nos accus. Il en fallait, de l'énergie, pour battre les All Blacks chez eux, devant leur public. Nous vivions en osmose mais ce n'est jamais suffisant. Il nous fallait connaître quelque chose d'émotionnellement fort, et ça ne pouvait être que sur le terrain, quel que soit le plaisir que nous prenions à visiter la Nouvelle-Zélande. Cette tournée reste d'ailleurs un des moments les plus forts de ma carrière. Afin de démythifier les All Blacks, Pierre Berbizier avait acheté vingt maillots noirs que devaient enfiler les remplaçants lors des entraînements en opposition, au cours de terribles séances de plaquage qui nous laissaient exténués. Un net succès à Christchurch et une victoire difficile acquise lors du deuxième match contre les All Blacks, grâce à « l'essai du bout du monde » amorcé par Philippe Saint-André et conclu par Jean-Luc Sadourny, nous ont permis, pour la première fois dans l'histoire du rugby français et la seule à ce jour, de remporter une série de tests en Nouvelle-Zélande. Dix ans après, nous nous sommes tous retrouvés dans les Landes, pour célébrer cette tournée. Pas un ne manquait à l'appel et le capitaine des All Blacks, Sean Fitzpatrick, nous a même rejoints pour participer à la fête, nouvelle preuve que le rugby n'a pas de frontière.

*

Juste après la Coupe du monde 1995 et la déception d'être passé à côté de quelque chose de grandiose, il me fallait d'urgence tourner la page. De ma première tournée en Australie avec l'équipe de France, cinq ans plus tôt, j'avais gardé les coordonnées de compatriotes exilés en Australie, en particulier mon copain d'enfance Barrada, international marocain, survivant du terrible accident de bus qui avait endeuillé l'équipe de Casablanca. J'étais aussi resté en contact avec Michel, notre traducteur, employé d'une grande banque française installée à Sydney.

Le lendemain de la finale, je les appelle donc dans l'espoir de trouver un port d'attache pour l'été. Warringah, dans le quartier résidentiel de Manly, répond favorablement à la demande que mes amis avaient formulée et, après avoir effectué le voyage retour avec l'équipe de France, je prépare illico mes bagages, direction Sydney, arrivée prévue le 10 juillet. Je ne suis pas le seul à passer quelque temps dans l'hémisphère Sud : Olivier Magne, lui aussi, séjourne à Sydney, invité par le club de l'université.

J'arrive un jeudi après-midi et, sans avoir le temps de récupérer du voyage, me voilà convoqué pour disputer un match le samedi. Ce n'est pas comme chez nous, avec un lever de rideau et ensuite l'équipe première : en Australie, toutes les équipes seniors du club jouent les unes après les autres, en commençant par la sixième équipe, pour finir avec l'équipe une, et cela dure une journée entière.

Je fais immédiatement la connaissance de Rod Macqueen, l'entraîneur de Warringah, qui est associé à Steve Leadbury, une star du rugby à treize à Sydney. Petite parenthèse : j'ai pu constater que le jeu à treize demeurait le sport ovale numéro un à Sydney, avec une moyenne de trente mille spectateurs par match, et quels matchs ! Intenses, spectaculaires, sans arrêts de jeu... Les quinzistes luttaient pour ne pas sombrer. Pendant que j'étais à Warringah, deux de mes coéquipiers ont signé dans le grand club treiziste de Manly. Plus que ravis, ils allaient pouvoir faire du rugby leur profession et toucher un gros salaire.

Autant le treize m'a emballé, autant je n'ai jamais pu adhérer au cricket. Dans ma tête, je partais pour deux heures et je suis resté une journée à m'ennuyer dans la tribune. Les dirigeants buvaient du vin blanc et moi, je ne ressentais aucune émotion particulière. Je ne comprenais rien à ce jeu. Je crois bien avoir passé là le jour le plus long de ma vie.

Rod Macqueen, donc, que je rencontre dès la descente d'avion, me propose tout de suite de jouer troisième ligne aile. Comme en équipe de France. Mais le titulaire du poste se vexe. Surnommé « The Brain », le cerveau, ce fêlé complet ne pense qu'à plaquer. Je sens bien qu'il m'en veut et il faut que je mette sans attendre les choses au point. Pendant une séance de plaquage où il tient le bouclier, je le percute de toutes mes forces. Il part sur les fesses à trois mètres et tout rentre dans l'ordre.

Le match, lui, se déroule sans encombre. Encore sous l'effet du décalage horaire, je marque quand même deux essais et immédiatement après le coup de sifflet final s'engage la troisième mi-temps. Au détour d'un bar, je rencontre deux Français, Florent Rossigneux et Philippe Farner, globe-trotters du rugby. J'ai récupéré une voiture et ils me guident dans le centre-ville de Sydney. Il faut savoir que Manly est situé à une trentaine de kilomètres, en banlieue. Je ne tiens pas à m'éterniser mais ils me traînent au *Hell's Fire*, le Feu de l'Enfer, une boîte de nuit réputée. Le sommeil m'emporte. Florent et Philippe, eux, ne sont pas pressés de quitter l'établissement. Ils insistent pour faire la fermeture et personne n'est capable de m'indiquer le chemin du retour. Finalement, muni de vagues directions, je prends la voiture, roule à gauche et me plante totalement de chemin. Je tourne, vire, cherche, et le petit matin se lève au moment où je parviens à rejoindre l'immense appartement de deux cent cinquante mètres carrés, avec vue sur la baie de Sydney, que j'occupe avec l'ouvreur Gregor Townsend, en stage à l'ambassade d'Écosse.

Greg, c'est le plus latin des Anglo-Saxons. Il sait cuisiner, ce qui est rare en Grande-Bretagne, et possède une descente de bière vertigineuse. Je l'ai souvent ramené complètement saoul et parfois le trouvais au petit matin allongé devant la porte de l'immeuble, en train de dormir, n'étant pas parvenu à insérer sa clé dans la serrure... Je le montais, je le couchais et, le lendemain matin, il ne se souvenait plus de rien. En revanche, il partait immédiatement courir une heure pour transpirer et éliminer les toxines de la veille.

L'Australie est un pays magnifique où la nature est présente à chaque instant et l'écologie, un devoir citoyen. Un matin, très tôt, je reçois un coup de téléphone de mon président qui m'invite à venir immédiatement le retrouver sur la plage, au pied de la résidence. Il me promet une surprise. Effectivement, les gens boivent le café en terrasse en admirant un groupe de baleines à trois cents mètres de là. Irréel ! Dans le même temps, les militaires français multipliaient les essais nucléaires dans le Pacifique et les Australiens déversaient le contenu des bouteilles de vin de Bordeaux et de Bourgogne dans les caniveaux. Sur les murs était inscrit : « Stop the Frogs » ! C'est la seule fois où j'ai évité de mettre le maillot de l'équipe de France.

Je craignais aussi de souffrir de l'image négative que j'avais laissé lors de la tournée de l'équipe de France en 1990, avec mon expulsion. Je me revois sur grand écran, sifflé par le public. Mais, cinq ans plus tard, personne ne m'a fait la moindre réflexion désobligeante. J'ai même retrouvé Peter Fitzsimons, devenu journaliste au *Sydney Morning Herald*, qui m'a proposé une interview durant laquelle nous avons évoqué les coups de poing qu'il avait pris en pleine poire ce jour-là. Pour l'Australien, le rugby français est un sport pratiqué par des voyous, des gens sans éducation, qui ne pensent qu'à frapper. Notre championnat, et Peter Fitzsimons était bien placé pour le savoir puisqu'il a joué dans les années quatre-vingt avec Brive, est le plus dur qui soit, au sens violent du terme. Je lui ai quand même certifié que les choses avaient bien évolué en dix ans, depuis qu'il avait quitté la Corrèze...

Bob Dwyer, l'entraîneur des Wallabies, m'a invité à venir le saluer à l'Académie du sport de Sydney. J'ai pu ainsi passer une journée avec l'équipe nationale durant la préparation d'un de leur match de Bledisloe Cup. John Eales, le capitaine, et Phil Kearns, le talonneur, m'ont accueilli de façon extraordinaire. Seuls les joueurs de la Nouvelle-Galles du Sud savaient que je jouais dans leur championnat. Ceux de Brisbane, qui disputent une autre compétition, n'étaient au courant de rien. Il y avait donc des regards complices et d'autres étonnés, car entre ces deux métropoles distantes de deux mille kilomètres, rien ne transpire. En revanche, tous m'ont demandé si je m'étais mis au surf, une pratique généralisée en Australie. Après avoir pris la collation d'avant-match avec eux, j'ai assisté à la rencontre en tribune officielle au Sydney Stadium. Ils ont été battus par les All Blacks, 34-23, mais ça ne les a pas empêchés ensuite de boire un coup.

J'ai surtout été marqué positivement par leur ouverture d'esprit, leur tolérance. Je ne me suis jamais senti différent par mes origines. Je n'ai jamais vu que ma couleur de peau, mon teint mat et mes cheveux crépus étaient un frein à quoi que ce soit. Personne ne m'a jamais regardé de travers. Cette absence de préjugés m'a permis d'adopter immédiatement la même attitude, c'est-à-dire respecter l'originalité. Sydney est une métropole cosmopolite, multiethnique. Libanais, Grecs, Italiens, Chinois... Toutes les nationalités sont représentées et vivent dans certains quartiers bien distincts mais en harmonie. J'ai pu déguster un couscous dans une mosquée construite par la communauté marocaine, et rencontrer durant la prière du vendredi des Palestiniens exilés, ainsi que des Turcs. Seule image choquante, la vision des aborigènes le long des quais d'embarquement des ferry-boats, en plein centre-ville, ivres, mis au rebut d'une société qui renvoie parfois au passé colonisateur des Anglais.

Warringah, club amateur dans toute sa splendeur, vivait son rugby au soleil. Mais chacun des joueurs qui composaient l'effectif de l'équipe première abordait ce jeu avec une attitude très « pro ». Concentration, rigueur, responsabilisation. Jamais de discours avant le match, pas de motivation avec « remontage de pendules », beaucoup d'humilité. Toutes les équipes du club défilaient dans le même vestiaire. Il fallait donc partager. Nous nous installions, l'entraîneur prononçait deux mots et il était temps d'aller en découdre sur le terrain.

Nous sommes arrivés en demi-finale du championnat, face à Canberra, l'équipe de George Gregan, l'actuel capitaine des Wallabies, au moment où se créait la troisième province australienne de l'ACT Brumbies, dont Rod Macqueen, mon coach, allait devenir l'entraîneur. Il me proposa de rester, avec un contrat de soixante mille euros annuels environ, ce qui correspondait à ce que je touchais avec Agen et l'équipe de France réunis. Mais rester en Australie pour le Super 12 me condamnait à manquer le Tournoi des Cinq Nations. J'étais également salarié chez Unilever, et je ne pouvais pas prolonger mon congé.

J'aurai pu devenir le premier Français à disputer le Super 12 mais je craignais que le règlement imposé par le président de la FFR, Bernard Lapasset, m'empêche de retrouver l'équipe de France. Je ne voulais pas sacrifier le maillot bleu pour trois mois de Super 12. Trois joueurs avaient bravé cet interdit en restant dans l'hémisphère Sud, Laurent Cabannes, Thierry Lacroix et Olivier Roumat, pour disputer la Currie Cup en Afrique du Sud. Ils n'ont pas été sélectionnés pour la Coupe Latine en Argentine durant l'automne 1995, ce qui fut, à mon sens, aussi stupide qu'injuste.

Je serais bien resté un peu plus longtemps à Sydney pour prolonger mes vacances mais le manager d'Agen m'appelait tous les jours pour me demander de rentrer d'urgence. L'équipe ne gagnait plus. Du coup, je suis revenu dare-dare dans le Lot-et-Garonne, sans avoir pris un seul jour de repos, en ayant joué au rugby sans discontinuer. Ce fut le dernier été où j'ai pu m'amuser un peu. Ensuite, nous avons été liés à notre club par un contrat.

*

Parmi les voyages qui m'ont plu, la découverte de l'Argentine, en juin 1996, reste un moment inoubliable. À peine deux heures d'avion depuis Buenos Aires et voilà déjà la nature sauvage, la jungle d'Amérique du Sud, dense, moite, démesurée. Nous sommes sous les chutes d'Iguaçu, à la frontière avec l'Uruguay et le Brésil, l'un des endroits au monde, avec les chutes du Niagara, où l'eau semble directement tomber du ciel dans un vacarme assourdissant. Il y a tellement de choses à voir dans ce pays grand comme l'Europe : les déserts au nord, la Cordillère des Andes à l'ouest, les glaciers au sud. Nous avons hérité du milieu, c'est-à-dire de l'immensité de la pampa, invités à passer la journée dans une *estancia*, sorte de ferme à la puissance dix entourée de terres dont la superficie avoisine celle d'un département français. Les péons font lentement griller d'énormes pièces de bœuf sur des braises savamment entretenues, les plats se succèdent sans interruption, puis les *gauchos* nous offrent un spectacle équestre. Les Argentins ont l'esprit latin, avec une noblesse très anglo-saxonne qui rajoute une touche d'aristocratie. À tel point que dans les banlieues chics de la capitale j'ai parfois eu l'impression de retrouver l'atmosphère des collèges anglais.

*

En 1996, durant l'été, une société de production m'a contacté en France pour être le personnage principal d'un court-métrage à destination du Moyen-Orient, censé mettre face à face le rugby et le football américain. Hébergement de luxe à l'hôtel Ritz-Carlton de San Francisco, une limousine à notre disposition... Le grand standing ! Les accréditations ont été remarquablement négociées et me voilà dans le camp d'entraînement du club de foot américain des Forty Niners, à

Sierra College, près de Sacramento, par quarante degrés à l'ombre et pas un arbre en vue.

Soixante athlètes suent sang et eau. L'enjeu est de taille : seulement quarante d'entre eux seront retenus pour disputer la prochaine saison régulière. Immédiatement, j'ai été bien accueilli. Dès que j'ai prononcé le mot rugby, j'ai vu leurs yeux s'illuminer et je me suis fait traiter de fou. Les footballeurs américains ne comprenaient pas pourquoi nous refusions de porter des protections, et ils se sont mis à compter les cicatrices que j'avais sur le corps.

Je les ai questionnés, sans aucune restriction de la part du staff. J'avais un accès permanent aux vestiaires et une place sur le banc de touche. En discutant avec eux, premier étonnement, leur saison ne dure que quatre mois. Le reste du temps, ils se préparent. Certains avants ont des biceps plus gros que ma tête et pèsent cent quarante kilos de muscles, sans une once de graisse. Quand j'ai évoqué le dopage, j'ai été surpris par la liberté avec laquelle ils parlaient de stéroïdes anabolisants. Pour eux, se doper n'est pas une honte. Ingurgiter des produits chimiques pour prendre du muscle est une forme comme une autre de préparation physique. Pas de tabou dans la dope. Ils m'ont exposé leur point de vue : être les meilleurs, devenir des stars, récolter un maximum d'argent et se hisser dans la société. Mourir à quarante-cinq ans des effets secondaires ne les gêne pas. Ils ne pensent qu'aux primes et à la gloire.

Les producteurs m'avaient proposé d'emmener quelqu'un avec mois aux États-Unis. J'ai donc appelé mon copain Zaoui, qui rêvait depuis toujours de rencontrer les vedettes du foot américain. Je crois bien que s'il n'avait pas été marié et père d'un enfant, il se serait installé à San Francisco. Ayant la peau vraiment très foncée, les Blacks de l'équipe l'ont tout de suite accepté comme un des leurs. Ils lui ont appris leurs signes de reconnaissance, ce qui était une façon de l'intégrer dans leur groupe. Les Blancs, eux, restaient à part. À table, les deux communautés ne se mélangeaient pas. Quand un Black croisait un autre Black, ils s'échangeaient des signes fraternels et amicaux. Rien de tout cela avec les Blancs. En ce qui me concerne, il se foutait pas mal de savoir si j'étais métisse, marocain ou je ne sais quoi... J'étais le joueur de rugby de l'équipe de France et ils me prenaient pour un malade parce que j'allais me jeter sur le terrain juste vêtu d'un maillot.

J'ai essayé de participer à quelques exercices avec eux, sur le terrain. Leur appareil de plaquage était un gros sac tenu droit par des barres métalliques qu'il fallait pousser. Deux ans plus tard, je l'ai retrouvé sur les terrains de rugby, en Angleterre. J'avais imaginé qu'un jour nous ne plaquerions plus uniquement aux jambes mais qu'il faudrait bloquer l'adversaire avec la balle, une notion fortement ancrée chez les treizistes. Me voilà donc devant ce sac, pour une démonstration. Je pars, je me lance, le percute de toute ma force et le pousse à trois mètres. L'un des défenseurs des Forty-Niners passe à son tour et envoie le sac à dix mètres... Fin de la séance ! Je n'avais rien à faire sur le terrain...

J'ai été impressionné par la vitesse des ailiers, leurs *receivers*, d'anciens sprinters reconvertis, rapides et déliés malgré les cinq kilos de protections qu'ils portent sur eux. Sous une chaleur torride, avec le poids des équipements, ils répétaient inlassablement les combinaisons, vingt fois de suite si nécessaire. Ils communiquaient par des codes complexes. Ils n'arrêtaient pas de parler. Au vestiaire, les plans de jeu étaient inscrits sur un tableau et le coach demandait à ses joueurs de réciter ce qu'il avait choisi de mettre en place. Il fallait avoir le cerveau d'un ordinateur pour se souvenir de toutes les séquences... Cette façon de consigner les différentes tactiques, les plans de jeu et les enchaînements a été reprise par les entraîneurs de rugby de l'hémisphère Sud à partir de 1998. Les Australiens les premiers ont inscrit leurs combinaisons dans un fascicule d'une quarantaine de pages que les joueurs devaient apprendre par cœur.

Avec mes cent quatre-vingt-dix-huit centimètres et mes cent quinze kilos, ils me voyaient bien intégrer une de leurs équipes, à l'aile, m'avaient-ils dit, et je m'étais renseigné par curiosité pour savoir quelle était la marche à suivre. Le recrutement s'effectuait presque exclusivement par la filière universitaire. Ils n'avaient pas tous le niveau scolaire requis, en tout cas pas pour obtenir des diplômes, mais leur rôle consistait à faire briller le nom de la fac sur le terrain.

Arriva l'heure des matchs de début de saison, des rencontres de préparation jouées devant soixante mille personnes pendant quatre heures et demie, avec de multiples spectacles de danse, des chants, des exhibitions de karaté et des pompom girls partout. Nous étions sur le banc, au milieu du staff des Forty Niners qui affrontaient San Diego. J'ai entendu des bruits effroyables, des chocs frontaux, casque contre casque, l'enfoncement des épaulières dans le bide des gars d'en face. Un match prétendu amical soldé par deux blessés graves, tibia fracturé pour l'un, genou brisé pour l'autre. Ils sortirent sur une civière, pris en charge par les médecins, et personne n'eut un regard pour eux.

Davantage que le folklore, ce qui m'a réellement impressionné dans le football américain, c'est la vitesse d'exécution, cette multiplication d'éclairs dans la fluidité des masses à partir d'un mot, d'un code prononcé par le coach et relayé par le *quarterback*. On aurait dit des employés qui répondaient à l'appel du patron. Au rugby, à cette époque, la moitié des joueurs oubliait les combinaisons, les uns couraient à droite, les autres à gauche, nous n'avions aucune rigueur dans l'élaboration du jeu. Depuis, nous avons en partie rejoint le foot américain dans ce qu'il a de mécanique, d'élaboré et d'implacable.

Chapitre 24

ICI LONDRES

Le rugby, seul sport à porter le nom d'une ville, est né dans un collège anglais, à une heure et demie d'autoroute au nord de Londres. Tous les joueurs connaissent cette histoire et j'avais toujours gardé dans mon imagination une place à part pour l'Angleterre. Régulièrement, les clubs de Sa Gracieuse Majesté me contactaient. Mais je ne pouvais pas y donner suite dans la mesure où je pensais vraiment terminer ma carrière à Agen. Il faut croire que le destin en avait décidé autrement.

Sur un coup de fil, ma vie a de nouveau basculé. Après la Méditerranée, je traversais la Manche pour rejoindre les Saracens. En France, j'avais atteint un palier. Je ne pouvais pas aller au-delà et pourtant je devais continuer à avancer, relever un nouveau défi sportif et, surtout, bâtir une vie à deux, avec Sandrine.

Londres marque la fin de mon parcours ovale. Je m'en souviens comme si c'était hier. Je n'ai marqué que deux essais avec les Saracens, lors du premier et de l'ultime match en Angleterre, deux essais séparés par deux saisons... J'aime ce symbole. Cette dernière rencontre, je l'avais préparée comme les autres pendant que dans les coulisses, à mon insu, Sandrine organisait la fête.

A la sortie du vestiaire, avant d'affronter Sale, un petit gamin s'approche de moi et me prend la main. Je reconnais immédiatement le fils de mon ami Zaoui. Troublé par l'émotion, les images se télescopent. Ma vie défile en quelques secondes. Nous entrons ensemble sur le terrain, sous l'ovation du public. À cet instant, je sais qu'une page se tournera à la fin du match. J'ai pris des coups, l'arcade ouverte, le visage ensanglanté, l'épaule déboîtée, mais je ne voulais pas sortir. Je ne sentais pas la douleur. Je voulais prolonger le moment. Mon frère Ahmed est entré en pleurs sur le terrain au coup de sifflet final, puis je suis tombé dans les bras de mon épouse en larmes, j'ai salué mes amis d'enfance et de France. Quelques personnalités politiques, aussi, avaient fait le déplacement.

Autant en 1999 j'avais vu un gouffre s'ouvrir devant moi, autant maintenant j'étais comblé. J'en terminais dans la joie, l'amour et le bonheur, sans regret au pays du rugby, entouré par tous ceux qui m'aimaient. Dieu dit : « La terre est comme un tapis où vous pouvez sillonner comme vous le souhaitez. » Il n'y a plus de frontières autour de moi. S'ouvrait en grand un horizon de sérénité.

Après le tour d'honneur, les effusions, les discours et les cadeaux, nous nous sommes retrouvés à cent cinquante chez un ami anglais, Terry, qui avait tenu à nous inviter tous. Un musicien interprétait régulièrement *La Marseillaise* dans une ambiance exceptionnelle.

*

Rien de tout ceci n'aurait pu exister sans Nigel Wray, passionné de rugby, homme d'affaires, milliardaire et grand collectionneur d'objets de sport. Des pièces entières de sa demeure regorgent d'œuvres d'art mais aussi de vieilles chaussures ayant appartenu à des champions de cricket, de foot et de rugby, des maillots, des programmes, des tableaux... Un vrai musée.

Saracens n'est pas un club comme les autres. Le club-house

est minuscule et plutôt vieillot, les terrains d'entraînements gras et lourds sont en bordure de boulevard. Mais les plus grands noms du rugby mondial, Philippe Sella, François Pienaar, Michael Lynagh et Tim Horan se sont pliés de bonne grâce à quelques excentricités, comme celle de jouer sur un terrain de football de première division ou de côtoyer le showbiz londonien, dans le but de faire connaître le club.

Nigel Wray, de son plein gré, a investi des dizaines de milliers de livres sterling dans les caisses des Saracens. Mais pour lui, même si les résultats ne suivaient pas toujours, cet argent n'a pas été perdu. Parce qu'il n'a jamais trouvé de chaleur dans sa vie professionnelle, il a choisi de s'acheter un club de rugby pour y profiter des valeurs qui sont les nôtres. Il ne s'en est jamais caché.

Aujourd'hui, je suis membre à vie des Saracens. Comme Philippe Sella, Michael Lynagh, François Pienaar, Tim Horan et, surprise, le pilier Jason Leonard, nouveau recordman mondial des sélections, qui a porté lui aussi le fez. Je n'ai jamais rien demandé et les dirigeants de ce club m'ont beaucoup donné. Je ne suis resté que deux ans mais c'était un honneur pour eux que de me compter comme un des leurs. Tous les ans, je reçois le programme de la saison. Dans les clubs français, la relation entre les dirigeants et les joueurs est différente, les sentiments demeurent, au gré des visites ou des rencontres fortuites, de loin en loin, mais la reconnaissance n'est pas instituée comme une valeur de réciprocité, elle n'est pas gravée dans le marbre. Ici se situe la vraie différence culturelle entre l'Angleterre et la France : faire partie d'un club anglais dépasse le cadre sportif. Jusqu'à la fin de ma vie, je serai un Sarrasin. Et ce lien solide a changé ma perception du monde anglo-saxon.

J'ai beaucoup d'exemples d'anciens joueurs qui ne sont plus persona grata dans leur club de toujours, qui souffrent d'ostracisme. Avec les Saracens, ce n'est pas le cas. Je serais toujours parmi eux. En France, malheureusement, s'immiscent souvent l'arrière-pensée politique, la crainte de voir un ancien prendre trop de place, des querelles d'argent...

Hier choyé et entouré à Agen, j'ai dû réapprendre à vivre en rejoignant les Saracens. Personne ne réglait les problèmes et les tâches à ma place. L'assistanat n'est pas inscrit au programme : chaque joueur se prend en charge. J'avais mon planning, avec les heures d'ouverture de la salle de gym et du club-house. C'était à moi d'en faire le meilleur usage.

Seul, j'ai redécouvert les files d'attente interminables, l'humilité au quotidien. Personne ne me connaissait, ni le boucher ni le boulanger. Immédiatement, affronter la réalité les deux pieds sur terre m'a boosté. Durant mes deux dernières saisons de joueur, cette nouvelle façon de vivre fut le meilleur moyen d'amorcer en douceur une fin de carrière, sans rupture. Avec cette expérience londonienne, je me préparais à couper le cordon ombilical qui me liait au rugby et, surtout, je me préparais à rebondir ailleurs.

Que ma nouvelle vie, dans la perspective de l'après-rugby, prenne corps à Londres avait, à mes yeux, beaucoup de valeur. Au centre du monde anglo-saxon, tout me semblait plus dense. Je l'avoue, j'avais peur de ce qui allait se passer une fois le dernier match disputé, mais je suis redevable de Londres : cette ville m'a ouvert à la vision anglo-saxonne du monde, une vision dominante qui s'explique par l'utilisation de l'anglais, langue universelle. Il m'a semblé, au début, que les valeurs anglaises primaient le reste. Je pouvais échanger avec un Anglais, ce qu'il pensait lui paraissait toujours plus important que ce que je pouvais lui dire. Seuls comptent ceux qui peuvent se mettre à son niveau, que ce soit en termes de communication ou de statut social. L'étranger doit faire un effort, et non l'inverse. Je me suis adapté à cette façon d'être. Ce qui fut assez facile tant le Français est au carrefour de toutes les civilisations, qu'elles soient celtes, saxonnes, nordiques, latines ou orientales.

Nigel Wray et François Pienaar comptaient sur moi, ce que j'ai trouvé flatteur. Je n'étais pas considéré comme un ancien international en fin de carrière, plutôt comme une plus-value. Le club des Saracens sait parfaitement bien valoriser son effectif. En faisant l'effort financier sur cinq ou six joueurs de renom, comme Tim Horan, Kieran Bracken, Richard Hill, Thomas Castaignède et moi-même, et l'année suivante Christian Califano, le président Nigel Wray investissait sur l'image. Le public anglais a besoin de stars capables d'apporter quelque chose, un style, une allure, une manière d'être et de jouer, en foot comme en rugby. C'est en partie pourquoi des Français du calibre de Philippe Sella, de Laurent Cabannes, de Thierry Lacroix ou de Philippe Saint-André ont réussi leur passage en Angleterre. C'est aussi pourquoi aujourd'hui Thomas Castaignède est considéré comme une attraction londonienne, l'égal des Pirès, Viera et compagnie.

*

S'il attendait beaucoup de moi et me respectait profondément, François Pienaar ne m'a rien pardonné. Il souhaitait que je montre l'exemple. Ça m'allait bien. J'avais envie et besoin de me remettre en question, de me relancer. François, dès la poignée de main, sait faire passer son message : dur, sec. Il t'écrase les phalanges, te regarde droit dans les yeux et te met tout de suite au travail. Un homme de fort tempérament, un Afrikaner sans concession dans ses relations avec les autres. Il oscille en permanence entre le charisme et la persécution, ne laissant rien passer, exigeant, parfois cassant. Chacun était capable d'effectuer son autocritique sans ressentir cet exercice comme une sanction. Au soir d'une défaite ou d'une victoire, l'attitude générale de l'équipe était toujours la même : remettre sur le métier son ouvrage. J'ai retrouvé dans cette ambiance le sens du mot responsabilisation. Pas question de chercher des excuses à telle ou telle mauvaise performance. Nous, les Français, sommes seulement parvenus à apporter une petite touche d'inspiration dans un jeu très calibré, parfois même trop organisé.

Le coach suivant, Wayne Shelford, sous ses dehors bourrus, possédait moins de rigueur. C'était un adepte de la motivation. Pour lui, le rugby se jouait à l'hormone, aux tripes. Ses considérations tactiques étaient bien moins subtiles que celles de Pienaar, qui, déjà, nous semblaient assez rudimentaires. Inutile de préciser que le style français n'était pas une de leurs priorités. C'est là où j'ai compris que la France n'était pas reconnue comme une très grande nation de rugby. Ce sport se joue principalement entre Anglo-Saxons. Nous autres, Latins, sommes invités. Nous deviendrons membres de ce club fermé le jour où nous serons sacrés champions du monde. En 2007, je l'espère.

J'ai beaucoup donné avant de recevoir. Je me suis investi à la lumière de mes années d'expérience pour faire profiter les autres de ce que je savais du jeu et des hommes. Rapidement, j'ai vu que je servais de paratonnerre. François Pienaar, contre lequel j'avais joué dans les années quatre-vingt-dix, m'a offert un rôle de relais. J'ai pu fédérer le groupe autour de moi et, en peu de temps, je me suis retrouvé capitaine des Saracens. Sans véritablement maîtriser la langue anglaise. J'ai fixé la barre très haut. Ce qui m'a permis de m'enrichir et de trouver de l'oxygène dans cette quête de communication. J'étais resté proche du coach mais j'étais surtout le capitaine des joueurs, je formais une sorte de barrière de protection entre Pienaar et l'équipe.

Le capitaine, en Angleterre, est un des deux personnages les plus importants du club. Il fait partie de l'institution, il en est l'un des garants. Ce n'est pas une fonction de pacotille. D'ailleurs, il suffit de regarder aux murs du club-house pour s'en apercevoir. Il n'y a que deux listes de noms gravés en lettres dorées dans le bois : les présidents et les capitaines.

Un Arabe, capitaine des Saracens, il fallait le voir pour le croire ! Mon frère Khalid, qui m'avait rejoint, en riait. J'ai beaucoup aimé ce clin d'œil du destin. Coiffé du fez, ce chapeau rouge typique de l'Afrique du Nord, du Maroc à la Turquie, j'avais belle mine... L'allusion à mes origines passait au deuxième degré, dans l'humour et la dérision. Finies les batailles sur relent de racisme ordinaire, quand je devais me faire respecter sur le terrain d'entraînement d'Agen, treize ans plus tôt. Personne ne me regardait comme un Maghrébin, comme un étranger. Il y avait tellement de nationalités différentes dans ce groupe qu'aucune ségrégation ne pouvait exister. Nous étions des adultes, des pros, des joueurs reconnus. Qu'est-ce que j'ai pu apprécier cette période ! Nous n'étions concentrés que sur le rugby. Mais dès que nous sortions du club-house, la vie reprenait immédiatement ses droits. Il n'y avait pas de transition. La cassure était nette, ce qui m'a donné envie, rapidement, d'aller à la découverte de Londres.

*

Cette métropole bouge sans arrêt. Nuit et jour. Davantage que Paris que je trouve plus cossue, plus bourgeoise, moins spontanée. Dans les rues de la capitale anglaise, on peut croiser une faune bigarrée, excentrique, des gens habillés de façon hallucinante et personne n'y fait attention. Chacun est libre de vivre comme il l'entend à partir du moment où il ne gêne pas autrui et respecte les lois du pays. Avec mon épouse, en roulant à gauche, nous avons plusieurs fois décidé de nous perdre, d'aller à l'aventure, de suivre la foule, de découvrir la ville sans précipitation, sans nous fixer d'horaire ni d'endroits à visiter expressément.

Nous vivions dans l'extrême Nord et pour rejoindre le Centre, nous descendions de quartier en quartier, une longue procession qui n'en finissait pas tellement Londres est immense. Nous avions l'impression de traverser une succession de villes collées les unes aux autres et séparées par de grands parcs. Puis, au bout d'une longue balade, la City s'offrait à nous.

Ce ne sont pas tant les monuments qui m'ont marqué que les gens. Décontractés, tolérants et incroyablement vêtus. Les hippies, les punks, les adeptes du piercing et les hommes d'affaires en chapeau melon se mélangent sans problème, en toute liberté. Dans un coin de Hyde Park, des prêcheurs mais aussi des citoyens lambda montent à tour de rôle sur une petite estrade pour haranguer la foule qui les écoute. Tous les sujets sont abordés, sauf la critique de la monarchie.

Deuxième grande surprise, les dispositifs de surveillance. Au début, on ne les remarque pas. Puis, au détour d'une balade, en levant les yeux, on commence à apercevoir des caméras. Il y en a même d'accrochées aux arbres des parcs et à l'arrière des bus. Londres, tout en étant un havre de tolérance, est une des villes les plus surveillées au monde. Comme si les Anglais, par mesure de précaution, s'étaient déjà préparés à toutes les éventualités. Il faut dire qu'à Londres, depuis les attentats perpétrés par l'IRA, on sait ce que le mot terrorisme signifie.

Le 11 septembre 2001, nous terminons l'entraînement quand mon téléphone sonne. À l'autre bout du fil, mon épouse : « Regarde vite les infos ! » Nous rentrons dans le club-house pour déjeuner, et sur la chaîne d'infos câblée, l'horreur ! Le double attentat de New York. Les images sont suffisamment ancrées dans notre conscience pour qu'il ne soit pas utile ici de les commenter une nouvelle fois. J'ai immédiatement pensé à un règlement de comptes, une vengeance. Ça ne pouvait pas être autre chose. Quelqu'un voulait faire payer les États-Unis. Qui ? Quoi ? Pourquoi ? On ne connaîtra jamais vraiment toute la vérité. En attendant, devant l'écran géant, nous étions écrasés par une chape de plomb. Personne ne parlait, ou alors quelques coups de fils à des proches. Nous sommes rentrés chez nous abasourdis par ce que nous venions de voir.

Le lendemain, en cercle au milieu du terrain, nous avons observé trois minutes de silence à la mémoire des disparus. Nous nous posions des questions et n'avions pas les réponses. J'ai senti les Anglais profondément marqués par cet attentat, comme si les avions avaient touché des gratte-ciel de Londres. L'effondrement des tours jumelles a changé la façon condescendante qu'ont les Anglo-Saxons de voir le monde. À la suite de cette horreur, ils ont mieux pris en compte les aspirations des êtres, différents, qui les entourent.

Bien entendu, quand les auteurs de ces actes horribles ont été identifiés comme étant un commando islamiste sous les ordres de Ben Laden, j'ai dû répondre à de nombreuses interrogations. Mes partenaires, me sachant musulman, voulaient savoir comment je percevais cet attentat. Mais je n'ai jamais entendu la moindre réflexion désobligeante sur mes origines et ma religion. Ils ont su faire la part des choses. Beaucoup se sont mis à lire des ouvrages sur le Coran, sur l'islam, pour comprendre. J'ai été agréablement surpris par l'ouverture d'esprit et la profondeur de la réflexion qui ont suivi ces attentats.

L'islam, en Angleterre, est présent partout. Tout d'abord à travers les investissements financiers lourds effectués par de véritables puissances économiques. Sa place est fondamentale dans la société anglaise et ce pays, comme les États-Unis, ne peut pas se passer des dividendes pétroliers du Koweït et de l'Arabie Saoudite. C'est pour cette raison que la connaissance qu'ont les Anglais du monde musulman est fine et subtile. Il n'y a pas d'amalgame entre terrorisme et religion.

Il faut avoir vu la mosquée de Regent's Park pour comprendre ce que l'islam signifie à Londres. Elle est construite sur un des plus beaux emplacements de la City, un des plus chers, et rien que cela démontre le respect qu'ont les Anglais pour les musulmans.

Personnellement, mon expérience a été différente. Je me suis rendu à plusieurs reprises dans différentes mosquées de Londres et l'ambiance que j'ai pu y trouver n'avait rien à voir avec ce que je connaissais ailleurs, en France ou au Maroc. Il n'y avait pas la même solennité. J'ai vu des boîtes de Coca traîner par terre, des gens parler haut et fort dans des lieux de prières, une absence de recueillement dans ce lieu saint. Une sensation bizarre m'a envahi. J'ai cherché, dans un souci de tolérance, à ne pas y attacher trop d'importance mais j'ai quand même été marqué par cette atmosphère particulière faite d'excitation, qui tenait davantage du forum.

Le terrorisme, d'où qu'il vienne, quel qu'il soit, est un fléau et nous avons tous été profondément bouleversés par ce qu'il s'est passé ce jour-là aux États-Unis. Je craignais que des réactions contrastées viennent polluer le débat, que des amalgames soient faits et mettent la communauté musulmane en péril. J'ai apprécié les commentaires réfléchis, les voies pacifiques que cherchèrent à emprunter beaucoup de pays, à commencer par la France et l'Allemagne. Malheureusement, et on a pu le voir avec la guerre menée par les États-Unis et leurs alliés en Irak, le chemin de la modération n'a pas été choisi par tous. Même s'il est réconfortant, d'une certaine façon, de constater qu'un Américain sur deux n'est pas pro-Bush.

J'avais craint, au lendemain de l'attentat, que le 11 septembre ne soit pas sans suite. Mes peurs étaient fondées. Peut-on répondre au terrorisme sauvage par du terrorisme d'État ? De quel droit peut-on envahir l'Irak et mentir sur les mobiles véritables de cette guerre ? Passer outre l'intervention des Nations unies ? Le problème de fond est toujours le même, parfaitement identifié. Tant que la crise entre Israéliens et Palestiniens ne sera pas résolue, le Moyen-Orient restera une poudrière. Quand Israël a construit le mur de la honte, j'ai pensé aux camps de réfugiés que j'avais vus en Afrique du Sud, des camps entourés d'un mur, avec des barbelés et cernés de miradors. Cette situation ne peut pas continuer ainsi, ça fait des années que ça dure, et si les gouvernements occidentaux laissent les choses s'enliser et les gens s'entre-tuer, d'autres conflits sont à craindre. Car, plus simplement, de quoi s'agit-il ? Du droit pour les croyants, quelles que soient leurs religions, de se rendre librement sur leurs lieux saints à Jérusalem. N'y a-t-il pas moyen de trouver une solution politique ? Il est troublant de constater que, chaque fois que des hommes de bonne volonté ont voulu, de par le monde, régler des conflits par la paix plutôt que par la guerre, ils ont été assassinés, et je pense à Martin Luther King, au Mahatma Gandhi et à Itzsak Rabin en particulier, tués par des fanatiques.

Il n'a pas fallu attendre longtemps pour que le terrorisme vienne frapper au Maroc, comme il a frappé en Arabie Saoudite, en Afghanistan et en Irak. Les attentats du mois de mai 2003 ont fait plus de trente victimes, sans compter les douze kamikazes intégristes. Immédiatement, le Parlement marocain a adopté une loi antiterroriste, le roi annonçant à cette occasion la fin de l'ère du laxisme. Il n'a fallu que deux mois pour trouver et punir ceux qui étaient impliqués dans ces attentats, en particulier des membres de la Salafia Djihadia.

Mais la répression et les lois sécuritaires ne peuvent pas régler complètement le problème de l'islamisme au Maroc, et ailleurs aussi. Seule une politique sociale déterminée et capable de redistribuer les richesses du pays peut enrayer la montée intégriste en prenant en compte la misère d'une partie de la population marocaine, celle des bidonvilles, illettrée, mal nourrie, oubliée sur la route du modernisme.

Au-delà de cette réflexion se pose de façon accrue la création d'une véritable monarchie constitutionnelle, dans laquelle l'État, la société civile, le gouvernement et la monarchie seraient main dans la main pour entrer dans l'ère moderne. En guise d'avertissement à ceux qui avaient oublié qu'on ne fait pas seulement de la politique avec des discours, les tragiques attentats de la gare centrale de Madrid, à la date symbolique du 11 mars 2004, ont déterré une immonde filière marocaine. J'ai été choqué d'apprendre que la plupart des auteurs de ce nouvel acte barbare, en Europe cette fois-ci, venaient du Maroc, soudain placé sur la liste des exportateurs du terrorisme international. Et j'ai souffert pour mon pays.

Chapitre 25

À PROPOS DE L'ÉQUIPE DE FRANCE

Il ne se passe pas une journée sans que cette fameuse demi-finale de Coupe du monde en Afrique du Sud revienne dans une discussion. Alors, essai ou pas ? Quinze centimètres ou dix ? Durban est décidément un fiasco que je n'oublierai jamais. Le 17 juin 1995 est à jamais gravé dans ma mémoire. Mais avec des contours que je n'aurais pas soupçonnés, sous le déluge du King's Park.

Nous jouons les dernières minutes de cette demi-finale face aux Springboks portés par tout un peuple, accrochés à leur maigre avantage au score, 19-15. Nous dominons et je peux voir leur en-but, cette petite portion de terrain entre les poteaux et les tribunes que nos adversaires, devant leur public, défendent avec l'énergie du désespoir. Un essai nous qualifie pour la finale, ce sacre que nous attendons, que nous méritons. Christophe Deylaud, notre ouvreur, tape une chandelle. Sous l'orage, le ballon n'est pas capté par l'arrière bok et retombe par miracle dans mes bras. Je suis à dix mètres de la ligne. Il me faut foncer dans le tas de joueurs, qui me fait face. Je ne sais plus qui a un maillot bleu, qui a un maillot vert. La pluie battante a tout délavé, nous sommes recouverts de boue. Je vais marquer, j'y suis ! Je n'ai qu'à plonger. Mais je n'ai pas vu Philippe Saint-André, affalé de tout son long à mes pieds, devant la ligne. Je bute sur lui et tombe au sol, privé d'appuis. Immédiatement, un regroupement se forme au-dessus de moi. Je suis persuadé d'avoir marqué. Cette ligne, je la vois. Je l'imagine, plutôt, car elle n'existe pas. Nous jouons depuis une heure et demie dans une rizière et la plupart des repères ont disparu.

Depuis, j'ai visionné toutes sortes d'images prises par une demi-douzaine de caméras, sous tous les angles possibles, et mon idée reste la même. Cet essai, je l'ai marqué ! Je le sens encore comme je l'ai senti ce jour-là sur le terrain. Je sais que j'ai posé le ballon sur la ligne. Mais l'essai n'a pas été accordé et personne ne peut réécrire les événements. La légende veut que pour dix centimètres le sort du match bascule sur cette ligne d'eau touchée avec le ballon et une tonne et demie de viande sur le dos. L'arbitre n'a pas fait relever les joueurs un par un, comme au football américain. J'ai vu des Sud-Africains bouger la balle, la déplacer, essayer de s'en saisir, et l'arbitre, de façon précipitée, n'a pas accordé l'essai. C'est injuste.

Mais cet épisode fait maintenant partie de la légende du rugby. Il est aussi partie intégrante de mon histoire. Neuf fois sur dix, dans de semblables conditions, lancé comme je l'étais à l'approche de la ligne d'en-but, je marque ! Là, il a fallu que je bute sur Philippe Saint-André, notre capitaine, et que je tombe à la verticale dans une mare de boue. Je n'y pouvais rien : c'était écrit !

Quand je suis revenu dans le vestiaire, à la fin du match, abattu, comme chacun des joueurs de l'équipe de France, j'ai entendu des cris de rage, des « il y était, cet essai... ». La plupart de mes partenaires hurlaient à l'injustice. J'avais les tympans vrillés. Alors j'ai demandé le silence et j'ai mis les choses au point : « Non ! Arrêtez ! Je n'ai pas marqué l'essai : il m'a manqué dix centimètres ! » Même si je savais qu'il était certainement valable, même si j'avais au fond de moi la conviction de l'avoir marqué, il fallait passer très vite à autre chose, ne pas se pourrir l'esprit avec ça. Le match était fini, nous avions perdu.

*

Notre équipe de France était sortie du cadre du rugby français. Nous étions un groupe surréaliste. Chaque joueur possédait une forte personnalité. Il suffit de lire la liste des noms et d'imaginer ce qu'une telle addition de tempéraments pouvait donner : Christian Califano, Jean-Michel Gonzalez, Louisou Armary, Olivier Roumat, Olivier Merle, Laurent Cabannes, Marc Cecillon, Fabien Galthié, Christophe Deylaud, Thierry Lacroix, Philippe Sella, Émile Ntamack, Philippe Saint-André, Jean-Luc Sadourny. Que des cracks ! Une équipe de France armée pour remporter la Coupe du monde. Jamais un Quinze de France, depuis 1987, n'avait eu un tel profil de vainqueur. Bien sûr que, dans notre esprit, l'arbitre aurait dû accorder cet essai. Mais peut-être que d'autres raisons ont fait que nous ne pouvions pas gagner. Après quatre ans de travail, nous avions le Graal devant nous et il fallait repartir pour quatre nouvelles années. Sur le coup, j'ai senti un lourd fardeau sur mes épaules.

Je n'ai pas dormi ni mangé pendant trois jours et trois nuits. Mais quand j'ai vu Nelson Mandela à l'Ellis Park porter le maillot de François Pienaar, le public en transe, les Springboks devenir champions du monde dans un pays en liesse, je n'ai plus pensé aux dernières mêlées de Durban. J'étais derrière les poteaux, je n'étais pas à ma place, mal assis. Mais j'avais la chair de poule et des larmes aux yeux. L'histoire allait dans un sens et ce n'était pas le nôtre. Ces dix centimètres auraient pu changer l'histoire de l'équipe de France, mais ils ont changé l'histoire de l'Afrique du Sud. Ce qui me vaut aujourd'hui l'affection de Nelson Mandela...

*

La suite de ma carrière m'a apporté, heureusement, d'autres satisfactions. Et je pense en particulier à une autre demi-finale, celle de 1999 à Twickenham, contre la Nouvelle-Zélande. Après la déroute que nous avions subie face aux All Blacks à Wellington, au mois de juin, à l'issue d'une tournée de l'équipe de France dans l'hémisphère Sud, tout le monde s'attendait à ce qu'on prenne de nouveau une volée. Pourtant, nous allons vivre un des trois plus grands matchs de l'histoire du rugby. Les Anglais disent même qu'il s'agit de la plus belle rencontre jamais jouée sur la pelouse de Twickenham. Le genre d'exploit qui nous ressemble bien, c'est-à-dire « programmé » tous les deux ans. Il n'y a que l'équipe de France pour avoir autant d'inconstance et de brillant.

Ce match a commencé dès notre arrivée en Angleterre. Nous avions disputé nos trois matchs de poule en France, contre le Canada, le Zimbabwe et les Fidji sans impressionner qui que ce soit, et notre quart de finale à Dublin contre l'Argentine s'était déroulé dans l'anonymat. Quand nous sommes arrivés dans la lointaine banlieue de Londres, j'ai senti la colère monter en nous. Nous héritions d'un hôtel pourri au bord de l'autoroute quand les All Blacks, eux, étaient installés dans un château grand luxe. Les lits étaient trop petits pour la plupart d'entre nous, ce qui dénotait un manque total de respect. Dans la presse et à la télévision, il n'y en avait que pour la Nouvelle-Zélande, grandissime favori.

Le groupe France n'était pas habité par la sérénité, c'est vraiment le moins qu'on puisse dire. Notre jeu manquait de liant, des petites querelles éclataient ici et là. Nous avions tous les nerfs à fleur de peau. Certains joueurs faisaient passer au staff des messages par médias interposés, et vice versa. Nous allions disputer une demi-finale mais, mis à part la presse française, personne ne s'intéressait à nous. Nous étions quinze joueurs un peu perdus et en quelques jours nous devions nous persuader qu'il était possible d'éviter la débâcle promise. Nous n'avions plus rien à perdre. Alors chacun a vidé son sac. Fabien Galthié, arrivé en cours de compétition, et Titou Lamaison, retrouvant une place de titulaire à l'ouverture, ont pris leurs marques et Émile Ntamack s'est définitivement positionné au centre pour densifier le milieu de terrain. Il n'était plus question d'intérêt particulier mais de but collectif. Il a fallu attendre les deux derniers jours précédant cette demi-finale pour que nous commencions à entrer en communion. Joueurs et staff, nous sommes allés chercher le meilleur de nous-mêmes, c'est-à-dire ce qu'il nous restait de force morale à ce moment-là. De toute ma carrière, j'ai rarement vu un défi aussi intense se préparer en aussi peu de temps.

Depuis le début de la Coupe du monde, nous n'avions pas trouvé nos repères. Nous étions frustrés, ballottés, incapables de maintenir notre niveau de jeu durant toute une partie. Il était urgent, avant la fin de l'aventure, de trouver quelque chose de fort auquel s'accrocher. D'autant que nous ne pouvions plus nous inscrire sur la durée, dans la continuité. Il y avait eu tellement de bazar avant...

La veille du match, interviewé par Olivier Margot, journaliste du quotidien *L'Équipe*, je décris la partie à venir. Je pressentais comment les choses allaient se passer. Je nous voyais gagnants. Les All Blacks nous avaient manqué de respect en changeant leur demi de mêlée pour cacher aux Australiens, déjà qualifiés pour la finale, leurs intentions tactiques, et leur entraîneur avait choisi de titulariser Christian Cullen au centre de l'attaque, lui qui était d'habitude arrière. Cela montrait bien qu'ils ne nous craignaient pas du tout. Sans oublier les déclarations de l'entraîneur John Hart au journal *L'Équipe* et le titre qui barrait la page : « Nous ne pouvons pas perdre. » Les All Blacks se voyaient déjà en finale.

Avant le coup d'envoi, dans l'intimité du vestiaire, nous nous étions promis deux choses : ne jamais se laisser marcher dessus et les agresser. Il n'était pas question de laisser le moindre petit bout de maillot noir pénétrer dans notre camp.

Nous sommes entrés sereins sur le terrain. Certes, nous n'avons peut-être pas été très tendres avec Josh Kronfeld d'entrée de match. Il a été rudement châtié. Sur chaque regroupement, il y avait toujours un ou deux All Blacks qui avaient du mal à se relever. Nous nous sommes montrés sans pitié. Motivé à l'extrême, Richard Dourthe a « dégonflé » Christian Cullen et Tana Umaga, les deux centres qu'il avait en face de lui. Au bout de quelques minutes, ils s'écartaient des prises de balles et refusaient de s'engager. Ils avaient peur, ce qui est rare chez les All Blacks. J'ai même vu Umaga manquer un ballon de volée de crainte d'être désintégré au plaquage... Nous avions décidé de provoquer le jeu et de ne rien subir. En mêlée, nous poussions à chaque introduction. Dans les regroupements, nous avancions, ce qui est capital. Sur nos lancers, sur nos introductions, nous pouvions jouer proprement nos ballons. Les grands matchs se décident sur une somme de petits détails, des regards échangés, d'autres que l'on croise. Nous regardions les All Blacks dans le blanc des yeux et ils baissaient la tête... Et puis il y eut ces petits coups de pied par-dessus la défense trop en ligne des Néo-Zélandais. Même les rebonds nous étaient favorables...

Mais je vais trop vite. La partie a été loin de se dérouler comme dans un rêve. Durant toute la première mi-temps, nous n'avons pas donné le maximum. Nous nous cherchions. Jonah Lomu, en trois déboulés, nous avait balancés par-dessus bord. Au lieu de l'enserrer, j'avais voulu lui donner un grand coup d'épaule. Du coup, je l'ai remis droit, je suis parti trois mètres sur les fesses et il a continué de pulvériser tout le monde. Nous sommes rentrés au vestiaire menés au score mais nous n'y prêtions pas attention. Je me souviens de ce que nous nous sommes dit, à la mi-temps : « N'hésitons pas. Nous allons nous quitter dans quarante minutes. Il faut les détruire au plaquage, récupérer les ballons, jouer chez eux. On va gagner ce match. Mais il faut se lâcher et tenter des choses ! »

D'entrée de seconde mi-temps, nous reprenons un essai signé Jonah Lomu. À ce moment précis, il faut bien reconnaître que personne ne nous donnait vainqueurs. Nous nous sommes regroupés sous l'en-but et, pendant que la France entière nous croyait morts, nous avons décidé de repartir à l'assaut. Nous ne doutions pas. Même menés.

Inconsciemment, les All Blacks, sûrs d'eux, ont peu à peu lâché le match et ça nous a bien arrangés. L'action qui a suivi le coup de pied de renvoi a été une lueur d'espoir à laquelle nous avons cru. Ballon récupéré, groupé-pénétrant, les All Blacks qui reculent et, tout de suite, un drop, une pénalité, les points qui s'additionnent, le terrain que l'on gagne mètre par mètre. Nous avions le ballon en mains et les All Blacks subissaient. L'écart au score se réduisait, ils courbaient l'échine, ne s'engageaient plus. Même Jonah Lomu hésitait à prendre la balle. Devant, nous les faisions reculer à chaque impact. Tout ce que nous avons tenté a réussi. Trois essais en une demi-heure et le public anglais qui se met à chanter *La Marseillaise*... Il faut le vivre pour le croire !

*

Nous nous donc sommes retrouvés en finale de la Coupe du monde contre l'Australie. Durant les deux jours qui suivirent le succès face à la Nouvelle-Zélande, nous avons fait la fête. Impossible de trouver le sommeil. Nous étions tous sur les nerfs. Aucun d'entre nous n'était préparé à cet avènement. La vérité remontait : nous ne pensions pas rester en lice une semaine de plus. Les Australiens, eux, n'avaient aucun état d'âme. Tous les ans, avec leur Tri Nations, ils disputent l'équivalent d'une Coupe du monde. Ils sont habitués à gérer trois gros matchs les uns à la suite des autres. Nous, en revanche, nous vivions quelque chose de totalement différent. Toute la France s'est soudain intéressée à nous, et les sollicitations nous sont tombées dessus sans prévenir. Chaque joueur recevait cinquante coups de téléphone par jour, et la réception de l'hôtel débordait des milliers de fax envoyés. L'équipe de France de football avait été championne du monde l'année précédente et il n'était pas concevable que les rugbymen n'en fassent pas autant. L'euphorie ne prépare pas à un match de cette importance.

Manque de chance, au pays de Galles, notre hôtel, prévu au départ pour les All Blacks, est géré par un Kiwi. Effondré après la défaite de son équipe, dégoûté de la vie, il n'a pas très envie de s'occuper de nous. Nous avions brisé son rêve. Du coup, l'hôtel ressemble à une passoire. Aucune organisation, aucune sécurité assurée. Mille personnes par jour se retrouvent dans le hall. Impossible de s'isoler et de se concentrer.

Les Australiens, eux, ont bénéficié d'une vraie semaine pour préparer leur match. Rien ne pouvait les perturber. Défensivement, ils ont monté un véritable barrage pour nous empêcher de passer. Pas moyen de franchir la ligne d'avantage. J'ai bien marqué un essai en coin, mais il fut refusé par l'arbitre, alors que mes coéquipiers exultaient de joie. Voyant que le sort nous était contraire, comme d'habitude dans pareil cas nous sommes retombés dans notre jeu de poule, à savoir un rugby sens dessus dessous, et chacun s'est mis à jouer dans son coin. Nous avons perdu notre âme.

*

Savoir gérer une grande échéance attendue, être prêt au bon moment, l'équipe de France n'a jamais su faire. En tout cas, nous ne sommes jamais allés jusqu'au bout d'une aventure en Coupe du monde. Et l'édition 2003 n'a pas dérogé à la règle. À croire que cette compétition a été gérée comme un Tournoi des Six Nations. Pourtant, les meilleurs joueurs français ont été mobilisés pendant deux mois, presque non-stop. Ils étaient physiquement au point, le jeu était pensé. Mais une chose avait été négligée : la préparation psychologique.

Une Coupe du monde va bien au-delà du jeu, du style, des combinaisons et de la tactique. Il y a d'abord les matchs de poule, qu'il faut gagner sans forcer, sans trop se découvrir.

Puis un quart de finale qu'il faut négocier avec sérénité, face à une équipe qui n'a pas la prétention d'être championne du monde. Mais c'est entre le quart de finale et la demi-finale que tout change. Et ça, le staff de l'équipe de France ne l'avait pas anticipé. À ce stade de la compétition, au moment où on atteint le dernier carré, l'intensité nerveuse passe du simple au double, quand ce n'est pas davantage.

Bernard Laporte était venu me voir en début d'année pour prendre la température. Je lui avais assuré que son groupe était doué, mais qu'il lui manquerait durant la dernière semaine une vraie densité mentale. Les équipes championnes du monde ont toujours été composées de joueurs à la personnalité affirmée, d'hommes forts. Je m'étais proposé pour lui donner un coup de main, pas pour une sélection de plus, non, mais pour apporter mon expérience dans les moments clés. Je pouvais tenir trente minutes en match international, pas plus. Mais je pouvais combattre n'importe quel adversaire, je venais de le prouver avec les Saracens, dans le championnat le plus dur de la planète. Bernard Laporte n'a pas donné suite à ma proposition et il s'en est mordu les doigts, comme il l'a avoué plus tard. Mais, à l'époque, il ne souhaitait pas casser la dynamique de son groupe, ce que je peux comprendre.

Pour être champion du monde, ce ne sont pas les bras et les jambes qui comptent le plus, c'est la tête. Que les Français soient doués, personne ne le conteste, mais ça ne suffit pas Que notre jeu soit léché, personne n'en doute, mais on ne gagne pas les matchs importants sans un mental de feu. La preuve : la pluie tombe à Sydney et, d'un seul coup, la demi-finale change complètement de physionomie. Jouer n'est plus suffisant, il faut passer à autre chose et, pour ça, l'équipe de France avait besoin de guerriers. Je crois que dans ce contexte je pouvais apporter quelque chose. J'étais prêt à me sacrifier. Que fallait-il pour casser la dynamique anglaise : aller droit, défier la défense, gagner les mètres utiles. Il fallait faire parler le physique et jouer au pied derrière. Martin Johnson, Neil

Back, Richard Hill et compagnie, je les connaissais tous, j'avais joué contre eux. Je savais comment les prendre...

Même Fabien Galthié a accusé le coup sur cette demi-finale. Tout le monde a oublié qu'il disputait, pour la première fois de sa carrière, une Coupe du monde de bout en bout. Et qui plus est comme capitaine. D'ailleurs, je n'ai pas compris, et je ne suis pas le seul, pour quelles raisons il est rentré en France avant la fin de la compétition. Sans polémiquer, tout cela me donne l'impression d'un énorme gâchis.

Parce qu'enfin regardons les choses en face : cette demi-finale n'a pas été jouée. L'équipe de France n'a rien donné. Elle ne s'est pas vidée les tripes. Perdre, on doit l'accepter, mais pas de cette façon, pas en abdiquant. Il pleuvait ? La belle affaire ! Ça n'a jamais empêché qui que ce soit de jouer au rugby, d'agresser l'adversaire, de garder la tête haute. Au contraire, au bout d'une demi-heure, alors que rien n'était perdu, j'ai vu des Français courber l'échine, baisser les bras. Il n'y avait que trois points d'écart et les anciens ont lâché prise. Que Frédéric Michalak manque deux ou trois buts n'a pas eu l'importance qu'on veut bien lui donner. À vingt ans, il fallait s'attendre à ce qu'il craque à un moment ou à un autre. Il ne fallait pas compter sur lui pour battre les Anglais. Les clefs étaient ailleurs.

Ce qui s'est passé ensuite pour la petite finale contre la Nouvelle-Zélande est significatif du malaise qui existait au sein de l'équipe de France durant ce Mondial 2003. Je ne veux pas être trop critique envers les joueurs, mais je le répète, le rugby est une histoire d'hommes, une affaire de tempérament. Cette équipe manquait cruellement de caractères trempés, de fortes têtes, de leaders, de joueurs charismatiques, costauds et sereins. Comment peut-on avancer l'excuse de la fatigue pour titulariser les remplaçants au moment où la terre entière regarde du rugby devant sa télévision ? Parce que certains avaient peur de voir l'équipe prendre une volée par les All Blacks et qu'il fallait ouvrir le parapluie ? Comment peut-on oser terminer une Coupe du monde de cette façon ? Ce n'est pas digne de l'équipe de France. Le navire était comme abandonné avant d'arriver au port. À qui la faute ? Je ne sais pas. En revanche, la belle aventure s'est terminée en jus de boudin. Là encore, c'est dans la tête que ça s'est joué. Le Quinze de France aurait dû au moins aller au bout de son histoire, finir en beauté en jouant son meilleur rugby. Au lieu de ça, le capitaine s'est éclipsé et personne ne s'est reconnu dans cette équipe fantôme. Des justifications a posteriori, tout le monde en a trouvées. Mais ça ne sert à rien. Ce qui prouve que les liens entre les joueurs de cette équipe n'étaient pas si forts qu'on a bien voulu le dire.

*

Mais il faut penser à l'avenir et, demain, c'est déjà la Coupe du monde 2007 en France. Un rendez-vous à ne pas manquer. À la lumière des erreurs du passé, l'équipe de France, j'en suis certain, ne va pas passer à côté de cette opportunité. L'État, la nation, les pouvoirs publics, tous les grands acteurs économiques et politiques vont se mobiliser pour l'occasion. En jouant sur son terrain, dans son stade, devant son public, chez elle, l'équipe de France va se sublimer. De plus, le rugby français va bénéficier des progrès réalisés par son élite, dans le cadre d'un championnat des clubs, professionnel et cohérent, qui tourne à plein régime depuis le mois d'août 2004. En trois ans, cette évolution des mœurs et du jeu va nous permettre de rattraper les dix ans de retard que nous avons pris sur le rugby pro anglais et celui de l'hémisphère Sud. Et c'est une bonne nouvelle.

Chapitre 26

Noor

Le rugby est une vie. Qui s'achève au moment où on se sent le plus fort. Quitter le maillot pour entrer dans un costume marque le passage d'une existence à une autre, une rupture qui ne doit, en aucun cas, surgir de façon abrupte, à l'hiver d'une carrière. Je ne pouvais pas imaginer arrêter de jouer au rugby sans avoir au préalable trouvé mon équilibre. Il me fallait anticiper et, pour cela, j'ai eu besoin de deux ans de préparation. Je savais qu'en partant pour l'Angleterre ma carrière de joueur prenait le dernier virage. J'allais remiser mes crampons à Londres. J'avais accepté cet arrêt programmé. J'aurais pu prolonger l'aventure rugby en devenant entraîneur ou manager d'un club. J'aurais pu me lancer dans une carrière diplomatique, ce que j'avais envisagé. En fait, j'ai pris des responsabilités dans le domaine du marketing et du sponsoring sportif, plus particulièrement associé au rugby, ce que je peux considérer en ce moment comme mon domaine de prédilection.

Je ne peux pas dire que j'ai choisi. J'ai simplement profité de certaines opportunités. Plusieurs plans de carrière s'offraient à moi et j'ai accepté celui qui me semblait le plus épanouissant. Je souhaitais m'impliquer dans une nouvelle activité, me sentir concerné par un objectif d'entreprise, m'investir totalement dans un projet en utilisant les acquis du haut niveau. Et c'est exactement ce qui m'a été proposé. D'un côté, je devais faire profiter mon employeur de mon carnet d'adresses et de mes nombreux contacts et, de l'autre, j'avais la possibilité d'apprendre sur le tas un nouveau métier, lié à l'économie du sport. Il n'était pas question que j'abandonne mon expertise reconnue dans le sport en général et le rugby en particulier : il me permettait de continuer encore un peu sur ma lancée de joueur de rugby international.

*

L'illusion de grandeur est un danger qui guette tous les sportifs de haut niveau. Ils croient pouvoir continuer à vivre sous les feux de l'actualité, mais leur médiatisation n'est pas éternelle. Ils continuent d'ausculter les journaux pour savoir si leur nom apparaît, ils cherchent à être invités à tout prix sur les plateaux de télévision, à faire parler d'eux. Moi, j'ai toujours su qu'une fois ma carrière rugbystique terminée l'intérêt des médias allait décroître, et je ne voulais pas tomber dans le piège classique qui consiste à poursuivre la gloire passée.

Celui qui a vécu de la notoriété ne peut pas s'imaginer une seule seconde, au moment où il plane au-dessus des sommets, que le clinquant peut rapidement disparaître. Une vedette du sport espère toujours rester connue et reconnue longtemps après avoir arrêté. Seuls quelques-uns, du calibre de Michel Platini et de Zinédine Zidane, pour rester en France, peuvent prétendre à ce statut. Pour les autres, la gloire éternelle est un leurre. J'ai parlé de cette chute avec Marcel Dessailly, capitaine de l'équipe de France de football championne du monde. En trois semaines, il est tombé de son piédestal. On avait même l'impression qu'il n'existait plus. Ça ne l'a pas affecté, mais un sportif à la psychologie fragile peut facilement en souffrir, tout comme le P-DG d'une grande entreprise qui, du jour où il quitte définitivement son bureau, n'existe plus pour ses anciens employés.

*

Mettre fin à sa carrière sportive de son propre chef demande de l'humilité. Rien ne prépare un champion à repartir de zéro dans une nouvelle vie. Même entouré de relations et d'amis, j'ai dû trouver seul mon chemin. Je savais que mon acquis de sportif ne durerait que trois ans, au maximum, autant dire que ma date de péremption est proche... Trois ans, c'est court quand il s'agit de gagner une légitimité nouvelle. Heureusement, je n'ai jamais souhaité garder éternellement ma tenue de sportif. Je ne me voyais pas en survêtement au bord d'un terrain.

Mon séjour de deux ans à Londres m'a permis de comprendre les ressorts du professionnalisme, en rugby comme ailleurs. N'importe quel joueur anglais, sorti d'une équipe et plongé dans une entreprise sans préparation particulière, peut se sortir d'affaire, prendre des responsabilités, gérer des hommes, bâtir un projet. Dans le monde du vrai professionnalisme, en Angleterre, les joueurs sont concernés par la bonne marche du projet sportif. Ils en sont les garants pour une bonne et simple raison : ils l'ont voulu, décidé et conçu ! Les critères de sélection, dans une équipe anglaise, sont au nombre de trois : l'intelligence, la dimension physique et la qualité technique. Ce rugby, très pro, m'a préparé à ma reconversion.

L'Anglo-Saxon, quand il s'engage, ne voit pas les limites de son pays. Il vise plus grand. Il veut être le meilleur du monde, pas le champion de son village. Qu'est-ce que signifie être une vedette en France ? À l'échelle de la planète, ça ne touche personne. Le Latin, comme l'Oriental, se limite au petit univers qui l'entoure, son petit périmètre. L'Anglo-Saxon, lui, est habité par l'esprit d'entreprise à grande échelle.

Pour ma part, je vais m'impliquer jusqu'à 2007 dans le

marketing sportif mais je ne suis pas certain d'aller au-delà. J'apporte ponctuellement ma vision sur l'évolution du sport, je suis capable de générer encore des émotions avec les partenaires économiques et industriels qui me font confiance, je peux aider à faire connaître le rugby, et d'ailleurs je m'y emploie, mais je ne tiens pas à continuer à véhiculer une image de joueur. À long terme, mon équilibre est ailleurs et j'y travaille petit à petit.

J'aime entreprendre. C'est toujours ce que j'ai fait. Durant mon parcours de joueur, je n'ai jamais cessé d'avancer. J'ai tracé ma voie en ouvrant mes yeux sur le monde. Mais désormais je dois rétrécir mes choix. Je ne suis plus sur un nuage ovale. Autant il me fallait prendre des risques sur le terrain, autant dans le monde de l'entreprise, la réflexion prime. Il me faut construire plus lentement, pierre par pierre, sans hâte. Pas question de se tromper.

Aujourd'hui, responsable du marketing rugby d'une grande société, une partie de mon activité consiste à gérer les droits de l'équipe de France dans le Tournoi des Six Nations et à attirer un maximum de partenaires dans le giron de la FFR. Par ailleurs, plusieurs entreprises m'ont demandé d'être leur consultant. Je m'investis ainsi dans le management des cadres, à la lumière de mon expérience de sportif de haut niveau, et j'essaie de favoriser l'implantation de sociétés dans certains pays, comme le Maroc. Mais ce ne sont que des tremplins : j'envisage surtout de développer mes propres investissements.

Administrateur de plusieurs fondations qui regroupent des sportifs célèbres, je m'emploie aussi, et notamment à travers mon association Noor, qui signifie « lumière », à aider mon prochain. Je crois à la vertu du sport, à ce qu'il peut apporter. Je suis retourné à mes racines, afin de m'impliquer auprès de l'enfance en difficulté, avec le cœur et des moyens toujours plus importants. Je veux contribuer à faire avancer les choses. Il faut savoir qu'au Maroc six personnes sur dix ont moins de seize ans. On sait très bien que la jeunesse ne doit pas rester abandonnée. Alors, tous les ans, nous rassemblons trois mille enfants à Oujda, chez moi, autour des thèmes du sport, et nous leur apportons la lumière dont j'ai profité, gamin, à travers le rugby.

Chapitre 27

Dopage, agent et protège-dents

S'il a été pendant longtemps un sujet tabou, l'argent dans le monde amateur fait désormais sourire, surtout quand les anciens joueurs racontent la façon dont le rugby se vivait à leur époque. J'apprécie particulièrement les anecdotes qui concernent le grand Béziers des années soixante-dix, avec ce pack d'ogres, qui dévorait tout sur son passage. Un dimanche, face à une équipe courageuse mais ordinaire, les Biterrois sont menés sur leur pelouse d'une vingtaine de points à la mi-temps. Le public gronde et le président du club, apoplectique, ne sait plus où se mettre. Profitant des arrêts de jeu, le demi de mêlée jette un œil vers la tribune officielle. Il attend un signal. Si le président tombe la veste, la prime de match sera doublée. Au bout d'un moment, n'y tenant plus, le président enlève la fameuse veste. Alors, retrouvant leur rugby dévastateur, les Biterrois se mettent comme par miracle à mieux jouer et l'emportent finalement par trente points d'écart...

Aujourd'hui, les sommes d'argent versées, les salaires, les primes, les rétributions, sont bien plus substantielles qu'il y a dix ans, encore que nous soyons loin de ce qui se pratique en football. D'ailleurs, petite précision utile, le rapport entre ces deux sports, grosso modo, est de un à dix. Mais le comportement des grands joueurs, quel que soit leur sport, football ou rugby, est le même. Le professionnalisme est surtout une façon d'appréhender le sport. Et la grande chance du rugby, c'est d'avoir su préserver cet art de vivre, même s'il tend à disparaître un petit peu plus chaque année.

*

Quand le rugby est passé professionnel, en août 1995, j'ai été rapidement contacté par des agents. Mais j'ai refusé que quelqu'un s'occupe de mes affaires. J'ai toujours été mon propre chef, mon seul juge. J'avais envie de me tester face à des situations inhabituelles. Cela dit, j'ai aussi eu la chance d'avoir des conseillers autour de moi et trouver un club – dans la mesure où je souhaitais rester fidèle à Agen – n'a jamais été un souci. Je n'avais pas besoin de me vendre, et donc aucune raison de demander à quelqu'un de le faire à ma place.

Aujourd'hui, les choses sont sensiblement différentes. Les jeunes professionnels changent régulièrement de club et cherchent à valoriser leurs salaires en fonction de leur nombre de sélections, une pratique courante. Mais je ne crois pas que cela puisse se faire uniquement autour de l'argent. La relation joueur-agent doit d'abord baigner dans le respect du sportif, voire être nourrie de complicité. Si l'agent – comme c'est souvent le cas – considère les joueurs dont il s'occupe comme des pions et les jette le jour où ils sont blessés ou plus titulaires, ses clients n'y trouveront jamais leur compte.

Depuis 1998, en France, on ne me parle que du rugby professionnel. Je n'entends que ce mot-là. Comme s'il s'agissait d'une révélation, ou de la panacée. Mais nous sommes nombreux à n'avoir pas attendu l'arrivée du Top 16 pour nous comporter comme des pros. Je savais ce que je voulais faire et comment y arriver, et la définition du professionnalisme, ce n'est rien d'autre que ça. J'ai longtemps été amateur par statut, mais professionnel dans l'âme. D'ailleurs, qu'est-ce qu'un pro ? C'est un joueur exemplaire sur le terrain et en dehors. Il se donne sans compter dans le jeu mais aussi avec les médias, le public et ses sponsors. Dissocier le jeu de l'environnement est une grossière erreur. Être pro, c'est considérer le sport que l'on pratique dans son ensemble, et non pas de façon égoïste.

Des joueurs comme Jean Prat ou Walter Spanghero étaient à leur époque des exemples de ce qu'est aujourd'hui le professionnalisme. Ils représentaient le rugby et la France. Ils montraient le chemin et parvenaient à se hisser au-dessus des autres dans un contexte qui n'était pas celui que l'on connaît maintenant. Rien, ou si peu, n'était adapté pour la pratique intensive d'un sport. Il n'y avait pas de suivi médical de diététique, de séances d'entraînement organisées deux fois par jour, de plages de repos et de préparation. Ils devaient tout faire eux-mêmes, jusqu'à inventer leur façon de s'entraîner. Je vous laisse imaginer ce qu'ils auraient pu faire dans les structures actuelles...

*

Au début, le professionnalisme a été un véritable casse-tête. Entre 1995 et 1998, les débats et les réflexions se sont multipliés, beaucoup de salive et d'énergie ont été gaspillées. Chacun avait envie de s'exprimer, d'apporter sa pierre à l'édifice et ce grand forum a souvent tourné à la cacophonie. Nous sommes passés de trois entraînements par semaine à quinze, ce qui était une façon de justifier les salaires qui, d'un seul coup, avaient enflé. Mais on a oublié que le rugbyman ne s'exprime qu'à travers sa liberté et sa capacité à imaginer le jeu sur le terrain. Là, au contraire, il avait des comptes à rendre à son employeur, ce qui restreignait son horizon. J'ai vu des joueurs se refermer, respecter la tactique à la lettre et, de fait, perdre leur étincelle.

Cela dit, je tire mon chapeau à tous ceux qui sont parvenus à assurer la transition entre l'amateurisme et le professionnalisme, et je pense plus particulièrement à Christian Lanta, mon entraîneur à Agen durant cette période, et aux techniciens de sa génération. Ils ont préparé le terrain pour ceux qui allaient suivre. Ils ont défriché, réfléchi, écrit l'avenir sur une page blanche et vierge. Fallait-il deux ou trois entraînements par jour ? Et de quel type ? Ils sont allés voir comment se débrouillaient les autres clubs, ils ont regardé ce qui se passait dans l'hémisphère Sud et en Angleterre. Cette quête permanente s'est effectuée, malheureusement, au détriment du corps car, de recherches en tâtonnements, les charges de travail infligées aux joueurs ont considérablement augmenté.

*

Durant l'été 1995, le rugby a failli exploser. Deux magnats australiens, Rupert Murdoch et Kerry Packer, se sont battus à coups de millions de dollars pour acheter notre sport. L'émissaire de Packer en France, Éric Blondeau, avait remis aux meilleurs joueurs français un précontrat que nous devions signer. Pour ma part, je n'avais pas souhaité me précipiter. Quand on m'a posé la question, à l'époque, j'ai répondu : « Je pars pour l'Australie et je vais regarder ce qui se passe. Je prendrais ma décision à mon retour. » J'aime les choses concrètes et je sentais que cette histoire partait dans tous les sens.

Sans compter qu'en évoluant sous le maillot d'Agen je ne me voyais pas prendre le contre-pied du pouvoir fédéral. Je n'avais qu'une seule attitude à adopter : la loyauté. J'étais membre de l'équipe de France, je m'y sentais bien, pourquoi lâcher la proie pour l'ombre ? D'autant que personne ne voyait vraiment où ce projet Packer allait nous mener. J'avoue que je ne me suis pas placé en première ligne, j'ai laissé faire, j'ai suivi le mouvement à distance. Au bout du compte, comme beaucoup d'autres internationaux, j'ai profité des avancées obtenues par ceux qui se sont battus, Philippe Saint-André, Laurent Bénézech et Émile Ntamack, entre autres. Grâce à eux, à leurs prises de positions courageuses, à l'interface qu'ils ont assurée entre la fédération et l'émissaire de

Packer, les choses ont pu bouger. Nous, les internationaux, avons été enfin considérés comme des acteurs de premier plan, et non plus comme de simples pions.

Après cet épisode, les grands industriels ont commencé à s'intéresser sérieusement au rugby, et notre sport est devenu un support très recherché. Derrière le football qui reste intouchable, nous avons acquis à la fois une notoriété mais aussi une légitimité économique. Rupert Murdoch, en s'impliquant pendant dix ans dans le rugby de l'hémisphère Sud sur la base de cinquante-cinq milliards de dollars, a enclenché un processus. À partir de ce jour-là, le rugby n'a plus jamais été le même.

*

On peut penser que le rugby professionnel est né avec la création du Tri Nations et du Super 12. D'un côté, le tournoi des trois nations majeures de l'hémisphère Sud, à savoir la Nouvelle-Zélande, l'Australie et l'Afrique du Sud, en matchs aller-retour sur une période d'un mois et demi, et, de l'autre, le championnat des provinces de ces mêmes pays, créées spécialement pour cette occasion, en regroupant les meilleurs joueurs dans douze équipes. Immédiatement, ces deux nouvelles compétitions imaginées pour le spectacle ont rempli les stades. L'hémisphère Nord était trop conservateur pour changer si rapidement sa façon de voir. Seules les trois nations championnes du monde pouvaient « vendre » ce sport aux annonceurs, un jeu de rugby devenu très ouvert, à la manière de la NBA pour le basket. Même les arbitres du Sud se sont mis à jouer le jeu. Tout ceci était trop novateur pour la France et la Grande-Bretagne. Il fallait d'abord changer les mentalités.

Ne masquons pas la réalité : nous avons appris du Super 12 et du Tri Nations. Tous les joueurs de l'équipe de France regardent les matchs disputés dans l'hémisphère Sud. Mais aucun d'entre eux n'est dupe : les exploits individuels dominent le jeu proprement dit, surtout dans le Super 12. Ce « nouveau rugby », comme on l'a appelé, est avant tout une addition de défis individuels, attaquant contre défenseur, jusqu'à ce que le plaqueur craque et relâche son emprise, d'où la multiplication des temps de jeu.

Des joueurs doués comme Olivier Magne ou Thomas Castaignède ajoutaient souvent une touche de Super 12 à nos combinaisons d'attaque. Sous l'ère Villepreux-Skrela, nous avons tenté pas mal de choses qui s'inspiraient du rugby de l'hémisphère Sud, et si ça marchait bien contre l'Argentine et la Roumanie, c'était un peu moins probant face à l'Angleterre...

*

L'honnêteté intellectuelle m'oblige à reconnaître que le rugby français a eu besoin de voir ce qui se passait au Sud pour explorer cette voie. Mais c'est une erreur de croire que le rugby est devenu plus physique à partir de 1996. Déjà, à l'époque où Jacques Fouroux entraînait l'équipe de France, surtout à partir de 1986, sont apparus les centres dits « physiques », mais pas seulement... Autour de Philippe Sella s'illustrèrent de beaux gabarits comme Éric Bonneval, Franck Mesnel et Marc Andrieu. Le but consistait à prendre l'axe du terrain, à s'engager de force sur la ligne d'avantage, à courir droit, à exprimer la densité musculaire. Par ailleurs, les packs alignés n'avaient rien à envier, en terme de puissance, à ceux d'aujourd'hui. Je profite d'ailleurs de ces quelques lignes pour rendre hommage à Jacques Fouroux, tellement décrié et discrédité quand il voulait mettre la dimension physique sur la liste de ses priorités d'entraîneur. Aujourd'hui, on peut dire sans craindre de se tromper qu'il était tout simplement en avance sur son temps.

Le rugby pro a aussi confirmé le rôle déterminant de la mêlée. Là encore, je reviens à Jacques Fouroux et j'y associe Pierre Berbizier et Bernard Laporte. Il n'y a pas de grande équipe sans une mêlée forte, d'autant plus que, maintenant, les troisième ligne doivent se lier au reste du pack tant que le ballon n'est pas sorti de la mêlée. À l'égal du « French Flair » exprimé par les trois-quarts, la mêlée française est une référence dans le rugby mondial.

Une chose a changé entre l'ère Fouroux et aujourd'hui : l'équilibre de la troisième ligne ! Les troisième ligne aile gratteurs et coureurs, comme Didier Lacroix au Stade Toulousain, Serge Betsen à Biarritz et en équipe de France, et Neil Back en Angleterre, ont pris une importance déterminante dans le jeu. D'un gabarit ordinaire, ils sont capables de récupérer quinze ballons par match après plaquage et, souvent, ces ballons de récupération font la différence face à des défenses soudain désorganisées.

*

Le rugby est un sport de course, même s'il commence devant, au combat et en conquête. Il ne peut pas se réduire à une série de rentre-dedans. Le défi physique est une des composantes de ce jeu, mais une composante seulement. C'est en courant balle en mains que le joueur s'exprime et fait la différence. Il faut donc, pour cela, que le corps soit libéré de carcans. C'est pourquoi je ne crois pas à « l'américanisation » de ce jeu, casques, visières et protections, à moins de chercher volontairement à le dénaturer. La liberté du corps est essentielle. S'il se retrouve emprisonné, en imaginant que demain le joueur de rugby devenu robot doive porter l'équipement des footballeurs américains, ce jeu va ennuyer tout le monde. Pendant dix ans, nous avons essayé d'enfiler tout un tas de protections. Et ça continue ! Mais rien ne vaut le rembourrage discret, le protège-dents et les bandes élastiques. Déjà que la plupart des joueurs ne voient pas le soutien autour d'eux au moment de faire la passe en pleine course, si on leur rajoute un casque sur la tête, ils vont finir comme les chevaux de trait auxquels on met des œillères.

En revanche, le rugby, pour devenir encore plus spectaculaire, vers davantage de qualité gestuelle et technique, va s'inspirer d'autres sports, comme le basket, l'Australian Rules, le rugby à treize ou le handball. On a beau mesurer deux mètres, il faut savoir monter en l'air dans le bon timing, avancer pour capter un ballon et le détourner. Les internationaux australiens, par exemple, pratiquent tous trois ou quatre sports différents, en plus du rugby. Je me souviens de Bob Dwyer, leur entraîneur, plongé dans le cricket et le netball afin d'en extraire des exercices d'entraînement. Le rugby est en perpétuel mouvement. Il engendre une réflexion continue et c'est ce qui le rend unique. Sur le terrain, joueurs et entraîneurs répondent à une seule question : comment concentrer les défenseurs dans un petit périmètre pour offrir le maximum d'espace au porteur de la balle ?

*

Depuis 1995, les matchs se sont multipliés. Dans le championnat de France, on joue désormais en semaine, ce qui porte la fréquence des matchs à trois en huit jours. Beaucoup d'observateurs craignent que le rugby, soumis aux cadences infernales, se mette à lorgner vers le dopage institutionnalisé. Personnellement, je n'y crois pas. D'autres sports se sont laissé piéger et ont longtemps fermé les yeux sur cette pratique. Le rugby, lui, n'a jamais laissé entrer le dopage dans la maison. Dès la fin des années quatre-vingt, des systèmes de surveillance ont été mis en place. Depuis le passage au professionnalisme, les contrôles se sont multipliés. Mieux, les jeunes internationaux sont sensibilisés très tôt à ce phénomène grâce à un remarquable effort de prévention.

Je ne fais pas d'angélisme pour autant : il y aura toujours des brebis galeuses, des tricheurs et des joueurs qui transgressent les règles. Mais ils resteront isolés. Je ne crois pas au danger d'un dopage organisé à l'échelle d'une équipe de club ou d'une sélection nationale. L'explication est relativement simple. Ce n'est pas une histoire de morale, c'est plus prosaïquement à cause d'une limite économique. Il n'y a pas assez d'argent dans le rugby. À la différence d'autres grands sportifs, l'international de rugby ne peut pas bâtir son existence sur ses seuls revenus, même s'il y ajoute les droits d'image et le marketing. On connaît le plafond des cinq meilleurs joueurs du monde, comme Jonah Lomu ou Jonny Wilkinson : un million d'euros par an, sur quatre saisons maximum. C'est beaucoup pour ceux qui gagnent le SMIC mais pas assez pour devenir rentier à vie. Le dopage, dans le sport, repose sur une économie. Le rugby, lui, n'a pas de dimension planétaire, il n'est pas universel et donc ne subit pas la pression des sponsors ou de l'Audimat.

Il arrive qu'un joueur prenne dix kilos de muscles en un an. Celui-là mérite un contrôle inopiné. Ces derniers sont d'ailleurs de plus en plus nombreux. La France, dans ce domaine, est à la pointe de la répression. Les seules questions qui méritent d'être posées touchent à la qualité et à la pertinence des contrôles effectués. Que recherche-t-on ? Tous les produits sont-ils facilement détectables ? Ne va-t-on pas découvrir, comme récemment aux États-Unis, que des nouvelles molécules circulent sur le marché ? Je m'interroge, comme chacun. Mais le milieu du rugby est un petit monde où tout se sait rapidement, où les secrets ne peuvent pas rester longtemps cachés. Une équipe ne peut pas s'évanouir dans la nature, d'un seul coup, avec son coach, pour aller suivre une cure d'EPO ou d'anabolisants au fin fond d'un continent difficile d'accès. Le rugby est un sport collectif : des dizaines de personnes gravitent autour d'une équipe et, de ce fait, l'institutionnalisation du dopage est impossible à mettre en place.

Durant toute ma carrière, jamais quelqu'un ne m'a proposé des produits dopants. Mais, par curiosité, j'ai voulu savoir quel genre de créatine prenaient les Anglais. Ce produit est interdit en France et en vente libre partout ailleurs dans le monde. J'en ai vu des rayons entiers dans les supermarchés. J'aurais pu en prendre, mais ça ne m'a jamais tenté. J'ai pris des protéines et des suppléments vitaminés mais rien d'autre. Je m'en serais toujours voulu d'avoir triché avec moi-même.

En revanche, j'ai été parfois étonné par certains comportements troublants. Je me souviendrai toujours d'une tournée effectuée par une équipe de l'hémisphère Sud dans les années 90 en France. À Pau, trois joueurs français de la sélection régionale avaient été évacués sur une civière. Les adversaires se comportaient comme des sauvages irresponsables. J'ai eu l'impression, ce jour-là, qu'ils voulaient tuer quelqu'un.

Il s'est passé la même chose lors d'un test-match avec l'équipe de France en 1993. Certains des joueurs que nous affrontions avaient des regards allumés et des attitudes bestiales sur le terrain. Pas pendant cinq minutes pour nous intimider, non, durant toute la partie, c'est-à-dire une heure et demie. Quand, à la fin du match, j'ai voulu leur serrer la main, ils m'ont regardé avec haine, les yeux injectés. Ça ne s'oublie pas... Plus tard, quand j'ai joué avec les Barbarians anglais, j'ai vu des joueurs dans le vestiaire prendre des cachets juste avant le match. J'ai voulu leur demander ce qu'ils avalaient, mais ils ont détourné le regard et ne m'ont jamais répondu. J'ai aussi vu, de mes propres yeux, des dizaines de pulvérisateurs de Ventoline joncher le sol d'un vestiaire en 1997. À croire que tous nos adversaires étaient asthmatiques. Cela fait beaucoup de choses troublantes additionnées. Pour finir, lors de mes deux saisons aux Saracens, j'ai constaté que beaucoup de jeunes joueurs anglais ingurgitaient quotidiennement des poches entières de cachets et de pastilles. Pas des stéroïdes ni des anabolisants, mais des suppléments, des compléments, de la créatine, tout un tas de trucs.

Régulièrement, des représentants de grandes marques de produits démarchent les clubs anglais pour leur vendre de la créatine et des suppléments nutritifs. Est-ce que c'est du dopage ? Non, mais la tendance est prise, désormais : ces jeunes ne peuvent pas jouer sans leurs pastilles. D'autant que dans certains clubs les médecins les rassurent et les encouragent. Le cercle est vicieux. Le jeune pro croit qu'il faut avaler des cachets pour mieux jouer et devenir costaud. Il serait utile, aujourd'hui, de briser au plus vite cet engrenage.

En équipe de France, entre 1998 et 1999, deux ou trois joueurs prenaient de la créatine. Ça n'a jamais été ébruité. Chacun fait selon sa conscience. Quand nous encaissions de grosses défaites, il était de bonne guerre de jeter l'opprobre sur l'adversaire pour mieux excuser nos lacunes. Mais certains entraîneurs, comme Pierre Berbizier, entre 1992 et 1995, n'ont jamais adhéré à cette façon de voir les choses. Dans ces cas-là, quand il nous entendait balancer des salades, Pierre nous obligeait à effectuer une heure de footing et, prenant la tête du groupe, partait sur les bases du record du monde du dix mille mètres, ce qui avait pour effet de nous remettre la tête à l'endroit.

Épilogue

La dernière ligne droite

Le rugby n'est pas simplement une activité, une discipline sportive : il est surtout une philosophie de vie, une façon d'être en groupe. Il fait une place à chacun, qu'il soit petit, grand, gros ou mince. Il permet à tous de s'exprimer. En ce sens, il est chargé de symboles sociaux.

Je l'ai toujours vu comme étant atypique. Mais aussi esthétiquement très beau, avec un mélange de courbes et de droites, de lignes qui montent au ciel et d'autres qui s'étalent sur le terrain, de blocs et de points. Ces mouvements collectifs ont pour la plupart de la grâce et je ne suis pas surpris de savoir que le rugby a inspiré de nombreux artistes, jusqu'au sculpteur Jean-Pierre Rives, passé avec panache de la mêlée au chalumeau.

De façon générale, le sport permet de nous forger entre les extrêmes, c'est-à-dire la gloire et le doute, pour parvenir à vivre sur le fil ténu qui les sépare. Le rugby y ajoute la souffrance physique et l'incertitude au cœur du combat, quand les crampons passent à quelques centimètres des visages. Pour se préparer à souffrir, à encaisser, à recevoir, la force mentale prédomine. Le corps devient conditionné par l'esprit. Souvent, lors des matchs internationaux, j'ai senti que je devenais un autre homme sur le terrain, que je me transformais. Presque en dehors de moi, je trouvais un supplément d'énergie pour me surpasser et me sublimer. En 1997, avec trois côtes cassées, j'ai disputé un des meilleurs matchs de ma carrière. J'ai mis une seconde un genou à terre, mais, quand j'ai entendu le public scander mon nom, je me suis immédiatement relevé. Je tenais tellement à finir ce Grand Chelem, contre l'Écosse, au Parc des Princes, que je n'ai pas senti la douleur. En d'autres lieux, en temps ordinaire, avec trois côtes cassées, je n'aurais pas pu respirer, tandis que ce jour-là j'ai marqué un essai.

Je comprends que l'on puisse considérer le sport, dans notre société, comme un moyen de détourner l'attention des citoyens des débats importants. Ça ne date pas d'aujourd'hui. À Rome, pour abrutir le peuple, les empereurs lui offraient du pain et des jeux. Il n'est pas sot de tenir le sport pour une activité superficielle, sans véritable but. Mais ce serait négliger la dimension exceptionnelle qu'il atteint parfois. Nelson Mandela a dit un jour que le sport avait le pouvoir de changer le monde. Il a au moins assez d'impact pour le modifier quand il adresse un message d'humanisme et rapproche les êtres.

Il agit comme un accélérateur de vie, nous procure d'immenses émotions et casse les tabous. Il existe une part de vérité universelle dans les visages et les gestes de sportifs en action, des attitudes qui parlent de souffrance, de sublimation, de dépassement de soi et montrent aux yeux du monde quelque chose de profond, comme lorsque Icham El Guerrouj est devenu champion olympique à Athènes en 2004 au bout d'une dernière ligne droite d'anthologie durant laquelle il puisa dans ses tréfonds. Difficile de trouver plus poignant que ce moment.

*

Quand ma carrière sportive a pris fin, quelque chose s'est cassé en moi. Davantage qu'un ressort. Ne plus jouer, c'est mourir une première fois. Auparavant, tous les jours, j'étais vivant. Disputer une rencontre me donnait des preuves de mon existence. J'étais dans mon corps, et mon esprit se tournait vers l'action. Je sortais perdant ou gagnant, mais j'avais en moi suffisamment d'éléments pour me permettre d'analyser ma performance et repartir vers de nouveaux objectifs. Mon existence était limpide. Et d'un seul coup, plus rien ! Comme si on avait éteint la lumière. Je m'y étais préparé depuis longtemps. J'ai donc pu amortir le choc, mais pas l'éviter.

Une carrière passe vite. Très vite. Trop vite. J'avais vu et écouté des sportifs déballer leur frustration, vomir leur rancœur. Je ne voulais pas vivre leur amertume. J'ai tout donné sur un terrain de rugby dans un seul but : m'épanouir. Je ne pouvais pas terminer autrement qu'apaisé. J'ai refusé une année de contrat supplémentaire. Il n'était pas question de faire la saison de trop, celle qui gâche tout. Après avoir gravi des sommets, il me fallait basculer d'un seul coup vers quelque chose de fort, reprendre immédiatement confiance, ne pas perdre l'estime de soi qui est le moteur d'une existence.

J'ai forgé ma personnalité dans les moments de doute mais aussi grâce aux succès. Le sport m'a préparé à la vie. Pendant quinze ans, j'ai mesuré la chance qui était la mienne de pouvoir me réaliser sans trop de contraintes en gardant présent à l'esprit que seule la voie pacifique aplanit les différends.

Je n'ai jamais beaucoup parlé. Mais, en revanche, j'ai beaucoup écouté et observé. Je me suis inspiré de ce qui m'entourait pour me forger mes convictions. En retour, je me sens redevable de tout ce que j'ai reçu. Il n'est pas nécessaire de devenir champion pour retirer les bénéfices d'une pratique sportive. Tout le monde ne peut pas terminer un dix mille mètres en vainqueur ou remporter une finale de Coupe du monde. Mais chacun peut faire partie d'un groupe et d'une équipe, participer à une conquête, relever un challenge, se mettre au défi. Comme une course d'élans qui prépare à la vie. Car il s'agit, à travers le sport, de mettre sa personnalité à l'épreuve, d'apprendre à se connaître pour mieux, ensuite, trouver sa place au milieu des autres.

Les auteurs tiennent à remercier Jacques Rivière, pour sa relecture et ses avis pertinents, ainsi que Didier Levieil, chercheur de trésors iconographiques.

Une partie des droits d'auteurs du livre est reversée à l'association Noor, présidée par Abdelatif Benazzi, et qui organise une manifestation annuelle autour d'activités sportives et culturelles qui regroupe, à Oujda, en avril, plusieurs milliers de jeunes marginalisés, dans une volonté de réinsertion sociale et scolaire.

Association Noor
144, rue de Bellevue
47000 Agen
France
Fax : 01 55 06 10 55
a-noor@wanadoo.fr

Crédits photos

Page 1 : © Collection privée.
Page 2 en haut : © Collection privée.
Page 2 au centre : © Collection privée.
Page 2 en bas : © Collection privée.
Page 3 en haut à gauche : © Collection privée.
Page 3 en haut à droite · © Collection privée.
Page 3 au centre : © Pichon / Presse Sports.
Page 3 en bas à droite : © De Martignac / Presse Sports.
Page 3 en bas à gauche : © De Martignac / Presse Sports.
Page 4 : © R. Legros / Presse Sports.
Page 5, photo 1 : © Clément / Presse Sports.
Page 5, photo 2 : © Clément / Presse Sports.
Page 5, photo 3 : © Luttiau / Presse Sports.
Page 5, photo 4 : © Pichon / Presse Sports.
Page 5, photo 5 : © Bardou / Presse Sports.
Page 5, photo 6 : © Pochat / Presse Sports.
Page 6 en haut : © Clément / Presse Sports.
Page 6 au centre : © Lablatinière / Presse Sports.
Page 6 en bas : © D Sardenne.
Page 7 en haut : © Bardou / Presse Sports.
Page 7 au centre : © B. Charmentray.
Page 7 en bas : © Nataf / Presse Sports.
Page 8 : © Lahalle / Presse Sports.

Table des matières

Composition et mise en page

NORD COMPO
multimédia

Cet ouvrage a été imprimé par la
SOCIÉTÉ NOUVELLE FIRMIN-DIDOT
Mesnil-sur-l'Estrée
pour le compte des Éditions Flammarion
en décembre 2004

Imprimé en France
Dépôt légal : janvier 2005
N° d'édition : FF 870301 - N° d'impression : 71665